D1930113

Volker Schikorra

Erschöpfung im Einheitspatentsystem (unter Berücksichtigung des deutschen, englischen und französischen Rechts)

HAR

Hagener Abhandlungen zur Rechtswissenschaft

Herausgegeben von den Professorinnen und Professoren der Rechtswissenschaftlichen Fakultät der FernUniversität in Hagen

Band 1

Erschöpfung im Einheitspatentsystem (unter Berücksichtigung des deutschen, englischen und französischen Rechts)

Inauguraldisssertation zur Erlangung des Grades eines
Doktors der Rechte der Rechtswissenschaftlichen Fakultät
der FernUniversität in Hagen

von

Volker Schikorra

HAGEN
UNIVERSITY
PRESS

Impressum

Bibliografische Information der Deutschen Nationalbibliothek
Die Deutsche Nationalbibliothek verzeichnet diese Publikation in der Deutschen Nationalbibliografie; detaillierte bibliografische Daten sind im Internet über http://dnb.d-nb.de abrufbar.

Die vorliegende Arbeit wurde im Wintersemester 2023/24 von der Rechtswissenschaftlichen Fakultät der FernUniversität in Hagen zum Promotionsverfahren zugelassen. Die Arbeit wurde für die Veröffentlichung leicht überarbeitet und berücksichtigt – soweit möglich – neue Entwicklungen in Rechtsprechung und Literatur bis April 2024.

Erstgutachter: Prof. Dr. Sebastian Kubis, LL.M. (Illinois)
Zweitgutachter: Prof. Dr. Dr. Uwe Fitzner

Druck: CPI Druckdienstleistungen GmbH, Ferdinand-Jühlke-Straße 7, 99095 Erfurt

1. Auflage 2024

ISSN 2943-8713 (Print)
ISSN 2943-8721 (Online)
ISBN 978-3-98767-488-4 (Print)
ISBN 978-3-98767-017-6 (E-PDF)
DOI 10.57813/20240717-161224-0

Hagen UP (Hagen University Press)
FernUniversität in Hagen
Feithstraße 152
58097 Hagen

Danksagung

Ich danke meinem Doktorvater Prof. Dr. Sebastian Kubis für die Betreuung und die wertvollen Anregungen, ohne die die Dissertation nicht hätte gelingen können. Weiterhin danke ich Prof. Dr. Dr. Uwe Fitzner für das ausführliche Zweitgutachten und seine konstruktive Kritik.

Volker Schikorra

Inhaltsübersicht

Gliederung

Literaturverzeichnis

AIPPI, Rapport Q205 au nom du Groupe français, L'épuisement des droits de propriété intellectuelle en cas de réparation ou de recyclage des produits, https://www.aippi.fr/upload/Boston%202008%20Q202%20203%20204%20205/gr205france.pdf (zuletzt abgerufen am 2.4.2023) (zitiert: AIPPI Q205 FR)

AIPPI, Report Q205 in the name of the United Kingdom Group, Exhaustion of IPRs in cases of recycling and repair of goods, https://aippi.info/wp-content/uploads/committees/205/GR205united_kingdom.pdf (zuletzt abgerufen am 25.12.2020) (zitiert: AIPPI Q205 UK)

Allekotte, Bernd, Erschöpfung durch Zahlung?, Mitt. 2004, 1-11

Ann, Christoph, „Identität und Lebensdauer" – Patentverletzung durch Instandsetzung patentierter Vorrichtungen, in: *Ann, Christoph* u.a. (Hrsg.), Materielles Patentrecht – Festschrift für Reimar König zum 70. Geburtstag, Köln Berlin Bonn München 2003, 17-32 (zitiert: *Ann*, FS König)

Ann, Christoph, Patentrecht, 8. Auflage, München 2022 (zitiert: *Ann*, PatR)

Ann, Christoph, Patentverletzung durch Instandsetzung patentierter Vorrichtungen, VPP-Rundbrief 2004, 117-123

Arntz, Thomas, Weg frei für das Einheitspatent, EuZW 2015, 544-547

Azéma, Jacques/Galloux, Jean-Christophe, Droit de la propriété industrielle, 8e édition, Paris 2017

Badura, Peter, Zur Lehre von der verfassungsrechtlichen Institutsgarantie des Eigentums, betrachtet am Beispiel des "geistigen Eigentums", in: *Lerche, Peter/Zacher, Hans/Badura, Peter* (Hrsg.), Festschrift für Theodor Maunz zum 80. Geburtstag, München 1981, 1-16 (zitiert: *Badura*, FS Maunz)

Bartenbach, Anja, Die Patentlizenz als negative Lizenz, Köln 2002

Bartenbach, Kurt/Bartenbach, Anja, Patentlizenz- und Know-how-Vertrag, 7. Auflage, Köln 2013

BeckOK BGB, hrsg. v. *Hau, Wolfgang/Poseck, Roman*, 69. Edition, Stand 1.2.2024, München 2024 (zitiert: BeckOK BGB/*Bearbeiter*)

BeckOK Grundgesetz, hrsg. v. *Epping, Volker/Hillgruber, Christian*, 57. Edition, Stand 15.1.2024, München 2024 (zitiert: BeckOK Grundgesetz/*Bearbeiter*)

BeckOK Markenrecht, hrsg. v. *Kur, Annette/von Bomhard, Verena/Albrecht, Friedrich*, 36. Edition, Stand 1.1.2024, München 2024 (zitiert: BeckOK Markenrecht/*Bearbeiter*)

BeckOK Patentrecht, hrsg. v. *Fitzner, Uwe/Kubis, Sebastian/Bodewig, Theo/Metzger, Axel*, 31. Edition, Stand 15.1.2024, München 2024 (zitiert: BeckOK Patentrecht/*Bearbeiter*)

Beier, Friedrich-Karl, Gewerblicher Rechtsschutz und freier Warenverkehr im europäischen Binnenmarkt und im Verkehr mit Drittstaaten, GRUR Int 1989, 603-615

Beier, Friedrich-Karl, Zur Zulässigkeit von Parallelimporten patentierter Erzeugnisse, GRUR Int 1996, 1-9

Benkard, Georg, Patentgesetz, hrsg. v. *Bacher, Klaus*, 12. Auflage, München 2023 (zitiert: Benkard/*Bearbeiter*)

Benkard Europäisches Patentübereinkommen, hrsg. v. *Beckedorf, Ingo/Ehlers, Jochen*, 4. Auflage, München 2023 (zitiert: Benkard EPÜ/*Bearbeiter*)

Benyamini, Amiram, Patent Infringement in the European Community, Weinheim 1993

Beton, John, The interpretation of United Kingdom patents, Mitt. 1992, 189-202

Bodewig, Theo, Umweltschutz und Patentrecht – Zum Schutz wiederverwertbarer Stoffe, GRUR 1992, 567-578

Bodewig, Theo, Einige Überlegungen zur Erschöpfung bei Zwangslizenzen an standardessentiellen Patenten, GRUR Int. 2015, 626-634

Bruchhausen, Karl, Über den Schutz der „unmittelbaren Verfahrenserzeugnisse" gemäss § 6 Satz 2 des Patentgesetzes, in: *Bruchhausen, Karl*, Festschrift Werner vom Stein, 31-38 (zitiert: *Bruchhausen*, FS vom Stein)

Bruguière, Jean-Michel, Code de la propriété intellectuelle 2022, 23e édition, Paris 2021

Burst, J.-J./Mousseron, J.-M., Droits et accords industriels, JCP E.1988.II.15143, 221-226

Busche, Jan, Vom Wert des Patents oder: Ist der Patentschutz absolut?, GRUR 2021, 157-161

Busse, Rudolf/Keukenschrijver, Alfred, Patentgesetz, 9. Auflage, Berlin/Boston 2020 (zitiert: Busse/Keukenschrijver/*Bearbeiter*)

Calliess, Christian/Ruffert, Matthias, EUV/AEUV, 6. Auflage, München 2022 (zitiert: Calliess/Ruffert/*Bearbeiter*)

Castell, Brigitte, L' „épuisement" du droit intellectuel en droits allemand, français et communautaire, Paris 1989

Christ, Andreas, Nationale oder internationale Erschöpfung im Patentrecht?, Freiburg 2020

Cimniak, Thomas, Der derivative Erzeugnisschutz im deutschen Patentrecht, Münster 2014

Cornish, W.R./Llewelyn, David/Aplin, Tanya, Intellectual Property: Patents, Copyrights, Trademarks & Allied Rights, 10th Edition, London 2023

Demaret, Paul, Industrial Property Rights, Compulsory Licences and the Free Movement of Goods under Community Law, IIC 1987, 161-191

Eck, Matthias, Europäisches Einheitspatent und Einheitspatentgericht – Grund zum Feiern?, GRUR Int. 2014, 114-119

Eckel, Philipp, Anspruch auf Lizenzeinräumung aus FRAND-Erklärungen bei standardessentiellen Patenten – Teil 1, NZKart 2017, 408-414

Erbs, Georg/Kohlhaas, Max, Strafrechtliche Nebengesetze, hrsg. v. *Häberle, Peter*, 249. Ergänzungslieferung, Stand September 2023, München 2023 (zitiert: Erbs/Kohlhaas/*Bearbeiter*)

Fezer, Karl-Heinz, Markenrecht, 4. Auflage, München 2009 (zitiert: Fezer/*Bearbeiter*)

Ferid, Murad/Sonnenberger, Hans Jürgen, Das Französische Zivilrecht, Band 1/1, Erster Teil: Allgemeine Lehren des Französischen Zivilrechts: Einführung und Allgemeiner Teil des Zivilrechts, 2. Auflage, Heidelberg 1994 (zitiert: *Ferid/Sonnenberger* Bd. 1/1)

Ferid, Murad/Sonnenberger, Hans Jürgen, Das Französische Zivilrecht, Band 2, Schuldrecht: Die einzelnen Schuldverhältnisse; Sachenrecht, 2. Auflage, Heidelberg 1986 (zitiert: *Ferid/Sonnenberger* Bd. 2)

Ganter, Hans Gerhard, Patentlizenzen in der Insolvenz des Lizenzgebers, NZI 2011, 833-843

Geissler, Bernhard H., Das positive Benutzungsrecht – ein deutsches Kuriosum, in: *Ann, Christoph* u.a. (Hrsg.), Materielles Patentrecht – Festschrift für Reimar König zum 70. Geburtstag, Köln Berlin Bonn München 2003, 133-151 (zitiert: *Geissler*, FS König)

Gollrad, Markus, Die neue Ausnahmeregelung der Erschöpfung – Was sind berechtigte Gründe?, GRUR Patent 2023, 242-249

Gollrad, Markus, Dogmatik und Voraussetzungen der patentrechtlichen Erschöpfung, Hürth 2022

Götting, Horst-Peter, Das EU-Einheitspatent – Das Ende einer „unendlichen Geschichte"?, ZEuP 2014, 349-370

Götz, Wolfgang, Schaden und Bereicherung in der Verletzerkette, GRUR 2001, 295-303

Gotzen, Frank, Gewerbliche Schutzrechte und Urheberrecht in der Rechtsprechung des Europäischen Gerichtshofs zu Art. 30-36 des EWG-Vertrags, GRUR Int 1984, 146-153

Grabitz, Eberhard/Hilf, Meinhard/Nettesheim, Martin, Das Recht der Europäischen Union, 80. Ergänzungslieferung, Stand August 2023, München 2023 (zitiert: Grabitz/Hilf/Nettesheim/*Bearbeiter*)

Häcker, Birke, Das Trennungs- und Abstraktionsprinzip im englischen Recht – dargestellt anhand der Übereignung, ZEuP 2011, 335-365

Haedicke, Maximilian, Patentrecht, 6. Auflage, Hürth 2022 (zitiert: *Haedicke*, PatR)

Haedicke, Maximilian, Rechtsfindung, Rechtsfortbildung und Rechtskontrolle im Einheitlichen Patentsystem, GRUR Int 2013, 609-617

Haedicke, Maximilian/Timmann, Henrik, Handbuch des Patentrechts, 2. Auflage, München 2020 (zitiert: Haedicke/Timmann/*Bearbeiter*)

Haft, Klaus/Baumgärtel, Gunnar/Dombrowski, Jan/Grzimek, Benjamin/Joachim, Björn/Loschelder, Michael, Die Erschöpfung von Rechten des Geistigen Eigentums in Fällen des Recyclings oder der Reparatur von Waren (Q 205), GRUR Int 2008, 944-953 (zitiert: *Haft et al.*)

Haft, Klaus/von Samson-Himmelstjerna, Friedrich R., Kerntheorie bei der Erschöpfung von Patenten, insbesondere von „standard-essentiellen" „Hightech"-Patenten?, in: *Osterrieth, Christian/Köhler, Martin/Haft, Klaus (Hrsg.)*, Patentrecht – Festschrift für Thomas Reimann zum 65. Geburtstag, 175-183 (zitiert: *Haft/von Samson-Himmelstjerna*, FS Reimann)

Hahn, Tobias, Nach der BGH-Entscheidung „MPEG-2-Videosignalcodierung": Verschärfte Anforderungen an mittelbare Patentverletzung, GRUR-Prax 2013, 261-264

Hansen, Hauke/Wolff-Rojczyk, Oliver, Anmerkung zu EuGH, Urt. v. 3.7.2012 – C-128/11 – UsedSoft GmbH/Oracle International Corp., GRUR 2012, 908-910

Hauck, Ronny, Covenant not to sue und Erschöpfung im Patentrecht, GRUR Patent 2023, 8-13

Hauck, Ronny, Der Erschöpfungsgrundsatz im Patent- und Urheberrecht, EuZW 2017, 645-649

Heath, Christopher, Patent Rights and the „Specific Mechanism" to Prevent Parallel Imports, IIC 2014, 399-408

Heath, Christopher, Repair and Refill as Indirect Patent Infringement, in: *Heath, Christopher/Kamperman Sanders, Anselm*, Spares, Repairs and Intellectual Property Rights, Alphen aan den Rijn 2009, 85-102 (zitiert: *Heath* in *Heath/Kamperman Sanders*)

Heinemann, Andreas, Immaterialgüterschutz in der Wettbewerbsordnung, Tübingen 2002

Herr, Jochen/Engert, Philipp, Erschöpfung bei Ersatzteilen, GRUR 2019, 468-475

Heydt, Ludwig, Zusammenhang der Benutzungsarten bei Verfahrenspatenten, MuW 1933, 226-229

Hilty, Reto M., Kontrolle der digitalen Werknutzung zwischen Vertrag und Erschöpfung, GRUR 2018, 865-880

Hilty, Reto M., Lizenzvertragsrecht, Bern 2001

Hilty, Reto M./Jaeger, Thomas/Lamping, Matthias/Ullrich, Hanns, The Unitary Patent Package: Twelve Reasons for Concern, MPI Research Paper No. 12-12, 17.10.2012, https://www.ip.mpg.de/fileadmin/ipmpg/content/stellungnahmen/mpi-ip_twelve-reasons_2012-10-17_01.pdf (zuletzt abgerufen am 2.4.2024) (zitiert: *Hilty/Jaeger/Lamping/Ullrich*, MPI 12-12)

Hoeren, Thomas, Der Erschöpfungsgrundsatz bei Software – Körperliche Übertragung und Folgeprobleme, GRUR 2010, 665-673

Holzapfel, Henrik, Zu § 10 PatG als Rechtszuweisungsnorm, GRUR 2002, 193-198

Hoppe-Jänisch, Daniel, Die Entscheidung des BGH „MPEG-2-Videosignalcodierung, Mitt. 2013, 51-57

Ingerl, Reinhard/Rohnke, Christian/Nordemann, Axel/Nordemann-Schiffel, Anke, Markengesetz, 4. Auflage, München 2023 (zitiert: Ingerl/Rohnke/Nordemann/*Bearbeiter*)

Jänich, Volker, Anmerkung zu BGH, Urt. v. 3.5.2006 – X ZR 45/05, LMK 2006, 191705

Jarass, Hans D./Pieroth, Bodo, Grundgesetz für die Bundesrepublik Deutschland, 18. Auflage, München 2024 (zitiert: Jarass/Pieroth/*Bearbeiter*)

Jestaedt, Dirk, Internationale Zuständigkeit und subsidiär anwendbares Recht für Einheitspatente und EP-Patente nach dem EPGÜ – Auswirkungen der EuGH-Entscheidung „Nintendo", Mitt. 2018, 381-383

Jung, Stefanie/Krebs, Peter/Stiegler, Sascha (Hrsg.), Gesellschaftsrecht in Europa, 1. Auflage, Baden-Baden 2019 (zitiert: Jung/Krebs/Stiegler/*Bearbeiter*)

Juris-Classeur commercial, Brevets, Paris 1936 ff. (zitiert: JCl/*Bearbeiter*)

Kaiser, Ansgar, Exhaustion, Distribution and Communication to the Public – The CJEU's Decision C-263/18 – *Tom Kabinet* on E-Books and Beyond, GRUR Int. 2020, 489-495

Kather, Peter, Schadensersatz nach Patentverletzung – Die deutsche Praxis! EU-konform? EPGÜ konform?, VPP-Rundbrief 2014, 28-34

Keil, Rainer, Patentverletzung durch Ausbessern von Verschleißteilen, Mitt. 1983, 136-141

Kellenter, Wolfgang, Schutzrechtslizenzen in der Insolvenz des Lizenzgebers, in: *Keller, Erhard/Plassmann, Clemens/von Falck, Andreas* (Hrsg.), Festschrift für Winfried Tilmann zum 65. Geburtstag, Köln Berlin Bonn München 2003, 807-825 (zitiert: *Kellenter*, FS Tilmann)

Kesting, Christina, Die Erschöpfungsdogmatik bei parallelen Sach-, System- und Verfahrensansprüchen im Patentrecht, Berlin 2019

Kirchhof, Paul, Der verfassungsrechtliche Gehalt des geistigen Eigentums, in: *Fürst, Walther, Herzog, Roman/Umbach, Dieter C.* (Hrsg.), Festschrift für Wolfgang Zeidler, Band 2, Berlin, New York 1978, 1639-1661 (zitiert: *Kirchhof*, FS Zeidler)

Kobler, Michael, Instandhaltung und Umbau patentgeschützter Vorrichtungen, Köln 2015

Koch, Norbert/Froschmaier, Franz, Patentgesetze und Territorialitätsprinzip im Gemeinsamen Markt, GRUR Ausl. 1965, 121-127

Kohler, Josef, Deutsches Patentrecht, Mannheim und Straßburg 1878 (zitiert: *Kohler*, PatR 1878)

Kohler, Josef, Handbuch des deutschen Patentrechts in rechtsvergleichender Darstellung, Mannheim 1900

König, Reimar, Der Patentrechtliche Teilschutz – Schutz der Teil/ Unterkombination, Mitt. 1993, 32-41

König, Reimar, Mittelbare Patentverletzung, Mitt. 2000, 10-25

Körner, Eberhard, Der Verbrauch gewerblicher Schutzrechte durch Schadensersatzzahlungen nach begangener Verletzung, insbesondere im Hinblick auf parallele ausländische Schutzrechte, GRUR 1980, 204-208

Kowal-Wolk, Tatjana/Schuster, Reinhardt, Patentverletzung im Reparatur-, Ersatzteil- und Altteilgeschäft – Eine Bestandsaufnahme, in: *Straus, Joseph* (Hrsg.), Aktuelle Herausforderungen des geistigen Eigentums – Festgabe von Freunden und Mitarbeitern für Friedrich-Karl Beier zum 70. Geburtstag, Köln Berlin Bonn München 1996, 87-111 (zitiert: *Kowal-Wolk/Schuster*, FS Beier)

Kraft, A., Patentrechtliche Probleme im Zusammenhang mit der Lieferung von chemischen Wirkstoffen und daraus formulierten Spezialitäten, GRUR 1971, 373-381

Kraßer, Rudolf, Der Schutz vertraglicher Rechte gegen Eingriffe Dritter, Köln Berlin Bonn München 1971

Kraßer, Rudolf, Verpflichtung und Verfügung im Immaterialgüterrecht, GRUR Int 1973, 230-238

Krieger, Albrecht, E. Die sogenannten Wirtschaftsklauseln, GRUR Int 1976, 208-215

Kühnen, Thomas, Handbuch der Patentverletzung, 16. Auflage, Hürth 2024

Kur, Annette/Ohly, Ansgar, Lauterkeitsrechtliche Einflüsse auf das Markenrecht, GRUR 2020, 457-471

La Corte, Nicola, Zur Patentlizenz, GRUR 2021, 285-288

Le Stanc, Christian, Peut-on licitement réparer un objet couvert par brevet?, Propr. Ind. Mai 2004, 3

Leistner, Matthias/Simon, Philipp, Auswirkungen des Brexit auf das europäische Patentsystem, GRUR Int. 2017, 825-834

Leßmann, Andreas, Erschöpfung von Patentrechten bei Konzernvertrieb, GRUR 2000, 741-750

Lindenmaier, Fritz, Über Erschöpfung des Patentrechts, Ausbesserung, Wiederherstellung und Ersatz in Verkehr gebrachter patentgeschützter Vorrichtungen und ihrer Teile, GRUR 1952, 294-299

Lindenmaier, Fritz, Wiederherstellung, Ausbesserung und Ersatz durch Sachpatent geschützter Gegenstände, GRUR 1939, 505-514

Llewelyn, David/Barresi, Veronica, Right Holders' control over Repair and Reconditioning, in: *Heath, Christopher/Kamperman Sanders, Anselm,* Spares, Repairs and Intellectual Property Rights, Alphen aan den Rijn 2009, 3-19 (zitiert: *Llewelyn/Barresi* in *Heath/Kamperman Sanders*)

Luginbühl, Stefan/Stauder, Dieter, Die Anwendung der revidierten Zuständigkeitsregeln nach der Brüssel I-Verordnung auf Klagen in Patentsachen, GRUR Int. 2014, 885-892

Machlup, Fritz, An Economic Review of the Patent System, Study of the Subcommitttee on Patents, Trademarks, and Copyrights of the Committee on the Judiciary, U.S. Senate, 85th Congress, Second Session, Study No. 15, Washington 1958

Mager, Knut, Zur Zulässigkeit von Parallelimporten patentgeschützter Waren, GRUR 1999, 637-644

Marenco, Guiliano/Banks, Karen, Intellectual property and the community rules on free movement: discrimination unearthed, E.L. Rev. 1990, 15(3), 224-256

Martin, Jean-Paul, Contrefaçon de brevet: partielle ou à part entière?, RDPI 1989.23, 15-23

Martin, Jean-Paul, Contrefaçon partielle de brevets d'invention et fourniture de moyens pour la contrefaçon, JCP E.1988.II.15286, 631-633

Mathély, Paul, Le droit français des brevets d'invention, Journal des notaires et des avocats, Paris 1974 (zitiert: *Mathély,* Brevets)

Mathély, Paul, Le nouveau droit français des brevets d'invention, Librairie du journal des notaires et des avocats, Paris 1991 (zitiert: *Mathély,* Nouveau Droit)

Mathély, Paul, Note sous CC 28.4.1987 – Marchal c. Journée, Ann. Propr. Ind. 1988, 117-122

McGuire, Mary-Rose, Die Lizenz, Tübingen 2012

McGuire, Mary-Rose, European Patent Package: Das Zusammenspiel von EPVO, EPGÜ und nationalem Patentrecht, Mitt. 2015, 537-543

McGuire, Mary-Rose, Nutzungsrechte an Computerprogrammen in der Insolvenz – Zugleich eine Stellungnahme zum Gesetzentwurf zur Regelung der Insolvenzfestigkeit von Lizenzen, GRUR 2009, 13-22

McGuire, Mary-Rose, Vertragliche Vereinbarung und patentrechtliche Erschöpfung: Zugleich eine Anmerkung zu BGH „CQI Bericht II", GRUR Patent 2023, 152-160

Meier-Beck, Peter, Ersatzansprüche gegenüber dem mittelbaren Patentverletzer, GRUR 1993, 1-8

Mes, Peter, Die mittelbare Patentverletzung, GRUR 1998, 281-283

Mestmäcker, Ernst-Joachim/Schweitzer, Heike, Europäisches Wettbewerbsrecht, 3. Auflage, München 2014

Mohri, Mineko, Repair and Recycle as Direct Patent Infringement?, in: *Heath, Christopher/Kamperman Sanders, Anselm,* Spares, Repairs and Intellectual Property Rights, Alphen aan den Rijn 2009, 59-83 (zitiert: *Mohri* in *Heath/Kamperman Sanders*)

Mousseron, Jean-Marc, L'épuisement du droit du brevet et les regles françaises, in: *Savignon, François,* L'épuisement du droit du breveté, 1971, S. 67-90 (zitiert: *Mousseron,* L'épuisement)

Mousseron, Jean-Marc/Sonnier, Annie, Le droit français nouveau des brevets d'invention (Loi du 13 juillet 1978), Paris 1978

Müller-Stoy, Tilman/Paschold, Florian, Europäisches Patent mit einheitlicher Wirkung als Recht des Vermögens, GRUR Int. 2014, 646-657

Müller-Stoy, Tilman/Wahl, Jörg, The European Union: Jurisdiction, Cross-border-Cases, Enforcement Directive and Unified Patent Court, in: *Heath, Christopher,* Patent Enforcement Worldwide, Oxford 2015, 57-80 (zitiert: *Müller-Stoy/Wahl,* Patent Enforcement)

Nieder, Michael, Die mittelbare Patentverletzung – eine Bestandsaufnahme, GRUR 2006, 977-983

Nieder, Michael, Ergänzender Hinweis zu Nieder, Materielles Verletzungsrecht für europäische Bündelpatente in nationalen Verfahren nach Art. 83 EPGÜ, GRUR 2014, 955-956

Nieder, Michael, Materielles Verletzungsrecht für europäische Bündelpatente in nationalen Verfahren nach Art. 83 EPGÜ, GRUR 2014, 627-633

Nieder, Michael, Strategische Überlegungen zum Einheitsregistereintrag und zum Opt-out in der EPGÜ-Übergangsphase, GRUR 2015, 728-731

Nirk, Rudolf, Anmerkung zu BGH, Urt. v. 4.5.2004 – X ZR 48/03 – Flügelradzähler, LMK 2004, 212-214

Ohly, Ansgar, Auf dem Weg zum Einheitspatent und zum Einheitlichen Patentgericht, ZGE 2012, 419-442

Ohly, Ansgar/Streinz, Rudolf, Can the UK stay in the UPC system after Brexit?, GRUR Int. 2017, 1-11

Opfer, Michaela/Ahner, Juliane/Tilmann, Winfried/Schmidt, Beate/Beldiman, Dana, Ordnung ins Verfahren bringen? – Herausforderungen der Verfahrensordnung des Einheitlichen Patentgerichts, GRUR Int. 2015, 904-908

Orf, Ewald, Case Comment – Re Warner Bros Inc. and Metronome Video APS v Erik Viuff Christiansen, [1988] 10 EIPR 309-311

Osterborg, Lise, Gedanken zur Vereinheitlichung des Vorbenutzungsrechts für Erfindungen im Gemeinsamen Markt, GRUR Int 1983, 97-109

Osterloh, Eilert, Ist die Benutzung einer Erfindung aufgrund eines wegen Verstoßes gegen kartellrechtliche Vorschriften nichtigen Lizenzvertrags eine Patentverletzung?, GRUR 1985, 707-711

Osterrieth, Christian, Patentrecht, 6. Auflage 2021, München 2021 (zitiert: Osterrieth/*Bearbeiter*)

Pagenberg, Jochen, Teilschutz im französischen und deutschen Patentrecht, GRUR 1993, 264-272

Pagenberg, Jochen, The Scope of Art. 69 European Patent Convention: Should Sub-Combinations Be Protected?- A Comparative Analysis on the Basis of French and German Law, IIC 1993, 314-345

Pahlow, Louis, Lizenz und Lizenzvertrag im Recht des Geistigen Eigentums, Tübingen 2006

Passa, Jérôme, Droit de la propriété industrielle, Tome 2, Brevets d'invention – Protections voisines, Paris 2013

Preparatory Committee, Interpretative note – Consequences of the application of Article 83 UPCA, 29.1.2014, https://www.unified-patent-court.org/en/news/interpretative-note-consequences-application-article-83-upca (zuletzt abgerufen am 2.4.2024)

Py, Emmanuel, Discussions autour de l'épuisement du droit de brevet, Propr. Ind. Juin 2021, 20-21

Raynard, Jacques, Du contrat de cession qui n'a fait l'objet ni d'un écrit (ni d'une publicité): nullité relative ou absolue?, Propr. Ind. Mai 2004, 19-21

Raynard, Jacques, Contrefaçon par fourniture de moyens: la bague de l'engagement, Propr. Ind. Juillet-Août 2022, 29-31

Reimer, Dietrich, Der Erschöpfungsgrundsatz im Urheberrecht und gewerblichen Rechtsschutz unter Berücksichtigung der Rechtsprechung des Europäischen Gerichtshofs, GRUR Int 1972, 221-234

Reimer, Eduard, Patentgesetz und Gebrauchsmustergesetz, 3. Auflage, Köln, Berlin, Bonn, München 1968 (zitiert: Reimer/*Bearbeiter*)

Reinhard, Yves, Les limites de l'autonomie de la volonte dans les contrats relatifs aux brevets d'invention, in: *Burst, Jean-Jacques,* Mélanges offerts à Jean-Jacques Burst, Paris 1997, 561-569 (zitiert: *Reinhard,* Mélanges)

Reisner, Stephan, Die Erschöpfung im Patentrecht, Baden-Baden 2017

Rothnie, Warwick A., Parallel Imports, London 1993

Rübel, Clemens, Patentschutz bei Reparatur- und Ersatzteilfällen, GRUR 2002, 561-565

Sack, Rolf, Der Erschöpfungsgrundsatz im deutschen Immaterialgüterrecht, GRUR Int 2000, 610-616

Sack, Rolf, Die Erschöpfung von gewerblichen Schutzrechten und Urheberrechten nach deutschem Recht, WRP 1999, 1088-1115

Sack, Rolf, Die Erschöpfung von gewerblichen Schutzrechten und Urheberrechten nach europäischem Recht, GRUR 1999, 193-215

Schäfers, Alfons, Aspekte des neuen Patentrechts, Mitt. 1981, 6-15

Scharen, Uwe, Der Unterlassungsantrag bei drohender mittelbarer Patentverletzung, GRUR 2001, 995-998

Scharen, Uwe, Die Behandlung der (so genannten) mittelbaren Patentverletzung in der Rechtsprechung des Bundesgerichtshofs, GRUR 2008, 944-948

Schatz, Ulrich, Die Erschöpfung des Patentrechts im Recht der Mitgliedstaaten der Europäischen Wirtschaftsgemeinschaft und nach dem Vorentwurf eines Übereinkommens über ein europäisches Patent für den Gemeinsamen Markt, GRUR Int 1970, 207-215

Schatz, Ulrich, The Exhaustion of Patent Rights in the Common Market, IIC 1971, 1-20

Schikorra, Volker, Die Zwangslizenz im Patentrecht, Münster 2018

Schmid-Dreyer, Michael/Waitzhofer, Frank, Aktuelle Entwicklungen im Bereich der mittelbaren Patentverletzung ausgehend von der Entscheidung „Nespresso", Mitt. 2015, 101, 109

Schön, Oliver, Die „Neuherstellung" als Grenze der Erschöpfung des Patentrechts, GRUR 2021, 353-356

Schönbohm, Julia/Ehlgen, Bolko, Zum Umfang der Erschöpfung bei System- und Verfahrensansprüchen, Mitt. 2016, 104-111

Schramm, Carl, Grundlagenforschung auf dem Gebiete des gewerblichen Rechtsschutzes und Urheberrechtes, Berlin Köln 1954

Schricker, Gerhard, Anbieten als Verletzungstatbestand im Patent- und Urheberrecht, GRUR Int 2004, 786-790

Schricker, Gerhard, Erschöpfung des Verfahrenspatents durch Veräußerung einer zur Ausübung des Verfahrens bestimmten Vorrichtung?, Mitt. 1980, 31-34

Schröer, Benjamin, Einheitspatentgericht – Überlegungen zum Forum-Shopping im Rahmen der alternativen Zuständigkeit nach Art. 83 Abs. 1 EPGÜ, GRUR Int. 2013, 1102-1109

Schulte, Rainer, Patentgesetz mit Europäischem Patentübereinkommen (EPÜ), 11. Auflage, Hürth 2022 (zitiert: Schulte/*Bearbeiter*)

Stenger, Jean-Pierre, La contrefaçon de brevet en droit français et en droit américain – étude comparative, Paris 1965

Stierle, Martin, Zum Verhältnismäßigkeitsvorbehalt im patentrechtlichen Unterlassungsanspruch, Mitt. 2020, 486-495

Stothers, Christopher, Patent Exhaustion: the UK perspective, 16th Annual Conference on Intellectual Property Law and Policy Fordham University School of Law 27-28 March 2008, https://perma.cc/7XMN-Q5ZP (zuletzt abgerufen am 2.4.2024) (zitiert: *Stothers*, Patent Exhaustion)

Straus, Joseph/Katzenberger, Paul, Rechtsgrundlagen zur Erschöpfung im Patentrecht, München 2002

Streinz, Rudolf, EUV/AEUV, 3. Auflage, München 2018 (zitiert: Streinz/*Bearbeiter*)

Stürner, Rolf, Dienstbarkeit heute, AcP 194 (1994), 265-294

Söllner, Alfred, Zum verfassungsrechtlichen Schutz geistigen Eigentums, in: *Loewenheim, Ulrich/Raiser, Thomas* (Hrsg.), Festschrift für Fritz Traub zum 65. Geburtstag, Frankfurt am Main 1994, 367-374 (zitiert: *Söllner*, FS Traub)

Terrell on the law of patents, hrsg. v. *Birss, Colin*, Nineteenth edition, London 2020 (zitiert: Terrell)

Teschemacher, Rudolf, Das Einheitspatent – zu Risiken und Nebenwirkungen fragen Sie Ihren Anwalt, Mitt. 2013, 153-204

Tetzner, Heinrich, Die Erschöpfung des Patentrechts, NJW 1962, 2033-3038

Tilmann, Winfried, 125 Jahre GRUR – Patentrecht, GRUR 2016, 1218-1225

Tilmann, Winfried, Einheitspatent und Einheitliches Gericht – Rechtliche und praktische Fragen, VPP-Rundbrief 2013, 56-60

Tilmann, Winfried, Erwiderung: Zu einem Unverhältnismäßigkeitsverbot im Patentrecht, Mitt. 2020, 245-250

Tilmann, Winfried, Neue Überlegungen im Patentrecht, GRUR 2005, 904-907

Tilmann, Winfried, The Transitional Period of the UPCA, Mitt. 2014, 58-65

Tilmann, Winfried, The UPC without the UK: Consequences and Alternatives, GRUR Int. 2020, 847-851

Tochtermann, Lea, Law to be applied to a European Patent after an opt out according to Art. 83 (3) UPCA, GRUR 2018, 337-342

Troller, Alois, Immaterialgüterrecht, Band 1, 3. Auflage, Basel und Frankfurt am Main 1983 (zitiert: *Troller* Bd. 1)

Troller, Alois, Immaterialgüterrecht, Band 2, 3. Auflage, Basel und Frankfurt am Main 1985 (zitiert: *Troller* Bd. 2)

Ullmann, Eike, Schutz der Elemente – elementarer Schutz der immaterialen Güter?, GRUR 1993, 334-338

Ullrich, Hanns, Gemeinschaftsrechtliche Erschöpfung von Immaterialgüterrechten und europäischer Konzernverbund, GRUR Int 1983, 370-378

Ullrich, Hanns, Patentschutz im europäischen Binnenmarkt, GRUR 1991, 1-13

Vianès, Georges, Das neue französische Patentgesetz, GRUR Int 1980, 1-8

Vissel, Horst, Die Ahndung der mittelbaren Verletzung Europäischer Patente nach dem Inkrafttreten des EPGÜ, GRUR 2015, 619-623

Vivant, Michel, Observations, Cass. com., 5.1.1983, JCP G.1984.II.20182

von der Groeben, Carl-Christoph Graf, Werden durch die Leistung von Schadensersatz die gewerblichen Schutzrechte erschöpft?, in: *Bergermann, Michael/Rother, Gereon, Verhauwen, Axel* (Hrsg.), Festschrift für Peter Mes zum 65. Geburtstag, München 2009, 141-151 (zitiert: *von der Groeben*, FS Mes)

von Frentz, Wolfgang Freiherr Raitz/Masch, Christian L., Die Insolvenzfestigkeit von einfachen und ausschließlichen Nutzungsrechten an Schutzrechten (Patentlizenzen, Markenlizenzen und urheberrechtlichen Nutzungsrechten), ZIP 2011, 1245-1250

von Kraack, Christian, TRIPs oder Patentschutz weltweit, Berlin 2006

von Meibom, Wolfgang/Meyer, Matthias F., Erschöpfung von Sach- und Verfahrenspatenten bei Teillieferung – Die erweitete Erschöpfungslehre -, in: *Bergermann, Michael/Rother, Gereon, Verhauwen, Axel* (Hrsg.), Festschrift für Peter Mes zum 65. Geburtstag, München 2009, 255-271 (zitiert: *von Meibom/Meyer*, FS Mes)

Walz, Axel, Schadensersatz und Einheitspatentsystem, GRUR Int. 2016, 513-530

Weatherill, Stephen, Recent Case law Concerning the Free Movement of Goods: Mapping the Frontiers of Market Deregulation, CMLR 1999, 51-85

Wichard, Johannes Christian, Europäisches Markenrecht zwischen Territorialität und Binnenmarkt, ZEuP 2002, 23-57

Windisch, Ernst, Gewerblicher Rechtsschutz und Urheberrecht im zwischenstaatlichen Bereich, Berlin 1969

Zuberbühler, Ivo, Die Erschöpfung von Patentrechten, Bern 2012

Abkürzungsverzeichnis

AEUV	Vertrag über die Arbeitsweise der Europäischen Union
ähnl.	ähnlich
Ann. propr. ind.	Annales de la propriété industrielle, artistique et littéraire
BT-Drs.	Bundestagsdrucksache
bzw.	beziehungsweise
c.	contre
CA	Cour d'appel
Cass. Com.	Cour de cassation, Chambre commerciale
C.B.(N.S.)	Common Bench Reports, New Series
CPI	Code de la propriété intellectuelle
E.L. Rev.	European Law Review
EPatVO	Verordnung VO (EU) 1257/2012 über die Umsetzung der Verstärkten Zusammenarbeit im Bereich der Schaffung eines einheitlichen Patentschutzes
EPatÜbersVO	Verordnung VO (EU) 1260/2012 über die Umsetzung der verstärkten Zusammenarbeit im Bereich der Schaffung eines einheitlichen Patentschutzes im Hinblick auf die anzuwendenden Übersetzungsregelungen
EPG	Einheitliches Patentgericht
et al.	et alii
EuGRC	Charta der Grundrechte der Europäischen Union
EWHC	England and Wales High Court
Fasc.	Fascicule
FSR/F.S.R.	Fleet Street reports
ggf.	gegebenenfalls
GPÜ	Gemeinschaftspatentübereinkommen (76/76/EWG)
iVm.	in Verbindung mit
JCP	La semaine juridique (juris-classeur périodique)
li. Sp.	linke Spalte
LR Ch App	Law Reports, Chancery Appeals (1865-1875)
Mitt.	Mitteilungen der deutschen Patentanwälte
mwN.	mit weiteren Nachweisen
PIBD	Propriété industrielle bulletin documentaire

Propr. Ind.	Propriété Industrielle (Revue mensuelle du Juris-Classeur)
Q.B.	Law Reports, Queen's Bench Division
RDPI	Revue du droit de la propriété industrielle
re. Sp.	rechte Spalte
Rom I-VO	Verordnung (EG) Nr. 593/2008 des Europäischen Parlaments und des Rates vom 17. Juni 2008 über das auf vertragliche Schuldverhältnisse anzuwendende Recht (Rom I)
RPC/R.P.C.	Reports of Patent, Design and Trade Mark Cases
Sec.	Section
TGI	Tribunal de grande instance
Trib.	Tribunal
u.	und
u.a.	und andere
UKHL	United Kingdom House of Lords
UMTS	Universal Mobile Telecommunications System
UMV	Verordnung (EU) 2017/1001 des Europäischen Parlaments und des Rates vom 14. Juni 2017 über die Unionsmarke (Unionsmarkenverordnung)
v.	versus; von/vom
VO	Verordnung
ZGE	Zeitschrift für Geistiges Eigentum

Weitere Abkürzungen nach: Kirchner Abkürzungsverzeichnis der Rechtssprache, bearbeitet von *Eike Böttcher*, 10. Auflage, Berlin/Boston 2021

A. Einleitung

Nach Art. 25 lit. a) EPGÜ gewährt ein Patent seinem Inhaber das Recht, Dritten zu verbieten, ohne seine Zustimmung ein Erzeugnis, das Gegenstand des Patents ist, herzustellen, anzubieten, in Verkehr zu bringen, zu gebrauchen oder zu den genannten Zwecken einzuführen oder zu besitzen. Die nationalen Vorschriften in Deutschland, England und Frankreich haben einen vergleichbaren Wortlaut. Das Patentgesetz unterscheidet dabei nicht zwischen rechtmäßig[1] und rechtswidrig hergestellten Erzeugnissen. Nach dem Wortlaut hat ein Patentinhaber daher nicht nur die Möglichkeit, gegen Verwender und Vertreiber rechtswidrig hergestellter Erzeugnisse vorzugehen. Er hat sogar das Recht, die Nutzung und den Weitervertrieb eines Erzeugnisses, welches er selbst hergestellt und in Verkehr gebracht hat, zu verbieten.

Diese Reichweite des Patentschutzes erscheint indes unbillig. Zum einen hat der Patentinhaber bei rechtmäßig hergestellten und in den Verkehr gebrachten Erzeugnissen bereits vom Monopolrecht profitiert.[2] Zum anderen würde der freie Warenverkehr übermäßig eingeschränkt, wenn der Patentinhaber den Weitervertrieb dieser Erzeugnisse unterbinden könnte.[3] Darüber hinaus bestünde für die Verwender solcher Erzeugnisse die Gefahr, dass der Patentinhaber ihnen die weitere Nutzung verbietet. Da eine immaterialgüterrechtliche Nutzungsbefugnis nicht gutgläubig erworben werden kann,[4] müsste grundsätzlich jeder gewerbliche[5] Verwender vor der Ingebrauchnahme einen Lizenzvertrag mit dem Patentinhaber abschließen.

Eine solche Lizenzierungspflicht wäre aufgrund der fortschreitenden Technisierung der Gesellschaft in vielen Fällen kaum noch praktikabel. So beinhalten Alltagsgegenstände wie PCs oder Mobiltelefone mittlerweile tausende patentgeschützte Erfindungen, und die Schutzrechtslage ist schwer überschaubar.[6] Diese Gegenstände bestehen aus einer Vielzahl von Komponenten verschiedener Hersteller, und es gibt zahlreiche Patentinhaber. Typischerweise werden solche Gegenstände auch nicht direkt vom letzten Hersteller, sondern erst am Ende einer langen Lieferkette erworben. In solchen Situationen wäre es einem Verwender kaum zuzumuten, zunächst herauszufinden, welche Patente an dem Gegenstand bestehen, um dann mit jedem einzelnen Patentinhaber einen Lizenzvertrag abzuschließen.

---

1 Durch den Patentinhaber oder mit seiner Zustimmung hergestellte patentgemäße Erzeugnisse.

2 RG, Urt. v. 26.3.1902 - I 403/01 - Guajakol, RGZ 51, 139, 140.

3 RG, Urt. v. 26.3.1902 - I 403/01 - Guajakol, RGZ 51, 139, 141; *Haedicke*, PatR, Rn. 11.

4 *Reimer*, GRUR Int 1972, 221, 222.

5 Nach Art. 27 lit. a) EPGÜ erstrecken sich die Rechte aus einem Patent nicht auf Handlungen im privaten Bereich zu nichtgewerblichen Zwecken.

6 *Bodewig*, GRUR Int. 2015, 626, 626.

Rechtsprechung und Literatur haben daher schon früh versucht, die Interessen des Patentinhabers und die Interessen der Allgemeinheit am freien Warenverkehr in einen Ausgleich zu bringen. Es wurde anerkannt, dass es jedermann erlaubt sein muss, ein patentgeschütztes Erzeugnis zu gebrauchen oder weiter zu veräußern, sobald der Patentinhaber das Erzeugnis einmal in Verkehr gebracht hat.[7] Da sich dieses (gewünschte) Ergebnis aus dem Wortlaut der Patentvorschriften nicht ergab, behalf man sich mit der Theorie der *Erschöpfung* und der Theorie der *impliziten Lizenz*.[8] Diese Theorien sollten erklären, dass man patentgeschützte Produkte nach dem erstmaligen Inverkehrbringen gebrauchen und weiterverbreiten darf, obwohl dies nach dem Wortlaut des Patentgesetzes eigentlich das Schutzrecht verletzen würde.[9]

Im Einheitspatentsystem hat man sich für die Theorie der Erschöpfung entschieden und diese in Art. 6 EPatVO und Art. 29 EPGÜ normiert. Danach erstrecken sich die durch das Patent verliehenen Rechte nicht auf Handlungen, die ein durch das Patent geschütztes Erzeugnis betreffen, nachdem das Erzeugnis vom Patentinhaber oder mit seiner Zustimmung in Verkehr gebracht worden ist, es sei denn, der Patentinhaber hat berechtigte Gründe, sich dem weiteren Vertrieb des Erzeugnisses zu widersetzen. Im deutschen Recht war der Grundsatz der Erschöpfung im Patentrecht bisher lediglich als allgemeine Rechtsregel bekannt, während das Markenrecht[10], Designrecht[11], Sortenschutzrecht[12] und Urheberrecht[13] bereits eine ausdrückliche Regelung der Erschöpfung kennen.[14]

Die folgende Arbeit untersucht die Voraussetzungen und die Rechtsfolgen der Erschöpfung im Einheitspatentsystem. Dazu zählt die Frage, unter welchen Umständen patentgemäße Erzeugnisse ohne weitere Zustimmung des Patentinhabers gebraucht und weitervertrieben werden dürfen, und welchen Schranken dies unterliegt. Weiterhin wird untersucht, welche Lösungsmöglichkeiten es in Fällen mit vergleichbarer Interessenlage gibt, in denen die Erschöpfungsvorschriften nicht unmittelbar anwendbar sind. Zu nennen ist insbesondere der Fall, dass ein Patentinhaber eine Vorrichtung in Verkehr bringt, die zur Ausübung eines patentgeschützten Verfahrens bestimmt ist. Auch in diesem Fall besteht möglicherweise ein Interesse des Erwerbers

---

7 Vgl. Schatz, GRUR Int 1970, 207, 209; Schatz, IIC 1971, 1, 6, wonach die Rechtslage in den Mitgliedstaaten der EWG im Wesentlichen übereinstimmt; vgl. auch Tetzner, NJW 1969, 2033, 2033 li. Sp., wonach das Prinzip der Erschöpfung grundsätzlich in allen Rechtssystemen anerkannt ist.

8 Vgl. *Zuberbühler*, S. 7.

9 *Hilty*, GRUR 2018, 865, 865 u. 872; *Passa*, Rn. 484; United Wire v. Screen Repair [2001] R.P.C. 24 Rn. 68 f. (*Lord Hoffmann*).

10 § 24 MarkenG.

11 § 48 DesignG.

12 § 10b SortG.

13 § 17 II UrhG und § 69c Nr. 3 S. 2 UrhG speziell für Computerprogramme.

14 Busse/Keukenschrijver/*Keukenschrijver*, PatG § 9, Rn. 116.

daran, die von ihm erworbene Vorrichtung auch ohne gesonderte Absprache patentgemäß gebrauchen zu dürfen.

Da es noch keine Rechtsprechung des Einheitlichen Patentgerichts gibt, stützt sich diese Untersuchung auf die bisherige Rechtsprechung zur Erschöpfung und impliziten Lizenz in Deutschland, England und Frankreich, sowie auf die Rechtsprechung des EuGH zur gemeinschaftsrechtlichen Erschöpfung.[15] Deutschland, Frankreich und das Vereinigte Königreich waren bei Unterzeichnung des EPGÜ die drei patentstärksten Staaten, deren Ratifizierung nach Art. 89 I EPGÜ für das Inkrafttreten des Einheitspatentsystems maßgeblich war.[16] Es ist davon auszugehen, dass das Rechtsverständnis dieser drei Staaten einen starken Einfluss auf die Normierung des Einheitspatentsystems gehabt hat, und dass sich die bisherige Rechtsprechung auch im Einheitspatentsystem widerspiegeln wird. Auch die bisherige EuGH-Rechtsprechung zur Erschöpfung dürfte einen maßgeblichen Einfluss auf die Auslegung der Erschöpfungsregel des Einheitspatentsystems haben, auch wenn sie sich überwiegend auf das Marken- und Urheberrecht bezieht.[17] Es ist zu untersuchen, inwieweit diese Rechtsprechung auf die Erschöpfung im Patentrecht übertragen werden kann.[18]

Zum Thema der patentrechtlichen Erschöpfung sind bereits mehrere Monographien erschienen. Eine frühe rechtsvergleichende Betrachtung der Erschöpfung im deutschen, im französischen und im Gemeinschaftsrecht findet sich bei *Castell*[19] (1989). *Straus/Katzenberger*[20] (2002) beschäftigen sich mit der Frage, ob internationale Abkommen die territoriale Reichweite der Erschöpfung vorgeben. Auch *von Kraack*[21] (2006) beschäftigt sich mit der territorialen Reichweite der Erschöpfung und den Vorgaben des TRIPS-Abkommens. *Zuberbühler*[22] (2012) betrachtet die Grundlagen der Erschöpfung in Europa und in der Schweiz und befasst sich mit der neu gefassten Erschöpfungsregel in § 9a CH-PatG. *Reisner*[23] (2017) und *Gollrad*[24] (2022) beschäftigen sich mit den

---

15 Für die Erschöpfung auf Basis der EuGH-Rechtsprechung gibt es keine einheitliche Bezeichnung. Wie hier auch Busse/Keukenschrijver/*Keukenschrijver*, PatG § 9, Rn. 133 ff.

16 *Haedicke*, GRUR Int 2013, 609, 609 f.; *Tilmann*, GRUR 2016, 1218, 1224; nach dem Brexit trat Italien an die Stelle des Vereinigten Königreichs, S. 54.

17 So enthält Art. 15 UMV eine Erschöpfungsregel für die Unionsmarke, Art. 4 II RL 2009/24/EG eine Erschöpfungsregel für Computerprogramme.

18 Insbesondere S. 91 ff. zum Begriff des Inverkehrbringens und S. 208 ff. zur Erschöpfung von Computerprogrammen und zur UsedSoft-Rechtsprechung des EuGH.

19 *Castell, Brigitte*, L' „épuisement" du droit intellectuel en droits allemand, français et communautaire, Paris 1989.

20 *Straus, Joseph/Katzenberger, Paul*, Rechtsgrundlagen zur Erschöpfung im Patentrecht, München 2002.

21 *Von Kraack, Christian*, TRIPs oder Patentschutz weltweit, Berlin 2006.

22 *Zuberbühler, Ivo*, Die Erschöpfung von Patentrechten, Bern 2012.

23 *Reisner, Stephan*, Die Erschöpfung im Patentrecht, Baden-Baden 2017.

24 *Gollrad, Markus*, Dogmatik und Voraussetzungen der patentrechtlichen Erschöpfung, Hürth 2022.

dogmatischen Grundlagen der Erschöpfung im deutschen Recht. *Kesting*[25] (2019) betrachtet die Erschöpfung bei parallelen Sach- und Systemansprüchen sowie bei parallelen Sach- und Verfahrensansprüchen. *Christ*[26] (2020) beschäftigt sich mit der regionalen Reichweite der Erschöpfung in Deutschland und den USA.

Auf diesen Forschungsstand baut die vorliegende Arbeit auf. Die Arbeit untersucht, wie die Erschöpfungsfrage im Einheitspatentsystem geregelt ist und wie sich die bisherigen nationalen Regelungen im Einheitspatentsystem fortsetzen. Dazu werden zunächst die Grundlagen der Erschöpfung in Deutschland, England, Frankreich und der EU betrachtet. Im nächsten Schritt werden das Einheitspatentsystem und die Anknüpfungspunkte für Erschöpfung im Einheitspatentsystem beleuchtet. Daran schließt sich ein Kapitel zur Rechtsnatur der Erschöpfung an. Schließlich werden die Tatbestandsvoraussetzungen und die Reichweite der Erschöpfung erörtert, bevor auf besondere Erschöpfungskonstellationen eingegangen wird. Zuletzt wird ein alternatives rechtstheoretisches Modell zur Erklärung der Erschöpfungswirkung entwickelt.

25 *Kesting, Christina*, Die Erschöpfungsdogmatik bei parallelen Sach-, System- und Verfahrensansprüchen im Patentrecht, Berlin 2019.

26 *Christ, Andreas*, Nationale oder internationale Erschöpfung im Patentrecht?, Freiburg 2020.

B. Grundlagen

I. Interessenlage und Schranken des Patentrechts

1. Interessenlage

Beim Patentschutz treffen verschiedene Interessen aufeinander, die in einen Ausgleich gebracht werden müssen.[27] Dabei müssen sowohl der Grund des Patentschutzes („ob"), als auch die Reichweite des Schutzes („wie") betrachtet werden.

Zur Begründung des Patentschutzes haben sich vier Patentrechtstheorien herausgebildet, die sich gegenseitig ergänzen.[28] Nach der *Eigentumstheorie* gehört jede geistige Schöpfung von Natur aus zum Eigentum desjenigen Menschen, der sie hervorgebracht hat.[29] So sieht auch das Bundesverfassungsgericht die patentfähige Erfindung als eine Rechtsposition an, die den Eigentumsschutz des Grundgesetzes genießt.[30] Dies beinhaltet, dass dem Erfinder das *Recht auf das Patent* zusteht.[31] Der Eigentumsschutz setzt sich fort mit dem *Recht aus dem Patent*.[32]

Nach der *Belohnungstheorie* soll dem Erfinder für die Vermehrung des technischen Wissens eine Belohnung in Form eines Ausschließlichkeitsrechts zustehen.[33] Nach der *Anspornungstheorie* steigert die Möglichkeit der Erlangung eines ausschließlichen Benutzungsrechts die Bereitschaft zur Forschung, was zum technischen Fortschritt beiträgt.[34] Nach der *Offenbarungstheorie* erhält der Erfinder den Patentschutz als Gegenleistung für die Offenbarung seines neuen technischen Wissens.[35] Das Institut des Patentschutzes wird also zum einen mit den natürlichen Individualinteressen des Erfinders, und zum anderen mit der Nützlichkeit des Patentschutzes für die Allgemeinheit begründet.[36]

Die Regelungen, die die Reichweite des Patentschutzes betreffen, werden – wie auch die Voraussetzungen für den Erhalt des Patents – als Inhalts- und Schrankenbestimmungen des Eigentums angesehen.[37] Sie dienen dem

27 Vgl. dazu auch *Busche*, GRUR 2021, 157, 157.
28 *Ann*, PatR, § 3, Rn. 12; vgl. auch *Machlup*, S. 21 ff.
29 *Ann*, PatR, § 3, Rn. 8.
30 BVerfG, Beschl. v. 15. 1.1974 – 1 BvL 5/70 – BVerfGE 36, 281, Rn. 27 f.
31 Vgl. BVerfG, Beschl. v. 15. 1.1974 – 1 BvL 5/70 – BVerfGE 36, 281, Rn. 27.
32 BVerfG, Beschl. v. 15. 1.1974 – 1 BvL 5/70 – BVerfGE 36, 281, Rn. 27.
33 *Ann*, PatR, § 3, Rn. 9.
34 *Ann*, PatR, § 3, Rn. 10.
35 *Ann*, PatR, § 3, Rn. 11; in diese Richtung z.B. *Windisch*, S. 8 f.
36 *Ann*, PatR, § 3, Rn. 12.
37 BVerfG, Beschl. v. 15. 1.1974 – 1 BvL 5/70 – BVerfGE 36, 281, Rn. 27 f.

Interessenausgleich zwischen Erfinder und Allgemeinheit.[38] Im Rahmen dieses Interessenausgleichs lässt sich unterscheiden zwischen den Interessen von Erfindern, Investoren, Patentinhabern, Lizenznehmern, Erwerbern patentgeschützter Erzeugnisse, Erwerbern von Vorrichtungen zur Verwendung patentgeschützter Verfahren, sowie den Interessen der Allgemeinheit.

Das Interesse des *Erfinders* und späteren *Patentinhabers* liegt in erster Linie darin, dass das durch den Patentschutz gewährte Ausschließlichkeitsrecht möglichst weitreichend ist. Denn der Patentinhaber kann Nutzungshandlungen durch Dritte untersagen oder Lizenzgebühren für solche Nutzungen verlangen. Je mehr Nutzungshandlungen der Patentschutz umfasst, je weiter der sachliche Schutzbereich in Hinblick auf Alternativgestaltungen und Komponenten reicht und je länger der Patentschutz dauert, desto stärker wird die Position des Patentinhabers. Von einem weiten Patentschutz könnten auch nachgelagerte Märkte erfasst werden. Zu denken wäre etwa an den Markt von Ersatzteilen und Verbrauchsmaterial.

Ähnliche Interessen wie der Patentinhaber hat der *Investor*, der Forschungsgelder zur Verfügung stellt.[39] Er ist daran interessiert, dass der Patentschutz für Forschungserfolge sehr weit reicht, denn entsprechend höher sind die dadurch vermittelten Gewinnmöglichkeiten. Auch der *ausschließliche Lizenznehmer* hat ein Interesse an einem weit reichenden Patentschutz. Für ihn stellt sich die Lizenz wie eine Investition dar. Je weitreichender das Ausschließlichkeitsrecht, desto weniger Konkurrenz hat er zu fürchten.

Der *einfache Lizenznehmer* hat ebenfalls ein Interesse an einem Schutz vor Konkurrenz. Andererseits hat er aber auch ein Interesse an geringen Lizenzgebühren, wenn er auf die Nutzung der Erfindung angewiesen ist. Je weiter der Schutz reicht und je mehr Nutzungshandlungen vom Schutz erfasst sind, desto teurer wird die Nutzung der Erfindung für ihn sein. Überdies kann der einfache Lizenznehmer auch ein Interesse daran haben, dass die von ihm verkauften Produkte frei verkehrsfähig sind, also ohne weitere Lizenz genutzt und weitervertrieben werden dürfen. Denn wenn der Patentinhaber Rechte bezüglich solcher Produkte geltend machen könnte, dann wäre die Attraktivität der Produkte für die Abnehmer gemindert.

Konkurrenten des Patentinhabers haben ein Interesse an einem schwachen Patentschutz. Für sie wäre es vorzugswürdig, wenn sie Innovationen nach kurzer Zeit ebenfalls übernehmen dürften (zeitliche Reichweite). Überdies besteht ein Interesse daran, dass sie nicht zu sehr in ihrer eigenen Tätigkeit beschränkt werden und ähnliche technische Lösungen nicht durch ein fremdes Patent blockiert werden (sachliche Reichweite). Je weiter der Schutz eines fremden Patents reicht, desto stärker werden Konkurrenten in ihrer

38 Vgl. BVerfG, Beschl. v. 15. 1.1974 - 1 BvL 5/70 - BVerfGE 36, 281, Rn. 32; ähnl. *Badura*, FS Maunz, 1, 7 zu Schranken des Urheberrechts.

39 Vgl. *Ann*, PatR, § 3, Rn. 38 ff. zu den Interessen der investierenden Unternehmen.

sehr schwierig, den genauen Umfang der zulässigen Gebrauchs- und Vertriebshandlungen herauszufinden.[59] Hinzu kommt, dass es im Immaterialgüterrecht keinen Gutglaubensschutz gibt, so dass „über dem Haupt jedes Händlers und Käufers stets das Damoklesschwert einer Schutzrechtsverletzung schweben würde“[60].

II. Rechtsvergleichender Überblick

1. Deutschland

a) Josef Kohler und der Zusammenhang der Benutzungsarten

In Deutschland basiert die Theorie der Erschöpfung maßgeblich auf den Arbeiten Josef Kohlers.[61] Dieser hatte Ende des 19. Jahrhunderts die Theorie vom Zusammenhang der Benutzungsarten entwickelt, welche bald darauf vom Reichsgericht - in modifizierter Form - übernommen wurde.[62] Die Lehre vom Zusammenhang der Benutzungsarten besagt, dass Benutzung und Verbreitung eines patentierten Produktes mit dessen Herstellung zusammenhängen.[63] Die Benutzung und Verbreitung eines aus dem Ausland eingeführten Produktes stehe im Zusammenhang mit einem erstmaligen rechtmäßigen inländischen Verbreitungsakt.[64] Spätere Benutzungsarten seien lediglich eine rechtlich unselbständige Fortsetzung der ersten Benutzung durch den Patentinhaber.[65] Daher führe die rechtmäßige Herstellung eines Produktes im Inland dazu, dass alle nachfolgenden Benutzungsarten im Inland zulässig würden.[66]

Auch ein rechtmäßiger Import mache spätere Benutzungsakte zulässig, allerdings nur soweit, wie sie vom ersten Verbreitungsakt abgedeckt seien.[67] Jedenfalls bei einer rechtmäßigen Verbreitung zu Eigentum seien alle weiteren Benutzungsakte zulässig.[68] Diese patentrechtlichen Wirkungen könne der Patentinhaber nicht ausschließen, da dies zu einer unerträglichen Belastung des Handels führe.[69] Lediglich rein vertraglich wirkende Beschränkungen seien möglich.[70]

---

59 *Bodewig*, GRUR Int. 2015, 626, 628; ähnl. *Zuberbühler*, S. 44 f.
60 *Reimer*, GRUR Int 1972, 221, 222.
61 *Beier*, GRUR Int 1996, 1, 2.
62 *Beier*, GRUR Int 1996, 1, 3.
63 *Kohler*, S. 452.
64 *Kohler*, S. 452.
65 *Schatz*, GRUR Int 1970, 207, 208; *Schatz*, IIC 1971, 1, 3.
66 *Kohler*, S. 452 ff.
67 *Kohler*, S. 454.
68 *Kohler*, S. 454.
69 *Kohler*, S. 454.
70 *Kohler*, S. 454.

Kohler verwarf die früher von ihm selbst vertretene Lehre von der stillschweigenden Lizenzerteilung, da sich das Verbreitungs- und Benutzungsrecht aus dem Prinzip des Zusammenhangs der Benutzungsarten von selbst ergebe.[71] Die Lehre der stillschweigenden Lizenz könne nicht erklären, warum der gutgläubige Erwerber eines patentgeschützten Gegenstandes Benutzungsrechte erwerbe.[72] Allerdings sei bei Verfahrenspatenten eine implizite Lizenz denkbar, z.B. wenn der Patentinhaber oder ein Lizenznehmer eine Maschine zur Ausübung eines patentierten Verfahrens vertreibe.[73] Diese Lizenz sei allerdings in ihrem Umfang abhängig vom Recht des Lizenzgebers.[74]

b) Rechtsprechung

In seiner *Guajakol*-Entscheidung[75] entwickelte das Reichsgericht die Lehre von der Erschöpfung des Patentrechts, die nicht – wie noch bei Kohler – an die rechtmäßige Herstellung, sondern an das erste Inverkehrbringen anknüpft.[76] Die Wirkung des Patentrechts bestehe nur darin, dass niemand außer dem Patentinhaber oder denjenigen Personen, die er dazu ermächtigt hat, das Produkt herstellen und in Verkehr bringen dürfe.[77] Das Reichsgericht begründet dies wie folgt:

> *„Hat der Patentinhaber unter diesem den Mitbewerb anderer Personen ausschließenden Schutz sein Produkt hergestellt und in Verkehr gebracht, so hat er die Vorteile genossen, welche ihm das Patent gewährt, und damit sein Recht konsumiert."*[78]

Das Patentrecht gewähre dem Patentinhaber nur das ausschließliche Recht, über das *ob* des Inverkehrbringens zu entscheiden; es sei aber kein Grund erkennbar, dass das Patentrecht auch dazu berechtigen solle, den weiteren Verkehr nach seiner Willkür zu gestalten.[79] Dies würde zu unerträglichen Belästigungen des Verkehrs führen.[80] Der Patentinhaber soll also exklusiv darüber entscheiden können, ob er patentgemäße Erzeugnisse in Verkehr bringt. Tut er dies, dann begibt er sich der Exklusivität und das Patentrecht wird verbraucht. Das Ausschließlichkeitsrecht endet damit vor dem Werkstor.
Zwar bezog sich die *Guajakol*-Entscheidung auf ein Verfahrenspatent. Die Lehre der Erschöpfung wurde aber gleichermaßen für Erzeugnispatente

---

71 *Kohler*, S. 457.
72 *Kohler*, S. 457.
73 *Kohler*, S. 457 f.
74 *Kohler*, S. 458.
75 RG, Urt. v. 26.3.1902 – I 403/01 – Guajakol, RGZ 51, 139.
76 Vgl. *Reisner*, S. 48 f.
77 RG, Urt. v. 26.3.1902 – I 403/01 – Guajakol, RGZ 51, 139, 140.
78 RG, Urt. v. 26.3.1902 – I 403/01 – Guajakol, RGZ 51, 139, 140.
79 RG, Urt. v. 26.3.1902 – I 403/01 – Guajakol, RGZ 51, 139, 141.
80 RG, Urt. v. 26.3.1902 – I 403/01 – Guajakol, RGZ 51, 139, 141.

anerkannt.[81] In der Folge wurde diese Lehre zu einem von Rechtsprechung und Literatur allgemein anerkannten Grundsatz.[82] Synonym zum Begriff der *Erschöpfung* werden die Begriffe *Verbrauch* oder *Konsumtion* des Patentrechts verwendet.[83] Es wird auch davon gesprochen, dass die Erzeugnisse gemeinfrei geworden sind.[84] Teilweise wird die *Erschöpfung* auch mit dem *Zusammenhang der Benutzungsarten* begründet.[85]

Der BGH führt die Rechtsprechung des Reichsgerichts zur Erschöpfung fort. So verweist er z.B. in *Tauchpumpensatz* explizit auf die Lehre vom Zusammenhang der Benutzungsarten und die *Guajakol*-Entscheidung.[86] In ständiger Rechtsprechung definiert der BGH nunmehr die Wirkung der Erschöpfung wie folgt:

> *„Die dem rechtmäßigen Erwerber eines geschützten Erzeugnisses zustehende Befugnis zur Benutzung und Weiterveräußerung beruht nicht auf einer vertraglichen Rechtseinräumung des Patentinhabers. Sie ist vielmehr Folge davon, dass die dem Patentinhaber nach § 9 PatG zustehenden Rechte mit dem Inverkehrbringen eines konkreten Exemplars insoweit erschöpft sind, der Patentinhaber hinsichtlich dieses Exemplars also seine Befugnis verloren hat, dem Abnehmer oder Dritten den bestimmungsgemäßen Gebrauch des geschützten Erzeugnisses zu verbieten. Der bestimmungsgemäße Gebrauch eines solchen Exemplars stellt deshalb keine Patentverletzung dar – unabhängig davon, durch wen er erfolgt."*[87]

c) Normierung

Zwar kennen das Markenrecht, das Designrecht, das Sortenschutzrecht und das Urheberrecht bereits ausdrückliche Erschöpfungsregelungen.[88] Außer in § 9b S. 1 PatG gibt es aber in Deutschland keine gesetzliche Regelung zur Erschöpfung von Patenten.[89] § 9b PatG, der Art. 10 RL 98/44/EG (Biotechnologierichtlinie) in das nationale Recht umsetzt, enthält in Satz 1 eine besondere Erschöpfungsregelung für biologisches Material.[90] Die Vorschrift beinhaltet

---

81 Vgl. BGH, Urt. v. 12.6.1951 – I ZR 75/50 – Tauchpumpensatz, GRUR 1951, 449, 452, mit ausdrücklicher Referenz zur Guajakol-Entscheidung.

82 *Beier*, GRUR Int 1996, 1, 3; vgl. auch Reimer/*Nastelski*, PatG § 6 Anm. 87.

83 Vgl. Reimer/*Nastelski*, PatG § 6 Anm. 87; *Zuberbühler*, S. 9.

84 BGH, Urt. v. 21.11.1958 – I ZR 129/57 – Förderrinne, GRUR 1959, 232, 233; BGH, Urt. v. 8.3.1973 – X ZR 6/70 – Spielautomat II, GRUR 1973, 518, 520.

85 So z.B. in RG, Urt. v. 14.10.1931 – I 71/31 – Schlauchstück, RGZ 133, 326, 330.

86 BGH, Urt. v. 12.6.1951 – I ZR 75/50 – Tauchpumpensatz, GRUR 1951, 449, 452.

87 BGH, Urt. v. 17.7. 2012 – X ZR 97/11 – Palettenbehälter II, GRUR 2012, 1118, Rn. 20.

88 S. 2.

89 Busse/Keukenschrijver/*Keukenschrijver*, PatG § 9, Rn. 116; *Haft et al.*, GRUR Int 2008, 944, 944; *Haft/von Samson-Himmelstjerna*, FS Reimann, 175, 175; *Hauck*, EuZW 2017, 645, 647.

90 BT-Drs. 15/1709, S. 12.

den Sonderfall der Erschöpfung einer Neuherstellung.[91] Grundsätzlich erfasst die Erschöpfung keine Neuherstellung.[92] § 9b S. 1 PatG regelt aber gerade, dass „weiteres Material", das durch generative oder vegetative Vermehrung gewonnen wird, vom Verbietungsrecht des Patentinhabers ausgenommen wird.

Abgesehen davon basieren die Regeln der Erschöpfung des Patentrechts allein auf der Rechtsprechung von Reichsgericht und BGH.[93] Die im GPÜ geregelte gemeinschaftsweite Erschöpfung des Patents (Art. 32 und 81 GPÜ) wurde - anders als Frankreich - nicht in den deutschen Gesetzestext übernommen.[94]

d) Begründung der Erschöpfungstheorie

Der Eintritt der Erschöpfung wird mit Verkehrsschutz-[95] und Belohnungsgesichtspunkten[96] begründet. Problematisch ist aber die rechtstechnische Begründung. Denn aus dem Wortlaut der Patentschutzvorschriften lässt sich die Erschöpfung nicht ableiten.

aa) Zusammenhang der Benutzungsarten

Die ältere Rechtsprechung begründet den Eintritt der Erschöpfung mit der Lehre vom Zusammenhang der Benutzungsarten.[97] Diese Lehre erklärt die Patentfreiheit mit der fortlaufenden Rechtmäßigkeit der ersten rechtmäßigen Benutzungshandlung. Die erste dem Patentinhaber vorbehaltene Handlung (Herstellung bzw. Import) macht, wenn sie rechtmäßig erfolgt ist, alle weiteren Handlungen ebenfalls rechtmäßig.[98] Die Verbietungsrechte des Patentinhabers beziehen sich damit von vornherein nur auf rechtswidrig hergestellte oder importierte Produkte.

Die Erschöpfung knüpft dagegen nicht an die Rechtmäßigkeit der Produkte an, sondern an das „Sich-rechtmäßig-im-Verkehr-Befinden". Dies widerspricht der Theorie vom Zusammenhang der Benutzungsarten. Die Theorie vom Zusammenhang der Benutzungsarten kann nicht erklären, warum Erschöpfung erst beim Inverkehrbringen eintritt. Denn das Inverkehrbringen ist gerade nicht die erste dem Patentinhaber vorbehaltene Handlung. Die

---

91 So auch *Gollrad*, Rn. 198 ff.; a.A. wohl Haedicke/Timmann/*Stief/Bühler*, § 9, Rn. 157, die davon ausgehen, dass diese Regelung eine Beschränkung der Erschöpfung darstelle, und dass ohne diese Regelung jeder Erwerber das Material beliebig vermehren könne.

92 Benkard/*Scharen*, PatG § 9, Rn. 18 u. Rn. 36.

93 *Haft et al.*, GRUR Int 2008, 944, 944.

94 *Schäfers*, Mitt. 1981, 6, 12.

95 *Reimer*, GRUR Int 1972, 221, 226; *Zuberbühler*, S. 44; ablehnend: *Gollrad*, Rn. 248.

96 *Reimer*, GRUR Int 1972, 221, 226; *Reisner*, S. 55 ff.

97 Z.B. BGH, Urt. v. 5.10.1951 - I ZR 74/50 - Tauchpumpe II, GRUR 1952, 141, 145.

98 S. 9 f.

Theorie der Erschöpfung muss daher als eigenständige Theorie angesehen werden.[99]

bb) *Belohnung durch das Inverkehrbringen?*

Als Argument für den Eintritt der Erschöpfung wird von der Rechtsprechung vorgebracht, dass der Patentinhaber seine Vorteile genossen habe, wenn er seine Produkte in Verkehr gebracht hat.[100] Viele Autoren verknüpfen daher den Eintritt der Erschöpfung mit der (vermeintlichen) Belohnung des Patentinhabers durch das erste Inverkehrbringen.[101] Demnach liege der Grund für die Erschöpfung darin, dass der Pateninhaber mit dem ersten Inverkehrbringen die Chance hatte, das wirtschaftliche Potential der Erfindung auszuschöpfen.[102] Erschöpfung trete ein, um eine mehrfache Belohnung des Patentinhabers zu vermeiden.[103]

Auch der BGH scheint in einigen neueren Entscheidungen die Erschöpfung auf die Möglichkeit einer Belohnung durch das Inverkehrbringen zu stützen. So sieht der BGH in *Spielautomat II* die Belohnung im Inverkehrbringen durch Verkauf.[104] In die gleiche Richtung argumentiert der BGH in *Bodenwaschanlage*. Der Patentinhaber eines Verfahrenspatents habe bei der Veräußerung einer Vorrichtung noch nicht die Möglichkeit, die Vorteile aus dem Patentrecht zu erzielen, wie er sie beim Inverkehrbringen von Erzeugnissen hätte, die durch ein Erzeugnispatent geschützt sind.[105]

Das Anknüpfen der Erschöpfung an eine Belohnung durch das Inverkehrbringen ist jedoch abzulehnen.[106] Die Erschöpfung beruht zwar grundsätzlich auf einer Abwägung zwischen den Verkehrsinteressen und den Interessen des Patentinhabers,[107] und in der wirtschaftlichen Ausnutzung des Patents liegt ein Interesse des Patentinhabers. Daher könnte man durchaus daran denken, die Interessen des Patentinhabers am wirtschaftlichen Vorteil durch das Inverkehrbringen festzumachen. Denn im Zeitpunkt des Inverkehrbringens soll auch die Erschöpfung eintreten.

---

99 So wohl auch *Troller* Bd. 2, S. 764; A.A. *Schatz*, GRUR Int 1970, 207, 208 und *Schatz*, IIC 1971, 1, 4, wonach die Theorie der Erschöpfung des Patentrechts nichts anderes sei als eine genauere Begründung für die Lehre des Zusammenhangs der Benutzungsarten.

100 RG, Urt. v. 26.3.1902 – I 403/01 – Guajakol, RGZ 51, 139, 140.

101 Z.B. *Haft et al.*, GRUR Int 2008, 944, 946; *Haedicke*, PatR, Rn. 13; *Koch/Froschmaier*, GRUR Ausl. 1965, 121, 121 li. Sp.; *Ann*, PatR, § 33, Rn. 281 f.; *Rübel*, GRUR 2002, 561, 562; *Kesting*, S. 105 u. 115; *Reisner*, S. 49.

102 *Bodewig*, GRUR 1992, 567, 569.

103 Benkard EPÜ/*Henke*, Neunter Teil, Vorbemerkung B, Rn. 57; ähnl. *Hoppe-Jänisch*, Mitt. 2013, 51, 55 re. Sp.; *Kesting*, S. 106.

104 BGH, Urt. v. 8.3.1973 – X ZR 6/70 – Spielautomat II, GRUR 1973, 518, 520.

105 BGH, Urt. v. 14.11.2000 – X ZR 137/99 – Bodenwaschanlage, GRUR 2001, 223, 224; möglicherweise handelt es sich aber auch nur um eine verkürzte Argumentation, denn die Karate-Entscheidung aus 1999 folgt noch ganz der Linie des Reichsgerichts in Guajakol.

106 Kritisch dazu auch *Zuberbühler*, S. 44 f.

107 S. 8.

Allerdings ist es rechtstechnisch schwer zu begründen, warum die Belohnung durch das Inverkehrbringen zur Erschöpfung führen soll. Dazu muss man sich verdeutlichen, dass die Erschöpfung dem Patentinhaber seine Rechte entzieht, die er nach dem eindeutigen Wortlaut von § 9 PatG auch gegenüber rechtmäßig im Verkehr befindlichen Gegenständen hat. Nach dem Wortlaut dürfte das Inverkehrbringen eigentlich nicht zu einem Rechtsverbrauch führen. Das Argument, dass der Patentinhaber durch das Inverkehrbringen eine Belohnung erzielen konnte, läuft letztlich darauf hinaus, dass eine einmalige Belohnungsmöglichkeit ausreichen soll und eine weitere Belohnung nicht erforderlich sei.[108] Dahinter dürfte der Gedanke stehen, dass die Erschöpfung eine „Überbelohnung" des Patentinhabers verhindern soll.

Wenn man nun mit diesem Argument Erschöpfung eintreten lässt, dann wäre es so, als ob man dem Patentinhaber seine ihm nach dem Wortlaut von § 9 PatG zustehenden Rechte allein deshalb entzieht, weil eine weitere Belohnung als ungerecht empfunden wird. Das klingt willkürlich[109] und ist mit dem Wortlaut der Vorschrift schwer zu vereinbaren. Es ist fraglich, ob eine solche Auslegung noch im Rahmen der zulässigen Rechtsfortbildung läge. Eine Rechtsfortbildung durch den Richter ist zwar zulässig, sie darf aber nicht dazu führen, dass die eigene materielle Gerechtigkeitsvorstellung an die Stelle derjenigen des Gesetzgebers gesetzt wird.[110] Genau dieser Anschein wird aber erweckt, wenn man mit der Belohnung durch das Inverkehrbringen argumentiert. Denn letztlich sagt man damit, dass ein fortbestehender Patentschutz nach dem ersten Inverkehrbringen ungerecht sei, weil der Patentinhaber ja die Möglichkeit hatte, bereits einen Gewinn zu erzielen.[111] Die wirtschaftliche Belohnung durch das Inverkehrbringen kann daher für sich genommen keine geeignete Begründung für den Eintritt der Erschöpfung sein.

cc) *Freiwilligkeit des Inverkehrbringens*

Die Erschöpfung lässt sich überzeugender mit der Freiwilligkeit des Inverkehrbringens begründen. Dies wird auch in der älteren Rechtsprechung deutlich.

Bereits das Reichsgericht stellte auf die freiwillige Entscheidung zum Inverkehrbringen ab. In *Guajakol* wurde der Eintritt der Erschöpfung damit begründet, dass der Patentinhaber aufgrund des Ausschließlichkeitsrechts nur

108 So z.B. Benkard EPÜ/*Henke*, Neunter Teil, Vorbemerkung B, Rn. 57; *Hoppe-Jänisch*, Mitt. 2013, 51, 55 re. Sp.; *Reisner*, S. 53; *Kesting*, S. 105.

109 Vgl. *Castell*, Rn. 175, wonach der Eintritt der Erschöpfung beim ersten Inverkehrbringen als willkürlich erscheint.

110 BVerfG, Beschl. v. 6.6.2018 – 1 BvL 7/14, BVerfGE 149, 126, Rn. 73.

111 In diese Richtung auch *Ann*, VPP-Rundbrief 2004, 117, 123 li. Sp., wonach der Verletzungsrichter nicht für die gerechte Entlohnung des Patentinhabers zuständig sei.

entscheiden könne, *ob* seine Produkte in den Verkehr gelangten, er könne aber nicht über die weitere Art und Weise des Verkehrs bestimmen.[112]

Der BGH schloss sich dieser Argumentation in *Karate* an. Danach wurde der Patentinhaber für die Veröffentlichung der Erfindung mit einem Ausschließlichkeitsrecht belohnt.[113] Dem Patentinhaber obliege die Entscheidung, ob und in welchem Umfang er von dem Patentrecht Gebrauch mache.[114] Habe der Patentinhaber dieses Recht jedoch durch Inverkehrbringen ausgeübt, bestehe kein Grund mehr, ihm darüber hinaus Einwirkungsmöglichkeiten auf das weitere Schicksal des geschützten Gegenstandes zu geben.[115]

Grundsätzlich erhält der Patentinhaber also zunächst sämtliche in § 9 PatG vorgesehenen Monopolrechte. Es steht im frei, sein Patent unter Ausschluss jeder anderen Person zu nutzen. Dieses Ausschließlichkeitsrecht ist die eigentliche Belohnung für die erfinderische Leistung.[116] Der Patentinhaber kann sein Ausschließlichkeitsrecht an einem konkreten Gegenstand aber verlieren, indem er dieses Produkt in den freien Verkehr bringt.[117] Durch das Inverkehrbringen wechselt der Gegenstand von der Sphäre des Patentinhabers in die Sphäre des Marktes.[118] Wenn der Patentinhaber freiwillig einem solchen Wechsel zustimmt, dann begibt er sich seiner unmittelbaren Einwirkungsbefugnisse. Es wäre nun widersprüchlich, wenn er dennoch weitere Einwirkungsbefugnisse geltend machen wollte. Wenn der Patentinhaber Produkte aus seinem unmittelbaren Herrschaftsbereich entlässt,[119] dann signalisiert dies dem Markt, dass er keine weiteren Rechte mehr geltend machen wird. Aus dem Verhalten des Patentinhabers wird daher geschlussfolgert, dass er seine Ausschließlichkeitsrechte bezogen auf den konkreten Gegenstand aufgibt.[120]

Der Patentinhaber könnte allerdings versuchen, diese Wertung im Einzelfall zu widerlegen. Dazu könnte er sich beim Inverkehrbringen ausdrücklich seine Rechte vorbehalten. An dieser Stelle kommen der Belohnungsgedanke und der Gedanke des Verkehrsschutzes ins Spiel. Es wird gesagt, dass der Patentinhaber seine Vorteile aus dem Patentrecht genossen habe und es ihm

---

112 RG, Urt. v. 26.3.1902 - I 403/01 - Guajakol, RGZ 51, 139, 141.

113 BGH, Urt. v. 14.12.1999 - X ZR 61/98 - Karate - GRUR 2000, 299, 299.

114 BGH, Urt. v. 14.12.1999 - X ZR 61/98 - Karate - GRUR 2000, 299, 299.

115 BGH, Urt. v. 14.12.1999 - X ZR 61/98 - Karate - GRUR 2000, 299, 299.

116 *Bruchhausen*, FS vom Stein, 31, 32.

117 Vgl. BGH, Urt. v. 17.7. 2012 - X ZR 97/11 - Palettenbehälter II, GRUR 2012, 1118, Rn. 20, wonach der Patentinhaber seine Verbietungsbefugnis verliert.

118 *Schramm*, S. 263.

119 Vgl. *Troller* Bd. 2, S. 764, der ebenfalls von einem Entlassen aus dem Herrschaftsbereich spricht.

120 Ähnl. zur Rechtsaufgabe: *Windisch*, S. 74; im Übrigen wird die implizite Lizenz auf eine ähnliche Schlussfolgerung gestützt, nämlich die Vermutung der Rechtseinräumung, vgl. *Sack*, WRP 1999, 1088, 1090 li. Sp.; so anscheinend auch Japanischer Oberster Gerichtshof, Urt. v. 1.7.1997 - Kraftfahrzeugfelgen III, GRUR Int 1998, 168, 169.

daher nicht erlaubt sein dürfe, den weiteren Verkehr mit den von ihm freiwillig in Verkehr gebrachten Produkten zu beschränken.[121] Im Interesse des Verkehrsschutzes wird dabei keine Einzelfallbetrachtung vorgenommen; vielmehr erfolgt eine typisierende Interessenabwägung.[122] Diese typisierte Abwägung ergibt, dass der Patentinhaber die Erschöpfungswirkung zugunsten des freien Warenverkehrs nicht einschränken können soll. Da der Patentinhaber bereits das Recht zur alleinigen Herstellung und zum erstmaligen Inverkehrbringen nutzen konnte, sollen ihm Beschränkungen des freien Warenverkehrs nach dem Inverkehrbringen nicht mehr möglich sein. Die Rechtsprechung fingiert daher (unwiderleglich), dass der Patentinhaber seine Rechte am konkreten Gegenstand mit dem freiwilligen Inverkehrbringen zugunsten des freien Verkehrs aufgibt.

Die Erschöpfungstheorie stützt sich somit hauptsächlich auf die freie Willensentscheidung des Patentinhabers zum Inverkehrbringen. Dies wird kombiniert mit Erwägungen zum Verkehrsschutz und zur Belohnung des Patentinhabers. Maßgeblicher Anknüpfungspunkt ist das freiwillige Inverkehrbringen.

Mit dem freiwilligen Inverkehrbringen ergibt sich ein objektiver und leicht überprüfbarer Anknüpfungspunkt für die Erschöpfung. Es wird allein an eine willentliche Entscheidung des Patentinhabers angeknüpft. Diese willentliche Entscheidung dient dem Patentinhaber als Kontrollmöglichkeit.[123] Nur wenn der Patentinhaber zustimmt, wechselt der jeweilige Gegenstand von der geschützten Sphäre seines Betriebes in die ungeschützte Sphäre des freien Marktes.

Eine solche Anknüpfung ist auch aus Gründen der Rechtssicherheit von Vorteil. Denn würde man an die Belohnung durch das Inverkehrbringen anknüpfen, läge der Gedanke nahe, die Erschöpfung nur eintreten zu lassen, wenn eine Belohnung des Patentinhabers im Einzelfall tatsächlich erfolgt ist.[124] Für Dritte ist aber nicht erkennbar, ob der Patentinhaber mit dem Produkt bereits einen angemessenen Gewinn erzielt hat.[125] Es gäbe keinen objektiven Anhaltspunkt, ob bei einem Produkt bereits Erschöpfung eingetreten ist oder nicht. Für die Verkehrssicherheit sollte es aber einen solchen klaren Anknüpfungspunkt geben. Es darf für den Eintritt der Erschöpfung nicht erst auf eine Interessenabwägung im jeweiligen Einzelfall ankommen.[126]

---

121 RG, Urt. v. 26.3.1902 – I 403/01 – Guajakol, RGZ 51, 139, 140 f.

122 Vgl. *Schricker*, Mitt. 1980, 31, 34 re. Sp., der von einer starren Lösung mit klar umgrenzten Fallgruppen spricht.

123 In diese Richtung wohl auch Haedicke/Timmann/*Bukow*, § 13, Rn. 56.

124 In diese Richtung anscheinend *Schatz*, IIC 1971, 1, 4, „He should be able to prohibit subsequent acts of exploitation only if he has not been able to realize these profits due to particular circumstances"; ähnl. *Schatz*, GRUR Int 1970, 207, 208.

125 Ähnl. *Ann*, VPP-Rundbrief 2004, 117, 123 li. Sp.; *Beier*, GRUR Int 1989, 603, 612.

126 So auch *Schricker*, Mitt. 1980, 31, 34 re. Sp.; ähnl. *Beier*, GRUR Int 1989, 603, 612.

Wenn die Rechtsprechung also davon spricht, dass der Patentinhaber seine Vorteile genossen habe, nachdem er seine Produkte hergestellt und in Verkehr gebracht hat,[127] ist damit nicht gemeint, dass der Patentinhaber durch das Inverkehrbringen belohnt wurde. Stattdessen ist gemeint, dass die Belohnung in dem Ausschließlichkeitsrecht besteht und dass der Patentinhaber dieses Ausschließlichkeitsrecht bis zum Zeitpunkt des Inverkehrbringens gewinnbringend nutzen konnte.[128]

dd) Ergebnis

Die Theorie der Erschöpfung im deutschen Recht beruht auf der Fiktion, dass der Patentinhaber seine Rechte am konkreten Gegenstand mit dem freiwilligen Inverkehrbringen zugunsten des freien Verkehrs aufgibt. Dem liegt eine Interessenabwägung zwischen den Interessen des Patentinhabers (Belohnung) und den Interessen des freien Warenverkehrs (Verkehrsschutz) zugrunde. Maßgeblicher Anknüpfungspunkt ist die Freiwilligkeit des Inverkehrbringens. Es kommt nicht darauf an, ob das Inverkehrbringen zu einem Gewinn führt. Bei der Erschöpfung handelt es sich um eine eigenständige Rechtsfigur, die von der Theorie des Zusammenhangs der Benutzungsarten zu unterscheiden ist.

2. England

a) Implizite Lizenz

aa) Grundlagen

Dem englischen Recht ist das Rechtsinstitut der Erschöpfung des Patentrechts fremd.[129] Stattdessen erklärt die Theorie der impliziten Lizenz (*implied licence*), warum ein Erwerber ein rechtmäßig erworbenes Produkt ohne Zustimmung des Patentinhabers nutzen darf, obwohl Sec. 60(1)(a) Patents Act 1977 nicht nur die Herstellung, sondern auch die Nutzung eines patentgemäßen Produktes ohne Zustimmung des Patentinhabers verbietet.[130]

Die Theorie der impliziten Lizenz geht zurück auf die Entscheidung *Betts v. Willmott*.[131] Darin war der Kläger Inhaber eines englischen Patents über Flaschenverschlüsse. Der Kläger produzierte patentgemäße Flaschenverschlüsse in England und in Frankreich. Die englischen Flaschenverschlüsse hatten eine Markierung, anhand derer man ihre englische Herkunft erkennen konnte. Der Beklagte verkaufte patentgemäße Verschlüsse in England, die keine Markierung des Patentinhabers besaßen. Möglicherweise stammten

127 RG, Urt. v. 26.3.1902 - I 403/01 - Guajakol, RGZ 51, 139, 140.
128 Vgl. BGH, Urt. v. 14.12.1999 - X ZR 61/98 - Karate - GRUR 2000, 299, 299.
129 *Straus/Katzenberger*, Rn. 28.
130 United Wire v. Screen Repair [2001] R.P.C. 24 Rn. 68 (*Lord Hoffmann*).
131 Betts v. Willmott (1871) LR 6 Ch App 239.

diese Verschlüsse aus der klägerischen Produktion in Frankreich. Dies konnte aber nicht mit Sicherheit festgestellt werden.

Das Gericht sah keine Patentverletzung im Verhalten des Beklagten. Denn für eine Patentverletzung müsse der Kläger beweisen, dass die Benutzung nicht autorisiert sei.[132] Dazu müsse der Kläger beweisen, dass die Ware nicht von ihm stamme.[133] Diesen Beweis konnte der Kläger nicht erbringen.[134] Daher ging das Gericht zugunsten des Beklagten davon aus, dass die Ware aus der klägerischen Produktion in Frankreich stammte. In einem solchen Fall liege aber keine Patentverletzung vor.

Dies begründete das Gericht wie folgt: Mit dem bedingungslosen Verkauf erteile der Patentinhaber dem Käufer notwendigerweise die Lizenz, das Produkt überall dort auf der Welt zu nutzen, wo es auch der Patentinhaber verkaufen dürfe.[135] Dies ergebe sich aus der Erwartung des Käufers, dass er mit dem Kauf die volle Kontrolle über den gekauften Artikel habe.[136] Der Patentinhaber könne diese Wirkung aber durch eine klare und eindeutige Vereinbarung (*clear and explicit agreement*) mit dem Käufer ausschließen.[137]

Zusammengefasst ging das Gericht also davon aus, dass der Beklagte die streitgegenständlichen Verschlüsse in Frankreich beim Kläger gekauft und dann nach England importiert hatte. Bei (typisierender) Auslegung des Kaufvertrags sei davon auszugehen, dass der Käufer alle Rechte am gekauften Artikel erwerbe. Um das Eigentum vollumfänglich nutzen zu können, beinhalte der Kaufvertrag daher auch eine weltweite Nutzungslizenz. Der Weiterverkauf in England war daher erlaubt.

bb) Territoriale Reichweite

Die implizite Lizenz gilt grundsätzlich weltweit. Auch bei einem Erstvertrieb im Ausland geht das englische Recht davon aus, dass der Erwerber – jedenfalls beim Erwerb vom Patentinhaber oder einem verbundenen Unternehmen – eine implizite Lizenz erhält. Dabei wird das jeweilige ausländische Recht nicht berücksichtigt. In *Betts v. Willmott* ergab sich eine implizite Lizenz durch den Erwerb patentgeschützter Erzeugnisse in Frankreich. Ähnlich

---

132 Betts v. Willmott (1871) LR 6 Ch App 239, 242 f. (*Lord Hatherley*).

133 Betts v. Willmott (1871) LR 6 Ch App 239, 242 f. (*Lord Hatherley*).

134 Der Kläger wollte nicht schwören, dass die streitgegenständlichen Verschlüsse nicht von ihm stammten, Betts v. Willmott (1871) LR 6 Ch App 239, 241.

135 Betts v. Willmott (1871) LR 6 Ch App 239, 245 (*Lord Hatherley*): „*But where a man carries on the two manufactories himself, and himself disposes of the article abroad, unless it can be shown, not that there is some clear injunction to his agents, but that there is some clear communication to the party to whom the article is sold, I apprehend that, inasmuch as he has the right of vending the goods in France or Belgium or England, or in any other quarter of the globe, he transfers with the goods necessarily the license to use them wherever the purchaser pleases.*".

136 Betts v. Willmott (1871) LR 6 Ch App 239, 245 (*Lord Hatherley*): „*When a man has purchased an article he expects to have the control of it*".

137 Betts v. Willmott (1871) LR 6 Ch App 239, 245 (*Lord Hatherley*).

verhielt es sich im Fall *Roussel Uclaf v. Hockley*[138], in dem ein Produkt zunächst von Frankreich nach China verkauft und später nach England importiert wurde. Ein ausländischer Verkauf führt also - ohne Umweg über das ausländische Recht - zu einer impliziten Lizenz am englischen Patent.[139]

Wenn aber ein Lizenznehmer mit einer auf einen Staat beschränkten Lizenz einen Gegenstand in Verkehr bringt, dann geht die englische Rechtsprechung davon aus, dass der Erwerber nicht mehr Rechte erwerben könne als der Lizenznehmer.[140] Der Erwerber erhält dann keine implizite Lizenz am englischen Patent. Diese könnte er im Ausland also nur erwerben, wenn er vom Patentinhaber selbst erwirbt, oder wenn der Lizenznehmer eine globale Lizenz hat.

Über eine geeignete Lizenzierungspraxis kann der Patentinhaber demnach die Zulässigkeit des weltweiten Weitervertriebs patentgemäßer Gegenstände effektiv verhindern, ohne dem Käufer explizite Beschränkungen aufzuerlegen. Die Beschränkung auf die Rechte des Lizenznehmers ist aber nicht auf innerstaatliche Gebietslizenzen oder sonstige Lizenzbeschränkungen anwendbar.[141] In England erwirbt der Käufer eines patentgeschützten Gegenstands daher auch beim Kauf vom Lizenznehmer die vollen Nutzungsrechte.[142]

In EWR-Sachverhalten galt jedoch - bis zum EU-Austritt des Vereinigten Königreichs - die EWR-weite Erschöpfung aufgrund der Rechtsprechung des EuGH zum freien Warenverkehr.[143] Beim Warenverkehr zwischen dem Vereinigten Königreich und dem Rest der EU wurde das Prinzip der impliziten Lizenz nicht als mit dem EU-Recht vereinbar angesehen, so dass die Theorie der impliziten Lizenz während der Dauer der EU-Zugehörigkeit nur noch im Warenverkehr zwischen dem Vereinigten Königreich und Nicht-EU-Ländern Anwendung fand.[144] Mit dem Austritt aus der EU dürfte die Theorie der Erschöpfung indes nur noch für Altfälle relevant sein.

cc) Sachliche Reichweite

Die implizite Lizenz erlaubt den Weitervertrieb und den Gebrauch patentgeschützter Erzeugnisse.[145] Der Verkauf eines patentierten Gegenstands führt grundsätzlich nicht zu einer impliziten Lizenz, einen neuen Gegenstand herzustellen.[146] Eine Lizenz zur Herstellung ist aber ausnahmsweise in

138 Roussel Uclaf v. Hockley [1996] R.P.C. 441.

139 Vgl. *Stothers*, Patent Exhaustion, S. 4.

140 Beecham v. International [1968] RPC 129, 135 f. (*Rudd, J.*); Minnesota Mining v. Geerpres [1974] R.P.C. 35, 40 (*Graham J.*).

141 Ähnl. *Rothnie*, S. 123.

142 Thomas v. Hunt (1864) 17 C.B.(N.S.) 183, 188 (*Williams, J.*).

143 *Stothers*, Patent Exhaustion, S. 4.

144 *Cornish/Llewelyn/Aplin*, Rn. 6-016.

145 United Wire v. Screen Repair [2001] R.P.C. 24 Rn. 68 (*Lord Hoffmann*).

146 United Wire v. Screen Repair [2001] R.P.C. 24 Rn. 70 (*Lord Hoffmann*); Terrell, Rn. 14-277 f.

Konstellationen denkbar, in denen die typische Nutzung eines patentgemäßen Erzeugnisses als Herstellungshandlung angesehen werden kann.[147] Eine implizite Lizenz zur Herstellung ist auch außerhalb des Patentrechts anerkannt. Unter anderem bejahte die englische Rechtsprechung in einem Copyright-Fall eine implizite Lizenz zur Errichtung eines Bauwerks aufgrund eines Vertrags über eine Planerstellung.[148] Im Einzelfall lässt die englische Rechtsprechung also auch Herstellungshandlungen aufgrund einer impliziten Lizenz zu.

Auch die Zulässigkeit von Gebrauchs- und Reparaturhandlungen wird mit der impliziten Lizenz begründet. Zwar wurde dies vereinzelt in der Rechtsprechung bezweifelt. So äußerte Lord Hoffmann in der Entscheidung *Canon v. Green Cartridge*, dass es besser sei, das Gebrauchsrecht als Konsequenz der Erschöpfung des Patentrechts aufzufassen.[149] In der Entscheidung *United Wire v. Screen Repair* bezeichnete Lord Hoffmann die implizite Lizenz jedoch wieder als die im englischen Recht maßgebliche Erklärung dafür, warum ein rechtmäßig erworbenes Produkt ohne erneute Zustimmung des Patentinhabers genutzt und weiterverkauft werden kann.[150] Auch das Recht zur Reparatur wird von der Rechtsprechung darauf zurückgeführt, dass der Erwerber eine implizite Lizenz zur Reparatur habe.[151]

dd) Rechtsnatur

(1) Nutzungsbeschränkungsmöglichkeit

Die Grundidee einer Lizenz besteht darin, dass man etwas tun darf, was ansonsten verboten wäre.[152] Die Lizenz ist demnach ein positives Recht,[153] welches man einem Verbotsrecht entgegensetzen kann. Fraglich ist aber, ob die Theorie der impliziten Lizenz im englischen Recht tatsächlich zu einem positiven Nutzungsrecht des Erwerbers an einem patentgeschützten Gegenstands führt (positive Sichtweise). Die implizite Lizenz könnte nämlich auch so gedeutet werden, dass ein erworbener Gegenstand grundsätzlich patentfrei wird, sich der Patentinhaber aber ausdrücklich gewisse Rechte zurückbehalten kann. Dann würde es sich lediglich um eine

---

147 Nestec v. Dualit [2013] R.P.C. 32, Rn. 165 (*Arnold J.*), eine solche Handlung wird aber bei wertender Betrachtung nicht als verbotenes *making* angesehen (Rn. 205); ähnl. *Heath* in *Heath/Kamperman Sanders*, 85, 101, der in Ausnahmefällen von einer impliziten Zustimmung zur Herstellung ausgeht.

148 Blair v. Osborne & Tomkins [1971] 2 Q.B. 78, 85 (*Lord Denning M.R.*).

149 Canon v. Green Cartridge [1997] FSR 817, 822 (*Lord Hoffmann*).

150 United Wire v. Screen Repair [2001] R.P.C. 24 Rn. 68 (*Lord Hoffmann*).

151 British Leyland v. Armstrong [1986] R.P.C. 279, 358 (*Lord Bridge*).

152 *"Something which 'makes an action lawful which without it had been unlawful'"*, Thomas v. Sorrel (1674) Vaughan 330, 351, zitiert in Canon v. Green Cartridge [1997] FSR 817, 822.

153 *La Corte*, GRUR 2021, 285, 285.

Nutzungsbeschränkungsmöglichkeit einer ansonsten grundsätzlich freien Nutzung handeln (negative Sichtweise).

Das englische Recht erlaubt es, dass das Nutzungsrecht des Erwerbers eines patentgeschützten Gegenstands mit patentrechtlicher Wirkung beschränkt werden kann.[154] Dazu genügt es, wenn der Käufer im Zeitpunkt des Erwerbs Kenntnis von der Beschränkung hat, ohne dass dem Erwerber die Beschränkung formell bekanntgemacht werden muss.[155] Die Wirksamkeit der Beschränkung setzt keine vertragliche Einigung voraus.[156] In einer Vertriebskette muss aber jeder Erwerber Kenntnis von der Beschränkung haben, anderenfalls ist die Beschränkung unwirksam.[157]

Die Formulierung in *Betts v. Willmott*, dass der Verkäufer dem Käufer mit dem Verkauf eines patentgeschützten Produkts notwendigerweise die Lizenz erteilt, dieses Produkt zu nutzen, wo auch immer der Käufer will,[158] deutet zwar auf ein positives Nutzungsrecht hin. Spätere Entscheidungen könnten aber im Sinne einer grundsätzlichen Patentfreiheit mit Beschränkungsmöglichkeit interpretiert werden. So soll nach Lord Cotton in *SA des Manufactures de Glaces v. Tilghman's* der Verkauf eines Gegenstands ohne Beschränkungen zu einem absoluten Recht führen, den gekauften Gegenstand auf jede erdenkliche Weise zu nutzen.[159] In *National Phonograph Company of Australia Ld. v. Menck* wird beschrieben, dass aufgrund eines unbeschränkten Verkaufs eines patentgeschützten Gegenstands vermutet wird, dass dem Käufer keine Beschränkungen auferlegt wurden.[160] Auch die Aussage von Lord Hoffmann in *United Wire v. Screen Repair*, wonach der Unterschied zwischen der in Deutschland vertretenen Theorie der Erschöpfung und der in England vertretenen Theorie der impliziten Lizenz darin bestehe, dass die implizite Lizenz ausgeschlossen oder mit Bedingungen verknüpft werden kann,[161] deutet lediglich auf eine Nutzungsbeschränkungsmöglichkeit bei ansonsten freier Nutzung hin.

Dafür spricht auch, dass eine Lizenzbeschränkung jedem Käufer und Wiederverkäufer in der Vertriebskette bekannt sein muss. Sobald an einer Stelle in der Vertriebskette ein Verkauf ohne *limited licence* stattfindet, kauft der Erwerber frei von jeglicher Patentbeschränkung.[162] Dies ähnelt einem

154 National Phonograph Company of Australia Ld. v. Menck [1911] 28 RPC 229, 246 (*Lord Shaw*).

155 Terrell, Rn. 14-281.

156 *Rothnie*, S. 125.

157 Roussel Uclaf v. Hockley [1996] R.P.C. 441, 445 (*Justice Jacob*).

158 Betts v. Willmott (1871) LR 6 Ch App 239, 245 (*Lord Hatherly*).

159 SA des Manufactures de Glaces v. Tilghman's (1883) Ch D 1, 9 (*Cotton, L.J.*); so auch Incandescent Gas Light v. Cantelo (1895) 12 RPC 262, 264 (*Wills, J.*).

160 National Phonograph Company of Australia Ld. v. Menck [1911] 28 RPC 229, 248 (*Lord Shaw*).

161 Vgl. United Wire v. Screen Repair [2001] R.P.C. 24 Rn. 69 (*Lord Hoffmann*).

162 Roussel Uclaf v. Hockley [1996] R.P.C. 441, 445 (*Justice Jacob*).

gutgläubigen lastenfreien Erwerb. Eine solche Wirkung, die die Beschränkung entfallen lässt, deutet eher darauf hin, dass ein verkaufter Gegenstand mit dem Verkauf grundsätzlich patentfrei wird. Denn von der Wirkung her entspricht das System der impliziten Lizenz einem System der Erschöpfung mit der Möglichkeit einer mitlaufenden Nutzungsbeschränkung.

Allerdings wird das absolute Recht, welches die implizite Lizenz dem Käufer gewährt, von der neueren Rechtsprechung als ein eigenständiges Recht (*general licence*) angesehen, welches mit dem jeweiligen Gegenstand mitlaufe und nachträglich nicht mehr durch den Patentinhaber beschränkt werden könne.[163] Die Rechtsprechung scheint also nicht bloß von einer Beschränkungsmöglichkeit auszugehen, sondern auch davon, dass eine *general licence* zur Nutzung erforderlich ist. Das dürfte darauf zurückzuführen sein, dass der Gesetzeswortlaut des Patentgesetzes die Nutzungen patentgemäßer Gegenstände verbietet, unabhängig davon, ob sie vom Patentinhaber stammen. Man benötigt also eine Lizenz als positives Gegenrecht, um die eigentlich verbotene Nutzung rechtmäßig zu machen.[164]

Im Ergebnis muss man sich die Theorie der impliziten Lizenz wohl so vorstellen, dass zwei Lizenzen mit dem verkauften Gegenstand „mitlaufen". Das ist zum einen eine unbeschränkte *general licence* (das eigentliche Nutzungsrecht) und zum anderen ggf. eine Nutzungsbeschränkung. Beide sind untrennbar mit dem jeweiligen Gegenstand verknüpft. Eine etwaige Nutzungsbeschränkung kann aber gutgläubig „wegerworben" werden.

Ein anderer Erklärungsansatz wäre es, die *general licence* als Abspaltung eines patentrechtlichen Teilrechts zu betrachten.[165] Denn in *Betts v. Willmott* heißt es, der Patentinhaber übertrage mit den Waren gleichzeitig eine implizite Lizenz zur Nutzung.[166] Daraus könnte man schließen, dass das Nutzungsrecht, welches vorher beim Patentinhaber lag, in Form der *general licence* mit dem Gegenstand mitverkauft wird. Dieses würde ggf. von einer Nutzungsbeschränkung überlagert.

(2) Entstehen der impliziten Lizenz

Die implizite Lizenz entsteht mit dem (vorbehaltlosen) Erstverkauf eines patentierten Gegenstands, da der Erwerber erwarten darf, die volle Kontrolle über den Gegenstand zu erhalten.[167] Eine ausdrückliche Lizenzvereinbarung zwischen Patentinhaber und Erwerber ist somit nicht erforderlich. Daraus könnte man schließen, dass die implizite Lizenz auf einem konkludenten Lizenzvertrag beruht. Das ist aber nicht der Fall. Für ein konkludente Vereinbarung scheint zwar zu sprechen, dass der Patentinhaber die implizite Lizenz

---

163 Roussel Uclaf v. Hockley [1996] R.P.C. 441, 443 (*Justice Jacob*).

164 Vgl. United Wire v. Screen Repair [2001] R.P.C. 24 Rn. 68 (*Lord Hoffmann*).

165 A.A. *McGuire*, S. 520, allerdings nicht explizit in Bezug auf die implizite Lizenz.

166 Betts v. Willmott (1871) LR 6 Ch App 239, 245 (*Lord Hatherly*).

167 Vgl. Betts v. Willmott (1871) LR 6 Ch App 239, 245 (*Lord Hatherley*).

mit patentrechtlicher Wirkung ganz oder teilweise ausschließen oder an Bedingungen knüpfen kann.[168] Aber auch solche Beschränkungen verhindern nicht, dass mit dem Erstverkauf grundsätzlich eine unbeschränkte *general licence* an dem Gegenstand entsteht, die lediglich durch Nutzungsbeschränkungen überlagert wird.[169]

Maßgeblich scheint daher allein der Kaufvertrag zu sein. Dieser beinhaltet neben dem Eigentumserwerb auch den Erwerb einer *general licence*. Dem scheint die Vorstellung zugrunde liegen, dass die Nutzungsmöglichkeit Teil des Eigentums ist.[170] Die implizite Lizenz beruht also nicht auf einem Lizenzvertrag. Sie entsteht *ipso iure* mit dem Erstverkauf.

(3) Vergleich zur Lizenz im deutschen Recht

Die implizite Lizenz des englischen Rechts darf man sich nicht wie eine Lizenz im deutschen Recht vorstellen. Zwar gibt es auch im deutschen Recht eine stillschweigend vereinbarte (konkludente) Lizenz. Sie wird vertraglich durch stillschweigende Willensübereinkunft begründet[171] und kann nur mit Zustimmung des Schutzrechtsinhabers übertragen werden.[172] Es handelt sich damit um ein relatives Recht zwischen dem Schutzrechtsinhaber und dem Lizenznehmer.[173]

Dagegen handelt es sich bei der impliziten Lizenz des englischen Rechts um ein selbständiges - mit dem jeweiligen Gegenstand mitlaufendes - Benutzungsrecht.[174] Eine Übertragung findet daher auch ohne Beteiligung des Patentinhabers statt.

b) Unterschiede zur Erschöpfung

Die implizite Lizenz erklärt die Nutzungsbefugnisse eines Erwerbers patentgemäßer Erzeugnisse mit der Fiktion eines positiven Gegenrechts.[175] Die Erschöpfung erklärt die Nutzungsbefugnisse hingegen mit der Fiktion eines Rechtsverbrauchs. Bei der impliziten Lizenz wird die Erwartungshaltung des Erwerbers, die vollen Rechte zu erhalten, vor allem auf den

---

168 S. 20 ff.

169 S. 22.

170 Vgl. Betts v. Willmott (1871) LR 6 Ch App 239, 245 (*Lord Hatherley*): „*When a man has purchased an article he expects to have the control of it*".

171 S. 147 f.

172 Vgl. BGH, Urt. v. 15.5.1990 - X ZR 82/88, NJW-RR 1990, 1251, 1253.

173 S. 147.

174 Vgl. Roussel Uclaf v. Hockley [1996] R.P.C. 441, 443 (*Justice Jacob*): "*... licence ... runs with the goods*"; es ist umstritten, ob die Lizenz im englischen Recht ein dingliches Recht ist, vgl. *McGuire*, S. 519 ff. Die Tatsache, dass die implizite Lizenz mit einem Gegenstand fest verbunden ist, spricht für eine dingliche Rechtsnatur. Anders mag es bei anderen Arten von Lizenzen sein.

175 Vgl. Benkard/*Grabinski/Zülch/Tochtermann*, PatG § 139, Rn. 40 zur Lizenz als Gegenrecht.

Eigentumserwerb gestützt.[176] Die Erschöpfung im deutschen Recht wird dagegen maßgeblich mit Verkehrssicherungszwecken begründet.[177]

Da die implizite Lizenz im englischen Recht nicht als persönliches Recht, sondern als dingliches und fest mit einem Gegenstand verbundenes Recht betrachtet wird, gibt es keine Schwierigkeiten bei der Übertragbarkeit. Eine solche Rechtsfigur ist in Deutschland nicht bekannt. Dies dürfte auch ein Grund dafür sein, dass sich in Deutschland die Theorie der Erschöpfung durchgesetzt hat.

Der Effekt der impliziten Lizenz entspricht im Wesentlichen dem Effekt der Erschöpfung. Die implizite Lizenz gewährt mit der *general licence* eine umfassende Nutzungsberechtigung. Ein wesentlicher Unterschied zur Erschöpfung liegt aber darin, dass der Umfang der Nutzungsberechtigung eingeschränkt werden kann.[178] Für die Wirksamkeit einer Beschränkung genügt die Kenntnis des Erwerbers. Allerdings dürften viele Arten von Beschränkungen gegen das Wettbewerbsrecht verstoßen und deshalb unzulässig sein, so dass in den meisten Fällen ein ähnliches Ergebnis wie bei der Erschöpfung eintritt.[179] Überdies können etwaige Beschränkungen entfallen, wenn ein unbeschränkter Verkauf durchgeführt wird.[180]

Die implizite Lizenz ist ebenso wie die Erschöpfung auf einen konkreten Gegenstand bezogen.[181] Ein Unterschied zur Erschöpfung besteht aber darin, dass die implizite Lizenz unabhängig davon gilt, wo das Produkt zuerst auf den Markt gebracht wurde; dadurch ergibt sich praktisch der Effekt einer internationalen Erschöpfung, wenn die implizite Lizenz beim ersten Verkauf nicht ausdrücklich ausgeschlossen wurde.[182] Die Erschöpfung wirkt dagegen nur national.[183]

Ein weiterer Unterschied zwischen Erschöpfung und impliziter Lizenz findet sich bei der Beweislast. Im englischen Recht trifft die Beweislast für die fehlende Autorisierung den Patentinhaber.[184] Dagegen wird Erschöpfung als Ausnahmetatbestand angesehen, der von demjenigen zu beweisen ist, der sich darauf beruft.[185]

---

176 Vgl. Betts v. Willmott (1871) LR 6 Ch App 239, 245 (*Lord Hatherley*): *„When a man has purchased an article he expects to have the control of it"*.

177 S. 12.

178 United Wire v. Screen Repair [2001] R.P.C. 24 Rn. 69 (*Lord Hoffmann*).

179 Vgl. *Stothers*, Patent Exhaustion, S. 8.

180 S. 21.

181 Vgl. Roussel Uclaf v. Hockley [1996] R.P.C. 441, 443 (*Justice Jacob*): *"... licence ... runs with the goods"*.

182 AIPPI Q205 UK, S. 2; *Straus/Katzenberger*, Rn. 30.

183 BGH, Urt. v. 14.12.1999 – X ZR 61/98 – Karate – GRUR 2000, 299.

184 Betts v. Willmott (1871) LR 6 Ch App 239, 242 f. (*Lord Hatherley*).

185 Busse/Keukenschrijver/*Keukenschrijver*, PatG § 9, Rn. 118; Schulte/*Rinken*, § 9 PatG, Rn. 41.

3. Frankreich

Dem französischen Recht war der Begriff der Erschöpfung lange unbekannt. Das lag daran, dass sich die Zulässigkeit der Nutzung patentgeschützter Erzeugnisse bereits aus dem Gesetz ergab.[186] Der Patentschutz umfasste nach Art. 40 des Patentgesetzes von 1844[187] nur die Herstellung eines patentgeschützten Produktes bzw. die Verwendung eines patentgeschützten Verfahrens. Nach Art. 41 des Gesetzes waren nachgelagerte Nutzungshandlungen, wie z.B. Besitz und Weiterverkauf, nur patentverletzend, wenn sie sich auf rechtswidrige Produkte (*objets contrefaits*) bezogen.[188] Man kam damit prinzipiell zum gleichen Ergebnis wie nach Kohlers Lehre vom Zusammenhang der Benutzungsarten.[189] Das dürfte darauf zurückzuführen sein, dass Kohler vom französischen Recht inspiriert wurde.[190]

Erst mit dem reformierten Patentgesetz von 1968, welches – ähnlich wie das deutsche Recht – den Patentschutz grundsätzlich auf alle Nutzungshandlungen bezog,[191] stellte sich die Frage, ob Gebrauch und Weitervertrieb aufgrund von Erschöpfung oder aufgrund einer impliziten Lizenz zulässig waren. Einige Stimmen in der Literatur sprachen sich für die Figur der impliziten Lizenz aus, einschließlich der Möglichkeit patentrechtlich wirksamer Nutzungsbeschränkungen.[192] Andere betonten, dass sich durch das Patentgesetz von 1968 keine Änderung der Rechtslage ergeben habe und daher weiterhin das Erschöpfungsprinzip gelte.[193]

Mit der Patentreform von 1978 wurde – basierend auf dem GPÜ – die Erschöpfung im französischen Patentgesetz kodifiziert,[194] zunächst jedoch nur bezogen auf ein Inverkehrbringen in Frankreich.[195] Die Regelung findet sich heute in Art. L613-6 CPI und lautet:

> *Les droits conférés par le brevet ne s'étendent pas aux actes concernant le produit couvert par ce brevet, accomplis sur le territoire français, après que ce produit a été mis dans le commerce en France ou sur le territoire*

---

186 *Schatz*, GRUR Int 1970, 207, 208; *Schatz*, IIC 1971, 1, 4.

187 Loi du 5 juillet 1844 sur les brevets d'invention, https://www.wipo.int/wipolex/fr/text/214531 (zuletzt abgerufen am 30.7.2023).

188 *Schatz*, GRUR Int 1970, 207, 208; *Schatz*, IIC 1971, 1, 3.

189 *Castell*, Rn. 164 f.

190 *Schatz*, GRUR Int 1970, 207, 208; *Schatz*, IIC 1971, 1, 3 f.

191 *Schatz*, GRUR Int 1970, 207, 208; *Schatz*, IIC 1971, 1, 5.

192 Z.B. *Mathély*, Brevets, S. 340 f.; *Mousseron*, L'épuisement, 67, 73.

193 *Schatz* in *Mousseron*, L'épuisement, 67, 77; ähnl. *Gajac* in *Mousseron*, L'épuisement, 67, 84.

194 *Azéma/Galloux*, Rn. 557; *Mousseron/Sonnier*, Rn. 160; *Vianès*, GRUR Int 1980, 1, 5.

195 *Castell*, Rn. 233; *Py*, Propr. Ind. Juin 2021, 20, 21 li. Sp.

d'un Etat partie à l'accord sur l'Espace économique européen par le propriétaire du brevet ou avec son consentement exprès.[196]

Die Rechte aus dem Patent erstrecken sich demnach nicht auf Handlungen, die nach dem Inverkehrbringen eines Produktes in Frankreich oder im EWR vorgenommen werden. Voraussetzung ist ein Inverkehrbringen durch den Patentinhaber oder mit seiner ausdrücklichen Zustimmung.

4. Gemeinschaftsrechtliche Erschöpfung (EuGH-Rechtsprechung)

a) Grundlagen

Die gemeinschaftsrechtliche Erschöpfung besagt, dass die Erschöpfungswirkung nicht nur eintritt, wenn der Schutzrechtsinhaber ein Erzeugnis im Schutzland in Verkehr bringt, sondern auch, wenn das Inverkehrbringen in einem anderen EWR-Staat stattfindet. Dieses Prinzip wurde ursprünglich vom EuGH auf Basis der Vorschriften zum freien Warenverkehr entwickelt.[197] Mittlerweile wurde die EWR-weite Erschöpfung unter anderem in der EPatVO[198], im EPGÜ[199] sowie im französischen Recht[200] kodifiziert.

b) Historie

Mit der Entscheidung *Deutsche Grammophon*[201] legte der EuGH den Grundstein für die gemeinschaftsweite Erschöpfung von Immaterialgüterrechten.[202] Im zugrundeliegenden Fall hatte die Firma *Metro* Schallplatten erworben, die von der *Deutsche Grammophon Gesellschaft mbH* (im Folgenden: *DG*) in Deutschland gepresst worden waren und die ursprünglich für den französischen Markt bestimmt waren. Die Schallplatten wurden von einer Tochtergesellschaft der *DG* namens *Polydor* in Frankreich vertrieben und gelangten über mehrere Zwischenhändler zur *Metro*. *Metro* bot diese Schallplatten in Deutschland zum Verkauf an und wurde von der *DG* wegen Schutzrechtsverletzung in Anspruch genommen.[203] Im darauf folgenden Gerichtsverfahren legte das Hanseatische OLG dem EuGH die Frage vor, ob ein auf das Schutzrecht gestütztes Vertriebsverbot gegen den EWG-Vertrag verstoße.

---

196 Mit Inkrafttreten des Einheitspatentsystems wird der Wortlaut der Vorschrift an Art. 29 EPGÜ angepasst und eine Erschöpfungsausnahme bei berechtigten Gründen vorgesehen, vgl. *Bruguière*, S. 552.

197 *Christ*, S. 109.

198 Art. 6 EPatVO.

199 Art. 29 EPGÜ.

200 Art. L613-6 CPI.

201 EuGH, Urt. v. 8.6.1971 – 78/70 – Deutsche Grammophon, ECLI:EU:C:1971:59.

202 Vgl. *Benyamini*, S. 295; *Heinemann*, S. 251.

203 § 97 iVm. § 85 UrhG.

Nach Ansicht des EuGH verstieß ein solches Vertriebsverbot, das daran anknüpfte, dass das Inverkehrbringen eines geschützten Gegenstands nicht im Inland erfolgt ist, gegen den freien Warenverkehr.[204] Ein solches Verbot sei nicht nach Art. 36 EWG-Vertrag[205] gerechtfertigt, da es nicht der Wahrung des *spezifischen Gegenstands* des gewerblichen und kommerziellen Eigentums diene.[206] Art. 36 EWG-Vertrag schütze nur den *Bestand* gewerblicher Schutzrechte, nicht aber deren *Ausübung*.[207] Das Inverkehrbringen eines Erzeugnisses in einem beliebigen Mitgliedsstaat durch den Schutzrechtsinhaber oder mit seiner Zustimmung müsse einem Inverkehrbringen im Schutzland gleichgestellt werden, denn sonst drohten verschleierte Handelsbeschränkungen.[208]

Kernaussage dieser Entscheidung ist, dass zugunsten des freien Warenverkehrs ein EWG-Sachverhalt einem entsprechenden Inlandssachverhalt gleichgestellt werden muss. Führt ein Inverkehrbringen im Schutzland zu einem Schutzrechtsverbrauch, dann muss dies für ein Inverkehrbringen in jedem anderen EWG-Mitgliedsstaat ebenfalls gelten. Eine darüber hinausgehende Aussage zum Schutzrechtsverbrauch findet sich in der Entscheidung nicht. Auch den Begriff des *spezifischen Gegenstands*, der berührt sein müsste, um Handelsbeschränkungen zu legitimieren, definiert der EuGH in dieser Entscheidung noch nicht.[209]

In *Centrafarm Sterling Drug* wandte der EuGH die bisherige Rechtsprechung auch auf das Patentrecht an und definierte erstmalig den Begriff des spezifischen Gegenstands.[210] Diesen sieht der EuGH darin,

> *„daß der Inhaber zum Ausgleich für seine schöpferische Erfindertätigkeit das ausschließliche Recht erlangt, gewerbliche Erzeugnisse herzustellen und in den Verkehr zu bringen, mithin die Erfindung entweder selber oder im Wege der Lizenzvergabe an Dritte zu verwerten, und daß er ferner das Recht erlangt, sich gegen jegliche Zuwiderhandlung zur Wehr zu setzen".*[211]

---

204 EuGH, Urt. v. 8.6.1971 – 78/70 – Deutsche Grammophon, ECLI:EU:C:1971:59, Rn. 12.
205 Entspricht Art. 36 AEUV.
206 EuGH, Urt. v. 8.6.1971 – 78/70 – Deutsche Grammophon, ECLI:EU:C:1971:59, Rn. 11 ff.
207 EuGH, Urt. v. 8.6.1971 – 78/70 – Deutsche Grammophon, ECLI:EU:C:1971:59, Rn. 11.
208 EuGH, Urt. v. 8.6.1971 – 78/70 – Deutsche Grammophon, ECLI:EU:C:1971:59, Rn. 12.
209 *Benyamini*, S. 295.
210 Vgl. *Benyamini*, S. 296.
211 EuGH, Urt. v. 31.10.1974 – C-15/74 – Centrafarm/Sterling Drug, ECLI:EU:C:1974:114, Rn. 9.

c) Anknüpfungspunkte der gemeinschaftsrechtlichen Erschöpfung

aa) Freier Warenverkehr und Freiwilligkeit des Inverkehrbringens

Ausgangspunkt der Entscheidungen des EuGH ist der freie Warenverkehr. Waren, die sich legal im Markt befinden, sollen frei zirkulieren können.[212] Immaterialgüterrechte werden dagegen als Hindernis des freien Warenverkehrs wahrgenommen.[213] Es wird zwar anerkannt, dass die Ausübung gewerblicher Schutzrechte zulässig ist. Wegen der Beeinträchtigung des freien Warenverkehrs kann dies aber nur in engen Grenzen gelten. Die nach Art. 36 AEUV erlaubten Ausnahmen vom freien Warenverkehr sind daher auf ein Minimum zu reduzieren.[214]

In der älteren Rechtsprechung nahm der EuGH dazu eine Differenzierung zwischen dem *Bestand* und der *Ausübung* eines Schutzrechts vor. Während der Bestand eines Schutzrechts ohne Einschränkung geschützt sei, könne die Ausübung eines Schutzrechts im Einzelfall unzulässig sein.[215] Die Unterscheidung zwischen Bestand und Ausübung erwies sich aber nicht als praxistauglich.[216] Sie wurde daher auch als „Leerformel" bezeichnet.[217]

Daher hat der EuGH diese Begrifflichkeiten mittlerweile aufgegeben und stützt sich nur noch auf das Kriterium des *spezifischen Gegenstands*.[218] Danach ist eine Schutzrechtsausübung, die den freien Warenverkehr beschränkt, nur soweit zulässig, wie dies zum Schutz des spezifischen Gegenstands des Schutzrechts notwendig ist.[219] Zum spezifischen Gegenstand des Patentrechts zählt der EuGH das Herstellen und das Inverkehrbringen,[220] genauer gesagt das erste Inverkehrbringen im EWR.[221]

Die Geltendmachung von weiteren Rechten soll dagegen nicht zulässig sein, denn sonst könnte ein Schutzrechtsinhaber die nationalen Märkte abriegeln.[222] Die Rechte aus dem Schutzrecht sind dann erschöpft.[223]

Aber auch die Theorie vom spezifischen Gegenstand kann nicht wirklich überzeugen. Das nationale Patentrecht gewährt nicht das ausschließliche Recht zum Inverkehrbringen im EWR, sondern nur das ausschließliche Recht

---

212 *Wichard*, ZEuP 2002, 23, 31.

213 Haedicke/Timmann/*Haedicke*, § 1, Rn. 261; *Heinemann*, S. 217; *Wichard*, ZEuP 2002, 23, 28.

214 Vgl. *Heinemann*, S. 231; *Wichard*, ZEuP 2002, 23, 30; kritisch dazu *Beier*, GRUR Int 1989, 603, 608.

215 Vgl. EuGH, Urt. v. 8.6.1971 – 78/70 – Deutsche Grammophon, ECLI:EU:C:1971:59, Rn. 11.

216 *Beier*, GRUR Int 1989, 603, 610; *Sack*, GRUR 1999, 193, 193.

217 *Heinemann*, S. 241.

218 *Sack*, GRUR 1999, 193, 193.

219 EuGH, Urt. v. 8.6.1971 – 78/70 – Deutsche Grammophon, ECLI:EU:C:1971:59, Rn. 11.

220 EuGH, Urt. v. 31.10.1974 – C-15/74 – Centrafarm/Sterling Drug, ECLI:EU:C:1974:114, Rn. 9.

221 Vgl. EuGH, Urt. v. 9.7.1985 – C-19/84 – Pharmon/Höchst, ECLI:EU:C:1985:304, Rn. 26.

222 EuGH, Urt. v. 31.10.1974 – C-15/74 – Centrafarm/Sterling Drug, ECLI:EU:C:1974:114, Rn. 10/12.

223 *Sack*, GRUR 1999, 193, 193.

zum Inverkehrbringen im Patentstaat. In anderen Staaten gewährt das nationale Patent keine Rechte. Das Recht zum ersten Inverkehrbringen im EWR kann sich nicht aus dem Patentrecht ergeben. Beim Inverkehrbringen im ausländischen EWR-Staat übt der Patentinhaber sein nationales Patentrecht überhaupt nicht aus.[224] Es kann ihm daher nicht unterstellt werden, dass er sein Ausschließlichkeitsrecht bereits genutzt habe und er dieses mit dem Inverkehrbringen aufgebe, wie dies bei der Erschöpfung im deutschen Recht der Fall ist. Wo kein Recht ist, kann auch kein Recht ausgeübt werden.[225]

Denkbar ist zwar, dass aufgrund des freien Marktes alle Patentrechte eines Patentinhabers über das Prinzip des freien Warenverkehrs miteinander verbunden sind, so dass eine Erschöpfung des Patents in einem Land auch die Erschöpfung aller weiteren Patente im EWR nach sich zieht.[226] Dieser Gedanke trägt aber dann nicht mehr, wenn im Staat des ersten Inverkehrbringens kein Patent besteht. Auch in einem solchen Fall soll indes die gemeinschaftsrechtliche Erschöpfung eintreten.[227] Aus dem gleichen Grund kann auch der Belohnungsgedanke die gemeinschaftsrechtliche Erschöpfung nicht erklären.[228] Zwar stützt der EuGH die Erschöpfung unter anderem darauf, dass der Patentinhaber mit dem ausschließlichen Recht zum Herstellen und Inverkehrbringen einen Ausgleich für seine schöpferische Erfindertätigkeit erzielen könne.[229] Dieser Gedanke versagt aber ebenfalls, wenn im Land des ersten Inverkehrbringens kein Patent besteht.

Das Recht zum ersten Inverkehrbringen im EWR erschließt sich dagegen besser, wenn man auf den Gedanken des *venire contra factum proprium* abstellt.[230] Der EuGH sieht es nämlich als rechtsmissbräuchlich an, wenn sich der Schutzrechtsinhaber einer Einfuhr oder einem Vertrieb eines Erzeugnisses widersetzt, welches von ihm selbst, mit seiner Zustimmung oder von einer rechtlich oder wirtschaftlich von ihm abhängigen Person rechtmäßig in den Verkehr gebracht worden ist.[231] Wenn der Patentinhaber seine Ware im EWR in den Verkehr bringt, dann hat er sie freiwillig aus seiner Verfügungsgewalt entlassen. Im Sinne eines freien Warenverkehrs wäre es nun wertungswidersprüchlich, wenn der Patentinhaber den weiteren Warenverkehr behindern könnte, obwohl er die Ware selbst in den Verkehr gegeben hat.

---

224 Ähnl. *Schramm*, S. 370; *Marenco/Banks*, E.L. Rev. 1990, 15(3), 224, 247.

225 Vgl. Schlussanträge des Generalanwalts *Nial Fennelly* v. 6.6.1996, ECLI:EU:C:1996:228, Rn. 115.

226 So wohl *Benyamini*, S. 299; *Koch/Froschmaier*, GRUR Ausl. 1965, 121, 125 re. Sp.

227 EuGH, Urt. v. 14.7.1981 - C-187/80 - Merck/Stephar, ECLI:EU:C:1981:180, Rn. 14.

228 Kritisch zum Belohnungsgedanken auch *Beier*, GRUR Int 1989, 603, 613, sowie *Heinemann*, S. 247.

229 EuGH, Urt. v. 31.10.1974 - C-15/74 - Centrafarm/Sterling Drug, ECLI:EU:C:1974:114, Rn. 9.

230 So z.B. auch die Schlussanträge des Generalanwalts *Gerhard Reischl* v. 3.6.1981, ECLI:EU:C:1981:129, S. 2095 re. Sp.

231 EuGH, Urt. v. 14.9.1982 - C-144/81 - Keurkoop/Nancy Kean, ECLI:EU:C:1982:289, Rn. 24 f.

Dabei muss es unerheblich sein, ob die Ware im Land des ersten Inverkehrbringens patentgeschützt ist oder nicht. Denn auch ohne Patentschutz gelangt die Ware beim Inverkehrbringen willentlich von der inneren Sphäre des Patentinhabers in die äußere Sphäre des freien Marktes.[232] Ähnlich zur ungeschriebenen Erschöpfung im deutschen Recht wird also nur die Entschließungsfreiheit des Patentinhabers geschützt, seine Ware in einem EWR-Land seiner Wahl erstmalig in Verkehr zu bringen.

Hinzu kommt der Gedanke der Gleichbehandlung. Wenn ein Inverkehrbringen im nationalen Recht dazu führt, dass die Ware national frei zirkulieren darf, dann muss dies auch im EWR gelten. EWR-Sachverhalte sollen genauso behandelt werden wie inländische Sachverhalte. Eines der wesentlichen Ziele der Grundfreiheiten wie Art. 34 AEUV besteht gerade darin, interne und externe Sachverhalte gleich zu behandeln.[233] Ein Vertrieb von Waren darf nicht allein deshalb verboten werden, weil das Inverkehrbringen nicht im Inland, sondern in einem anderen Mitgliedsstaat stattfand.[234]

Diese Ausprägung von Art. 34 und 36 AEUV als Gleichbehandlungsprinzip zeigt sich z.B. im Fall *Allen & Hanburys/Generics*[235]. Dort hatte der Patentinhaber eine Lizenzbereitschaftserklärung für den englischen Markt abgegeben. Daher war er verpflichtet, die lokale Herstellung durch Dritte zu erlauben. Fraglich war nun, ob der Patentinhaber weiterhin Importe aus dem europäischen Ausland verhindern konnte oder ob er einen Import zu den gleichen Bedingungen erlauben musste, zu denen er die lokale Herstellung erlauben musste. Der EuGH bemerkte dazu, dass Ausnahmen vom freien Warenverkehr nur zulässig seien zur Sicherung derselben Rechte, die dem Patentinhaber gegenüber inländischen Produzenten zustehen.[236] Unter den gegebenen Umständen hätte die Möglichkeit einer Importverhinderung daher diskriminierenden Charakter und wäre nicht mit Art. 36 EWG-Vertrag[237] vereinbar.[238] Wenn die Produktion also im Inland erlaubt werden musste, mussten auch Importe aus dem EWR erlaubt werden. Die Verbietungsrechte des Patentinhabers waren daher einzuschränken.

Die Beschränkung der Verbietungsrechte des Patentinhabers in EWR-Sachverhalten beruht damit auf den Grundsätzen des freien

---

232 Vgl. *Schramm*, S. 263, zur Erschöpfung im deutschen Recht.

233 Calliess/Ruffert/*Kingreen*, EUV/AEUV, AEUV Art. 36, Rn. 68; ähnl. *Marenco/Banks*, E.L. Rev. 1990, 15(3), 224, 237, wonach der freie Warenverkehr vor allem ein Diskriminierungsverbot beinhaltet.

234 EuGH, Urt. v. 8.6.1971 – 78/70 – Deutsche Grammophon, ECLI:EU:C:1971:59, Rn. 12.

235 EuGH, Urt. v. 3.3.1988 – C-434/85 – Allen & Hanburys/Generics, ECLI:EU:C:1988:109.

236 EuGH, Urt. v. 3.3.1988 – C-434/85 – Allen & Hanburys/Generics, ECLI:EU:C:1988:109, Rn. 14.

237 Entspricht Art. 36 AEUV.

238 EuGH, Urt. v. 3.3.1988 – C-434/85 – Allen & Hanburys/Generics, ECLI:EU:C:1988:109, Rn. 22.

Warenverkehrs,[239] dem Gleichbehandlungsprinzip und dem Grundsatz des Verbots rechtswidersprüchlichen Verhaltens. Mit einem etwaigen spezifischen Gegenstand des Patentrechts hat all dies nichts zu tun. Es handelt es sich auch nicht wirklich um einen Rechtsverbrauch durch Rechtsausübung. Nur der Anknüpfungspunkt eines nationalen Rechtsverbrauchs wird auf EWR-Sachverhalte ausgedehnt.

Daraus ergibt sich, dass maßgeblich für den Eintritt der gemeinschaftsrechtlichen Erschöpfung allein die Freiwilligkeit des Inverkehrbringens sein kann.[240] Ob die Möglichkeit bestand, einen Monopolgewinn aufgrund des Inverkehrbringens zu erzielen, ist unerheblich.[241] Allenfalls könnte man diskutieren, welchen Grad der Freiwilligkeit das Inverkehrbringen haben muss. Nach Ansicht des EuGH ist es unerheblich, ob das Inverkehrbringen unter Zwang erfolgt ist, solange es sich nicht um einen rechtlichen Zwang handelt.[242] Es kommt daher allein auf die willentliche Aufgabe der Verfügungsbefugnis an. Auch moralische Verpflichtungen führen nicht zu einer Ausnahme.[243] Das führt zu einer vorhersehbaren Rechtsprechung; denn anderenfalls hätte man das Problem, dass man nach dem - schwierig zu messenden - Grad einer etwaigen Zwangslage differenzieren müsste.[244]

Der Patentinhaber kann sich somit grundsätzlich nur gegen den Import solcher Waren wehren, die nicht von ihm oder mit seiner Zustimmung im EWR in Verkehr gebracht wurden. Nur wenn das erste Inverkehrbringen im Ausland, wäre es im Inland geschehen, eine Patentverletzung wäre, kann sich der Patentinhaber gegen den Import wehren. Das gilt selbst dann, wenn das erste Inverkehrbringen nach dem ausländischen Recht zulässig war.[245]

bb) *Wirtschaftliche Kriterien?*

In der Literatur wird teilweise bemängelt, dass der EuGH zu sehr auf das Kriterium der freiwilligen Zustimmung setze und zu wenig auf wirtschaftliche Kriterien.[246] Die Rechtsprechung des EuGH führe zu paradoxen Resultaten: So könne der Schutzrechtsinhaber den Weitervertrieb von Produkten verhindern, die von Zwangslizenznehmern in Verkehr gebracht wurden.[247]

---

239 Vgl. *Gotzen*, GRUR Int 1984, 146, 151, wonach es für den EuGH nicht auf das Wesen der Schutzrechte, sondern allein die Wertungen des freien Warenverkehrs ankommt.

240 Vgl. *Benyamini*, S. 299 f.: "*... rule is based on the concept of consent to the first marketing*".

241 Vgl. *Benyamini*, S. 300; *Mestmäcker/Schweitzer*, § 29, Rn. 51.

242 EuGH, Urt. v. 5.12.1996 - C-267/95 und C-268/95 - Merck und Beecham, ECLI:EU:C:1996:468, Rn. 50.

243 EuGH, Urt. v. 5.12.1996 - C-267/95 und C-268/95 - Merck und Beecham, ECLI:EU:C:1996:468, Rn. 53.

244 Vgl. *Heinemann*, S. 266, wonach die Berücksichtigung staatlicher Regulierungen der Abschaffung des Erschöpfungsgrundsatzes gleich käme.

245 Vgl. *Sack*, GRUR 1999, 193, 199.

246 *Demaret*, IIC 1987, 161, 176; *Marenco/Banks*, E.L. Rev. 1990, 15(3), 224, 248; *Sack*, GRUR 1999, 193, 196 f.

247 *Demaret*, IIC 1987, 161, 175.

Er könne aber nicht den Weitervertrieb von Produkten verhindern, die er aufgrund eines Preisdeckels zu einem vorgegebenen Preis in Verkehr bringen musste.[248] Der Patentinhaber stehe daher bei einer Zwangslizenz wirtschaftlich besser als bei anderen staatlichen Maßnahmen.[249]

Würde man dieser Kritik folgen und die gemeinschaftsrechtliche Erschöpfung allein auf eine Interessenabwägung unter Berücksichtigung der wirtschaftlichen Interessen stützen, dann wären die Ergebnisse kaum vorhersehbar.[250] Es wäre für einen Dritten kaum erkennbar, ob der Patentinhaber durch das Inverkehrbringen bereits genügend belohnt wurde.[251] Dies könnte dazu führen, dass Wettbewerber vorsichtshalber sogar von eigentlich zulässigen Handlungen absehen. Der freie Warenverkehr würde durch die Rechtsunsicherheit beeinträchtigt.

Überdies ist der Gedanke der Patentbelohnung von vornherein kein tauglicher Anknüpfungspunkt für die gemeinschaftsrechtliche Erschöpfung. Das Inverkehrbringen einer Ware durch den Patentinhaber im Ausland kann dort nämlich nicht zu einer Patentbelohnung führen. Eine Patentbelohnung setzt einen Wettbewerbsvorteil durch das Patent im Land des Inverkehrbringens voraus. Einen solchen Vorteil gibt es aber nur im Patentstaat. Selbst wenn im Staat des Inverkehrbringens ein Parallelpatent bestehen sollte, könnte der Patentinhaber in diesem Staat nur die Belohnung aus dem Parallelpatent erzielen, nicht aber diejenige aus dem inländischen Patent.[252] Versuchte man, die gemeinschaftsrechtliche Erschöpfung anhand der Patentbelohnung zu erklären, dann müsste man eigentlich zum Ergebnis kommen, dass gerade keine gemeinschaftsrechtliche Erschöpfung eintreten dürfte.[253]

Möglicherweise ließe sich aber der Belohnungsgedanke daran festzumachen, dass eine Überbelohnung vermieden werden soll.[254] Wenn im Staat des ersten Inverkehrbringens ein Parallelpatent besteht, dann könnte eine Zustimmungspflicht zur Einfuhr zu einer Doppelbelohnung führen. Die erste Belohnung ergäbe sich aus dem Verkaufserlös im Staat des Inverkehrbringens, die zweite Belohnung aus der Zahlung von Lizenzgebühren für die Einfuhr in den anderen Staat. Eine Überbelohnung ergäbe sich aber nur, wenn der ursprüngliche Verkaufspreis im Ausland plus Lizenzgebühren höher wäre als der Verkaufspreis im Inland. Dann würde aber niemand einen solchen Import durchführen wollen; denn der Importeur müsste die Produkte

---

248 *Demaret*, IIC 1987, 161, 175.

249 *Demaret*, IIC 1987, 161, 175.

250 Ähnl. *Beier*, GRUR Int 1989, 603, 612, wonach es nicht auf den jeweiligen Einzelfall ankommen dürfe. Die Zustimmung des Rechtsinhabers sei dagegen ein einfaches und sicher festzustellendes Kriterium.

251 Ähnl. *Beier*, GRUR Int 1989, 603, 612.

252 Ähnl. *Ann*, PatR, § 33, Rn. 300.

253 A.A. *Zuberbühler*, S. 47, der der Ansicht ist, dass bei Anwendung der Belohnungstheorie eine internationale Erschöpfung eintreten müsste.

254 So wohl *Marenco/Banks*, E.L. Rev. 1990, 15(3), 224, 247.

zu einem höheren Preis anbieten als der Patentinhaber. Da unter diesen Umständen aber niemand zur Lizenzzahlung bereit wäre, träte auch eine Überbelohnung des Patentinhabers aufgrund zusätzlicher Lizenzzahlungen nicht ein. Im Ergebnis würden also nur die Märkte voneinander abgeschottet. Der Belohnungsgedanke ist daher auch unter diesem Gesichtspunkt kein tauglicher Anknüpfungspunkt für den Eintritt der gemeinschaftsrechtlichen Erschöpfung. Im europäischen Recht taugt der Belohnungsgedanke daher noch weniger als im deutschen Recht für eine Begründung des Erschöpfungseintritts.

Die eigentliche Gefahr durch die Geltendmachung der Patentrechte besteht nicht in einer Überbelohnung, sondern in der Möglichkeit, die Märkte abzuschotten.[255] Der Patentinhaber könnte mit seinen Verbietungsrechten den Parallelhandel[256] unterbinden. Parallelhandel ist aber zur Förderung des freien Warenverkehrs erwünscht.[257] Würde man dem Patentinhaber erlauben, aufgrund von wirtschaftlichen Interessen den Parallelhandel zu verbieten, müsste man konsequenterweise den Parallelhandel mit patentgeschützten Erzeugnissen komplett verbieten. Parallelhandel lohnt sich nur bei Preisunterschieden und führt daher immer zu Konkurrenz. Wenn man den freien Warenverkehr fördern will, muss der Parallelhandel aber grundsätzlich erlaubt sein. Die dadurch entstehende wirtschaftliche Konkurrenz ist gerade erwünscht.[258] Die wirtschaftlichen Interessen des Patentinhabers sind daher kein tauglicher Anknüpfungspunkt für den Eintritt der Erschöpfung.

Sinnvoller ist es, als Anknüpfungspunkt für den Eintritt der Erschöpfung allein auf die Freiwilligkeit des ersten Inverkehrbringens abzustellen.[259] Dies lässt sich gut mit der Dispositionsfreiheit und dem Gedanken des *venire contra factum proprium* erklären. Überdies basiert eine solche Anknüpfung auf objektiven Kriterien und führt zu vorhersehbaren Ergebnissen.[260]

d) Gemeinschaftsrechtliche Erschöpfung als eigenständige Erschöpfungsregelung?

Die Rechtsprechung zur gemeinschaftsrechtlichen Erschöpfung führt dazu, dass die patentrechtliche Erschöpfung nicht nur national wirkt, sondern dass auch EWR-Auslandssachverhalte zur Erschöpfung eines nationalen Patents führen.[261] Fraglich ist aber, ob diese Rechtsprechung eine originäre

255 Vgl. *Koch/Froschmaier*, GRUR Ausl. 1965, 121, 125 li. Sp.; *Zuberbühler*, S. 66 f.

256 Grenzüberschreitender Handel mit Originalware. Vgl. auch *Christ*, S. 29 f. und *Straus/Katzenberger*, Rn. 7 zum Begriff des Parallelimports.

257 So z.B. *Weatherill*, CMLR 1999, 51, 72: „*lifeblood... of ... market integration*".

258 Vgl. *Wichard*, ZEuP 2002, 23, 30, wonach Parallelimporte erwünscht sind, um Preisdifferenzen aufzubrechen.

259 So im Ergebnis auch *Heinemann*, S. 266; ähnl. Benyamini, S. 317: „*... the test for exhaustion is the consent to the marketing, not the reward obtained by the patentee*".

260 Ähnl. *Heinemann*, S. 268.

261 Vgl. BGH, Urt. v. 14.12.1999 - X ZR 61/98 - Karate - GRUR 2000, 299, 299 f.

Erschöpfungsregelung beinhaltet[262] oder ob die gemeinschaftsrechtliche Erschöpfung eine nationale Erschöpfung voraussetzt[263] und diese lediglich modifiziert. Die englische Rechtsprechung geht davon aus, dass es sich bei der gemeinschaftsrechtlichen Erschöpfung um eine eigenständige Erschöpfungsregelung handelt. Danach sei die Theorie der impliziten Lizenz in EWR-Sachverhalten nicht anwendbar, da sie von der gemeinschaftsrechtlichen Erschöpfung verdrängt werde.[264]

Gegen eine eigenständige Erschöpfungsregelung spricht, dass sich die Rechtsprechung des EuGH nicht auf patentrechtliche Vorschriften stützt.[265] Sie stützt sich maßgeblich auf die Grundsätze des freien Warenverkehrs.[266] Aus diesem Grund kann sie sich allein auf die Zulässigkeit eines *Weitervertriebs* patentgeschützter Produkte in anderen Staaten als dem Staat des ersten Inverkehrbringens beziehen.[267] Eine Aussage dazu, dass der *Gebrauch* patentgeschützter Gegenstände nach dem ersten Inverkehrbringen grundsätzlich zulässig ist, enthält die Rechtsprechung des EuGH dagegen nicht.

Das lässt sich mit folgendem Beispiel verdeutlichen: Es soll von einem fiktiven Staat im EWR ausgegangen werden, dessen nationales Patentrecht im Wortlaut dem deutschen Patentrecht entspricht, dessen Rechtsprechung aber keine Erschöpfung kennt. In diesem Staat wäre nach nationalem Recht ein Gebrauch patentgeschützter Produkte, die vom Patentinhaber oder mit seiner Zustimmung in Verkehr gebracht wurden, nicht ohne Zustimmung des Patentinhabers zulässig.

Dann könnte ein nationaler Erwerber eines patentgeschützten Erzeugnisses eine Gebrauchsbefugnis auch nicht aus EU-Recht ableiten. Art. 34 AEUV wäre nicht anwendbar, denn es läge kein Sachverhalt „zwischen den Mitgliedsstaaten" vor.[268] Mangels Anwendbarkeit kann das EU-Recht bei rein nationalen Sachverhalten nicht dazu führen, dass beim ersten Inverkehrbringen durch den Patentinhaber Erschöpfung eintritt.

Bei grenzüberschreitenden Sachverhalten wäre danach zu fragen, ob die nationale Vorschrift gegen Art. 34 AEUV verstößt. Das wäre der Fall, wenn es sich bei der Nicht-Regelung der Erschöpfung um einen Eingriff in den

---

262 So wohl *Heinemann*, S. 252.

263 So *Marenco/Banks*, E.L. Rev. 1990, 15(3), 224, 248; ähnl. *Beier*, GRUR Int 1989, 603, 611, der von einer Projizierung der Erschöpfung der Mitgliedsstaaten auf das Gebiet des gemeinsamen Marktes spricht.

264 Parainen v. KGJS [2018] EWHC 2628 (Pat), Rn. 202 (*Justice Arnold*).

265 So auch Gollrad, Rn. 192; in diese Richtung auch *Mousseron/Sonnier*, Rn. 160, wonach es sich um einen völlig anderen Sachverhalt handele, den man nicht Erschöpfung nennen dürfte (*„abus de langage"*).

266 S. 28 ff.

267 Vgl. *Beier*, GRUR Int 1989, 603, 610, wonach dem EuGH die Kompetenz fehlt, den Umfang nationaler Schutzrechte zu bestimmen; in diese Richtung auch *Stothers*, Patent Exhaustion, S. 2.

268 Vgl. Streinz/*W. Schroeder*, AEUV Art. 34, Rn. 20.

freien Warenverkehr handelte, also eine mengenmäßige Beschränkung oder eine Maßnahme gleicher Wirkung. Nach der sehr weiten *Dassonville*-Formel[269] läge in der Möglichkeit der Gebrauchsuntersagung durch das Patentrecht eine potentielle Behinderung des Handels.[270] Auch dass es sich eigentlich um eine Nicht-Regelung handelt, dürfte aufgrund der Weite der Dassonville-Formel unerheblich sein. Denn letztlich ermöglicht erst das nationale Patentrecht die Möglichkeit zur Untersagung von Gebrauch und Weitervertrieb. Da es sich bei der Nicht-Erschöpfung auch nicht um eine Verkaufsmodalität handelt, wäre die nationale Regelung auch nicht nach der *Keck*-Formel[271] vom Tatbestand ausgenommen.[272] Ein Eingriff in die Warenverkehrsfreiheit läge also vor. Dabei wäre es zunächst unerheblich, dass es sich eigentlich um eine diskriminierungsfreie Maßnahme handelt.[273]

Dieser Eingriff wäre aber nach Art. 36 AEUV gerechtfertigt. Das Patentrecht zählt zum gewerblichen und kommerziellen Eigentum und ist somit ein geschriebener Rechtfertigungsgrund im Sinne von Art. 36 AEUV. Die (hypothetische) Nicht-Regelung der Erschöpfung beinhaltet auch weder eine willkürliche Diskriminierung noch eine verschleierte Beschränkung des Handels zwischen den Mitgliedsstaaten im Sinne von Art. 36 S. 2 AEUV.[274] Nationale Regeln zum Schutz von nicht harmonisierten Immaterialgüterrechten stehen dem freien Warenverkehr grundsätzlich nicht entgegen.[275] So sah der EuGH auch bei einer diskriminierungsfreien nationalen Regelung im Urheberrecht keinen Vorrang des freien Warenverkehrs.[276]

---

269 „Jede Handelsregelung der Mitgliedsstaaten, die geeignet ist, den innergemeinschaftlichen Handel unmittelbar oder mittelbar, tatsächlich oder potentiell zu behindern, ist als Maßnahme gleicher Wirkung wie eine mengenmäßige Beschränkung anzusehen", EuGH, Urt. v. 11.7.1974 - C-8/74 - Dassonville, ECLI:EU:C:1974:82, Rn. 5.

270 Vgl. *Heinemann*, S. 222, wonach nationale Schutzrechte *per se* als Maßnahmen gleicher Wirkung angesehen werden; ebenso *Marenco/Banks*, E.L. Rev. 1990, 15(3), 224, 228.

271 EuGH, Urt. v. 24.11.1993 - C-267/91 und C-268/91 - Keck und Mithouard, ECLI:EU:C:1993:905, Rn. 16.

272 Vgl. *Heinemann*, S. 225.

273 EuGH, Urt. v. 24.11.1993 - C-267/91 und C-268/91 - Keck und Mithouard, ECLI:EU:C:1993:905, Rn. 15; kritisch dazu *Marenco/Banks*, E.L. Rev. 1990, 15(3), 224, 254 f.

274 Vgl. *Marenco/Banks*, E.L. Rev. 1990, 15(3), 224, 236 f., wonach in diskriminierungsfreien Sachverhalten nicht unbedingt eine Prüfung anhand des auf diese Situationen nicht passenden spezifischen Gegenstands durchgeführt wird, sondern eher eine Prüfung im Sinne von Art. 36 S. 2 AEUV; ähnl. *Beier*, GRUR Int 1989, 603, 610, wonach auf dieser Prüfungsstufe im Wesentlichen eine Missbrauchskontrolle stattfindet.

275 EuGH, Urt. v. 14.9.1982 - C-144/81 - Keurkoop/Nancy Kean, ECLI:EU:C:1982:289, Rn. 18 f. (in Bezug auf Muster und Modelle); ähnl. EuGH, Urt. v. 24.1.1989 - C-341/87 - EMI/Patricia, ECLI:EU:C:1989:30, Rn. 12 (Urheberrecht); dies dürfte allerdings nur für diskriminierungsfreie Regeln gelten, vgl. *Marenco/Banks*, E.L. Rev. 1990, 15(3), 224, 236 f.

276 Vgl. EuGH, Urt. v. 17.5.1988 - C-158/86 - Warner Brothers/Christiansen, ECLI:EU:C:1988:242, wonach das Recht des Urhebers, die Vermietung geschützter Werke auch nach dem ersten Inverkehrbringen zu verbieten, nach Art. 36 EWG-Vertrag (entspricht Art. 36 AEUV) gerechtfertigt ist; siehe auch *Orf*, [1988] 10 EIPR 309, 309 ff.

Die auf den ersten Blick entgegenstehende *Cassis*-Entscheidung, die selbst eine anscheinend diskriminierungsfreie Regelung als unzulässig ansah, dürfte vor allem darauf zurückzuführen sein, dass es sich bei der streitgegenständlichen Regelung um eine Qualitätsvorgabe handelte, die ausländische Produkte gegenüber inländischen Produkten jedenfalls faktisch benachteiligte.[277] Eine Nicht-Regelung des Erschöpfungsprinzips hätte aber nicht einmal eine faktisch diskriminierende Wirkung und würde letztlich nur die Vorgaben des TRIPS-Abkommens umsetzen, welches ebenfalls keine Vorgaben bezüglich der Erschöpfung enthält.[278]

Aus Art. 34 und 36 AEUV kann sich daher nicht unmittelbar eine harmonisierte Erschöpfungsregel für den gesamten EWR ergeben.[279] Art. 34 und 36 AEUV können nur dazu führen, dass das nationale Recht in- und ausländische Sachverhalte rechtlich und tatsächlich gleich behandelt. Die gemeinschaftsrechtliche Erschöpfung selbst gibt nicht vor, dass beim ersten Inverkehrbringen einer patentgeschützten Ware das Patentrecht verbraucht.[280] Wenn aber das nationale Recht einen Rechtsverbrauch vorsieht, dann knüpft die gemeinschaftsrechtliche Erschöpfung daran an[281] und erweitert das erste Inverkehrbringen auf den Raum des EWR.[282]

Die Rechtsprechung des EuGH führt also dazu, dass ein EWR-Sachverhalt einem Inlandssachverhalt gleichgestellt wird. Sie beinhaltet aber keine originäre Aussage zur Erschöpfung. Insbesondere trifft der EuGH auch keine Aussage zum Gebrauch patentgeschützter Gegenstände, sondern nur zum Weitervertrieb.[283] Daher wäre z.B. aus englischer Sicht bei einem Inverkehrbringen im EWR zu untersuchen, ob das Inverkehrbringen, wäre es in England geschehen, zu einer impliziten Lizenz geführt hätte. Die Zulässigkeit und Reichweite von Gebrauch und Weitervertrieb müssten sich nicht nach dem Prinzip der Erschöpfung, sondern nach der impliziten Lizenz des englischen Rechts richten.[284]

---

277 Der Likör „Cassis de Dijon" durfte in Frankreich frei gehandelt werden, war aber aufgrund des zu geringen Weingeistgehalts nach dem Branntweinmonopolgesetz in Deutschland nicht verkehrsfähig, vgl. EuGH, Urt. v. 20.2.1979 – C-120/78 – Cassis de Dijon, ECLI:EU:C:1979:42, Rn. 2 f.

278 Vgl. Art. 6 TRIPS, wonach den teilnehmenden Staaten die Frage der Erschöpfung freigestellt ist.

279 Ähnl. *Stothers*, Patent Exhaustion, S. 2.

280 A.A. wohl *Ohly*, ZGE 2012, 419, 426, wonach der Grundsatz der unionsweiten Erschöpfung auf der Rechtsprechung des EuGH beruhe.

281 So auch *Marenco/Banks*, E.L. Rev. 1990, 15(3), 224, 248.

282 Ähnl. *Heath*, IIC 2014, 399, 407, wonach die Regeln des freien Warenverkehrs dem jeweiligen nationalen Patenrecht nur eine weitere Schicht hinzufügen.

283 Ähnl. *Stothers*, Patent Exhaustion, S. 2.

284 A.A. wohl Parainen v. KGJS [2018] EWHC 2628 (Pat), Rn. 202 (*Justice Arnold*).

c) Ergebnis

Die EuGH-Rechtsprechung zur gemeinschaftsrechtlichen Erschöpfung hat nicht wirklich etwas mit dem Verbrauch von Immaterialgüterrechten zu tun. Vielmehr handelt es sich um Entscheidungen zum Vorrang und zur Reichweite des freien Warenverkehrs und zu den Beschränkungen, die sich daraus für Immaterialgüterrechte ergeben.[285] Maßgeblich ist dabei die Ausprägung von Art. 34 und 36 AEUV als Gleichbehandlungsgrundsatz, die dazu führt, dass EWR-Sachverhalte wie Inlandssachverhalte behandelt werden müssen. Die EuGH-Rechtsprechung ist keine eigenständige Erschöpfungsregel. Sie knüpft nur an vorhandene nationale Erschöpfungsregelungen an.

Maßgeblicher Anknüpfungspunkt der gemeinschaftsrechtlichen Erschöpfung ist – ebenso wie bei der Erschöpfung im deutschen Recht – das freiwillige Inverkehrbringen patentgemäßer Erzeugnisse durch den Patentinhaber. Geschützt wird allein die Dispositionsfreiheit des Patentinhabers. Wenn ein Patentinhaber Waren willentlich aus seinem Einflussbereich entlassen hat und sich die Waren dadurch im freien Warenverkehr befinden, dann wäre jede weitere Verkehrsbeschränkung durch den Patentinhaber wertungswidersprüchlich. Darüber hinausgehende wirtschaftliche Erwägungen können dagegen weder zu einer Erweiterung noch zu einer Begrenzung des Erschöpfungsprinzips führen.[286]

5. Ergebnis

Erschöpfung beschreibt einen Rechtsverbrauch. Dieser Rechtsverbrauch tritt ein, wenn ein patentgeschütztes Produkt vom Patentinhaber oder mit seiner Zustimmung in den Verkehr gebracht wurde. Begründen lässt sich dies damit, dass der Patentinhaber die Gelegenheit hatte, sein Monopolrecht auszuüben. Das Patentrecht bezüglich der in Verkehr gebrachten Gegenstände erlischt, und die Gegenstände werden patentfrei. Die Figur der Erschöpfung zieht daher eine Grenze der Verbietungsrechte des Patentinhabers. Das Patentrecht erstreckt sich nicht mehr auf einmal rechtmäßig in Verkehr gebrachte Gegenstände. Dieser Effekt tritt *ipso iure* ein, und der Patentinhaber kann dies nicht verhindern.[287]

Die Wirkung der Erschöpfung ist dabei streng objektbezogen und bezieht sich immer nur auf den jeweiligen konkreten Gegenstand, der mit Zustimmung des Patentinhabers in Verkehr gebracht wurde.[288] Erschöpfung begründet zwar kein positives Nutzungsrecht. Faktisch vermittelt die

---

285 Ähnl. *Ann*, PatR, § 33, Rn. 315.

286 So auch *Beier*, GRUR Int 1989, 603, 612.

287 *Windisch*, S. 197.

288 Busse/Keukenschrijver/*Keukenschrijver*, PatG § 9, Rn. 121; Haedicke/Timmann/*Stief/Bühler*, § 9, Rn. 155; *Kühnen*, Kap. E.III.12, Rn. 789; Schulte/*Rinken*, § 9 PatG, Rn. 21.

Erschöpfung aber eine Nutzungsbefugnis, die ohne Erschöpfung nicht vorhanden wäre.

Die vom EuGH entwickelte *gemeinschaftsrechtliche Erschöpfung* beschreibt den Effekt, dass rechtmäßig im EWR befindliche Erzeugnisse frei in andere Länder des EWR vertrieben werden dürfen, ohne dass der Patentinhaber dies verhindern kann. Es handelt sich um eine Ausprägung des freien Warenverkehrs aus Art. 34 und 36 AEUV. Die in Art. 36 AEUV vorgesehene Möglichkeit, den freien Warenverkehr aufgrund von Immaterialgüterrechten zu beschränken, wird eng ausgelegt. Daher kann ein Patentinhaber den Import solcher Produkte nicht verhindern, die von ihm selbst oder mit seiner Zustimmung in einem anderen Land im EWR in Verkehr gebracht wurden.

Die gemeinschaftsrechtliche Erschöpfung behandelt EWR-Sachverhalte so, als ob sie im Inland vorgenommen worden wären. Ein Inverkehrbringen im EWR steht einem Inverkehrbringen im Inland gleich. Somit ist die gemeinschaftsrechtliche Erschöpfung nur eine Ausprägung des Gleichbehandlungsprinzips. Sie führt nicht selbst zu einem Rechtsverbrauch, sondern sie knüpft nur an einen inländischen Rechtsverbrauch an. Es ist also zu fragen, ob das Inverkehrbringen, wäre es im Inland erfolgt, zu einem Rechtsverbrauch geführt hätte.

Die *implizite Lizenz* des englischen Rechts ist eine alternative Erklärung dafür, dass ein Erwerber eines patentgeschützten Erzeugnisses dieses frei gebrauchen und weitervertreiben darf. Die implizite Lizenz geht davon aus, dass der Erwerber eine Lizenz als positives Gegenrecht benötigt, welches er dem Patentrecht entgegen setzen kann. Die implizite Lizenz führt also – anders als die Theorie der Erschöpfung – nicht zu einer Beschränkung des Schutzbereiches, sondern nur dazu, dass der Patentinhaber sein Verbietungsrecht aufgrund eines entgegenstehenden Nutzungsrechts nicht geltend machen kann.

Die implizite Lizenz bezieht sich nur auf den konkret erworbenen Gegenstand, mit dem sie nach Art eines „Patentrechtssplitters" untrennbar verbunden ist. Diese Lizenz läuft auch beim Weitervertrieb immer mit dem Gegenstand mit. Die implizite Lizenz wird *ipso iure* mit dem Kauf eines patentgeschützten Gegenstands erworben. Dies ähnelt einem Rechtskauf.

Der Patentinhaber kann die implizite Lizenz einschränken und dem Erwerber patentrechtlich wirkende Gebrauchs- und Weitervertriebsbeschränkungen auferlegen. Diese Lizenzeinschränkung ist aber nur so lange mit dem Gegenstand verbunden, wie jeder Erwerber in der Vertriebskette von der Beschränkung Kenntnis hat. Bei fehlender Kenntnis entfällt die Lizenzbeschränkung, ähnlich einem gutgläubigen lastenfreien Erwerb.

C. Das Einheitspatentsystem

I. Überblick

Das Einheitspatent ist ein gemeinsames Patent mit einheitlicher Rechtswirkung in einer Vielzahl europäischer Staaten,[289] welches seit dem 1.6.2023 verfügbar ist.[290] Es handelt sich dabei nicht um ein Gemeinschaftspatent der europäischen Union, sondern um ein Projekt, welches im Wege der verstärkten Zusammenarbeit zustande gekommen ist.[291] An der verstärkten Zusammenarbeit nehmen insgesamt 25 EU-Mitgliedsstaaten teil.[292]

Zusammen mit dem Einheitspatent wurde ein Einheitliches Patentgericht geschaffen.[293] Fragen der Patentverletzung oder der Patentnichtigkeit sollen einheitlich behandelt werden, so dass es nicht zu voneinander abweichenden Entscheidungen in verschiedenen Staaten kommen kann.[294]

Das Einheitspatent basiert auf einem Regelungspaket aus den folgenden drei Säulen:[295]

- Übereinkommen über ein Einheitliches Patentgericht (EPGÜ)[296] inklusive Verfahrensordnung,
- Verordnung VO (EU) 1257/2012 über die Umsetzung der Verstärkten Zusammenarbeit im Bereich der Schaffung eines einheitlichen Patentschutzes (EPatVO),
- Verordnung VO (EU) 1260/2012 über die Umsetzung der verstärkten Zusammenarbeit im Bereich der Schaffung eines einheitlichen Patentschutzes im Hinblick auf die anzuwendenden Übersetzungsregelungen (EPatÜbersVO).

---

289 Vgl. Art. 3 II UAbs 1 EPatVO.

290 https://www.epo.org/applying/european/unitary/unitary-patent/start_de.html (zuletzt abgerufen am 2.4.2024).

291 BeckOK Patentrecht/*Augenstein*, EPGÜ, Einheitliches Patentrecht und Gemeinsames Patentgericht, Rn. 5; *Ohly*, ZGE 2012, 419, 422 f.; *Teschemacher*, Mitt. 2013, 153, 154.

292 https://www.epo.org/law-practice/unitary/unitary-patent_de.html (zuletzt abgerufen am 2.4.2024).

293 Art. 1 I EPGÜ.

294 Vgl. BeckOK Patentrecht/*Augenstein*, EPGÜ, Einheitliches Patentrecht und Gemeinsames Patentgericht, Rn. 2.

295 BeckOK Patentrecht/*Augenstein*, EPGÜ, Einheitliches Patentrecht und Gemeinsames Patentgericht, Rn. 6; *Eck*, GRUR Int. 2014, 114, 115; *McGuire*, Mitt. 2015, 537, 537; *Teschemacher*, Mitt. 2013, 153.

296 Übereinkommen über ein Einheitliches Patentgericht (2013/C 175/01) vom 19.2.2013, ABl. C 175 S. 1, von Deutschland ratifiziert durch Gesetz vom 7.8.2021 (BGBl. 2021 II S. 850).

Dem Einheitspatent liegt das EPÜ[297] zugrunde. Mit dem EPÜ wurde ein europäisches Patent geschaffen.[298] Das EPÜ sah bereits eine zentrale Anmeldung und Patenterteilung vor.[299] Allerdings führte das europäische Patent bisher nicht zu einem europaweiten Patentschutz, sondern nur zu einem Patentschutz in den Staaten, die der Patentinhaber in seiner Patentanmeldung bestimmt.[300] Zudem zerfiel das europäische Patent nach seiner Erteilung in eigenständige nationale Patentteile,[301] deren weiteres Schicksal vom jeweiligen nationalem Recht abhängig war.[302] Nationales Recht galt nach Art. 64 I EPÜ für die Rechte des Patentinhabers und nach Art. 64 III EPÜ für die Folgen einer Rechtsverletzung. Der Schutzbereich des europäischen Patents war zwar bereits über Art. 69 EPÜ[303] inhaltlich harmonisiert, aber nationale Gerichte legten diese Vorschrift uneinheitlich aus.[304] Da der Anmelder somit quasi ein Bündel einzelner Patente erhielt, wurde das europäische Patent auch als Bündelpatent bezeichnet.[305]

Das Einheitspatent ist eine neue Art von europäischem Patent, welches einheitliche Wirkung in allen Teilnehmerstaaten hat, Art. 3 I EPatVO. Die einheitliche Wirkung tritt ein, wenn der Patentanmelder dies nach Erteilung des europäischen Patents beantragt.[306] Der Patentanmelder kann somit zwischen europäischem Patent mit einheitlicher Wirkung (Einheitspatent) und europäischem Patent ohne einheitliche Wirkung (Bündelpatent) wählen.[307] Das Einheitspatent kann nur im Hinblick auf alle teilnehmenden Mitgliedstaaten beschränkt, übertragen oder für nichtig erklärt werden oder erlöschen.[308] Da noch nicht alle Teilnehmerstaaten das EPGÜ ratifiziert haben,[309] wird es verschiedene Generationen von Einheitspatenten geben, deren territoriale Reichweite jeweils vom Stand der Ratifizierung im Zeitpunkt der Eintragung der einheitlichen Wirkung abhängen wird.[310] Bislang haben 17

---

297 Übereinkommen über die Erteilung europäischer Patente vom 5.10.1973, BGBl. 2007 II S. 1082, in Kraft seit 7.10.1977.

298 Art. 2 I EPÜ.

299 *Eck*, GRUR Int. 2014, 114, 114.

300 *Eck*, GRUR Int. 2014, 114, 114.

301 *Arntz*, EuZW 2015, 544, 544; *Ohly*, ZGE 2012, 419, 421.

302 *Teschemacher*, Mitt. 2013, 153, 156 li. Sp.

303 In Deutschland umgesetzt in § 14 PatG.

304 BeckOK Patentrecht/*Augenstein*, EPGÜ, Art. 25, Rn. 2.

305 Vgl. *Müller-Stoy/Paschold*, GRUR Int. 2014, 646, 647; *Ohly*, ZGE 2012, 419, 421.

306 *Ann*, PatR, § 30a, Rn. 22 f.

307 Vgl. Erwägungsgrund Nr. 26 der EPatVO.

308 Art. 3 II UAbs 2 EPatVO.

309 Bislang 17 Staaten, https://www.epo.org/law-practice/unitary/unitary-patent_de.html (zuletzt abgerufen am 2.4.2024).

310 https://www.epo.org/de/applying/european/unitary/unitary-patent/start (zuletzt abgerufen am 2.4.2024).

Staaten das EPGÜ ratifiziert; in diesen 17 Staaten hat das Einheitspatent bereits einheitliche Wirkung.[311]

Voraussetzung für ein Inkrafttreten des Einheitspatentsystems war nach Art. 89 I EPGÜ zum einen die Ratifizierung von mindestens dreizehn Mitgliedsstaaten. Zum anderen war Voraussetzung, dass die Ratifikations- oder Beitrittsurkunden der drei Mitgliedstaaten hinterlegt werden, in denen es im Jahr vor dem Jahr der Unterzeichnung des Übereinkommens die meisten geltenden europäischen Patente gab. Dies waren ursprünglich Deutschland, Frankreich und das Vereinigte Königreich.[312] Das Vereinigte Königreich hatte das EPGÜ zunächst ratifiziert, die Ratifizierung am 20.7.2020 aber wieder zurückgezogen.[313] Nach dem Rückzug des Vereinigten Königreichs trat Italien an dessen Stelle.[314]

Das deutsche Ratifizierungsgesetz wurde zunächst aufgrund einer Verfassungsbeschwerde wegen formaler Gründe, nämlich fehlender Zustimmung von zwei Dritteln der Mitglieder des Bundestages und zwei Dritteln der Stimmen des Bundesrates nach Art. 79 II GG, für verfassungswidrig erklärt.[315] Im zweiten Anlauf hat der Bundestag dem Gesetz am 26.11.2020 mit der erforderlichen Zweidrittelmehrheit zugestimmt.[316] Der Bundesrat hat dem Gesetz am 18.12.2020 ebenfalls mit der erforderlichen Zweidrittelmehrheit zugestimmt.[317] Zwei dagegen gerichtete Eilanträge hat das Bundesverfassungsgericht abgelehnt.[318] Am 17.2.2023 hat Deutschland die Ratifikationsurkunde hinterlegt, so dass das EPGÜ am 1.6.2023 in Kraft trat.[319] Auch das Einheitliche Patentgericht nahm am 1.6.2023 seine Arbeit auf.[320]

---

311 https://www.epo.org/law-practice/unitary/unitary-patent_de.html (zuletzt abgerufen am 2.4.2024). Es handelt sich um folgende Staaten: Österreich, Belgien, Bulgarien, Dänemark, Estland, Finnland, Frankreich, Deutschland, Italien, Lettland, Litauen, Luxemburg, Malta, die Niederlande, Portugal, Slowenien, Schweden.

312 BVerfG, Beschl. v. 13.2.2020 – 2 BvR 739/17, BVerfGE 153, 74, Rn. 15; BT-Drs. 18/11137, S. 94 re. Sp.

313 *Ann*, PatR, § 30a, Rn. 10.

314 *Tilmann*, GRUR Int. 2020, 847, 850.

315 BVerfG, Beschl. v. 13.2.2020 – 2 BvR 739/17, BVerfGE 153, 74.

316 https://www.bundestag.de/dokumente/textarchiv/2020/kw48-de-patentgericht-808180 (zuletzt abgerufen am 2.4.2024).

317 https://www.bundesrat.de/DE/plenum/bundesrat-kompakt/20/998/10.html (zuletzt abgerufen am 2.4.2024).

318 BVerfG, Beschl. v. 23.6.2021 – 2 BvR 2216/20.

319 BGBl. 2023 II Nr. 75.

320 https://www.bmj.de/SharedDocs/Pressemitteilungen/DE/2023/0217_Einheitliches_Patentgericht.html (zuletzt abgerufen am 2.4.2024).

II. Materielles Recht

Das Einheitspatentsystem enthält in Art. 25 ff. EPGÜ eine teilweise Harmonisierung des materiellen Rechts.[321] Das materielle Recht ist aber nicht vollständig geregelt.[322] So enthält das Einheitspatentsystem keine Regelungen zu Rechtsübertragungen, Lizenzen, Zwangslizenzen und Vorbenutzungsrechten.[323] In diesen Fällen muss nationales Recht angewendet werden.[324]

Bei Fragen der Patentverletzung kommen die materiellen Vorschriften des EPGÜ, nämlich Art. 25 ff. und Art. 63, 64, 67, 67, 72 EPGÜ zur Anwendung,[325] auf die Art. 5 III iVm. 7 EPatVO verweisen.[326] Das materielle Patentrecht wurde nicht direkt in der EPatVO kodifiziert, um die Auslegung patentspezifischen Rechts vom EuGH fernzuhalten.[327] Nur die Erschöpfungsregelung wurde in der EPatVO belassen. Diese findet sich sowohl in Art. 6 EPatVO als auch in Art. 29 EPGÜ.

III. Besonderheiten bei Bündelpatenten auf Grundlage des EPÜ

1. Grundsatz

Mit Inkrafttreten des Einheitspatentsystems gelten auch für Bündelpatente die Regeln des EPGÜ.[328] Fraglich ist aber, ob das auch dann gilt, wenn die ausschließliche Zuständigkeit des Einheitlichen Patentgerichts abgewählt wurde,[329] oder wenn in einer Patentrechtsstreitigkeit nationale Gerichte angerufen werden.[330]

2. Rechtsfolgen eines Opt-out (Art. 83 III EPGÜ)

Grundsätzlich ist das Einheitliche Patentgericht (EPG) auch für Streitigkeiten in Bezug auf Bündelpatente zuständig.[331] Nach Art. 83 III EPGÜ kann der Inhaber eines europäischen Bündelpatents die ausschließliche Zuständigkeit

321 *Tochtermann*, GRUR 2018, 337, 339.
322 *Haedicke*, GRUR Int 2013, 609, 610 f.; Osterrieth/*Osterrieth*, Rn. 303.
323 *Ohly*, ZGE 2012, 419, 430.
324 *Ohly*, ZGE 2012, 419, 430.
325 *Haedicke*, GRUR Int 2013, 609, 610, *Nieder*, GRUR 2015, 728, 728.
326 *Jestaedt*, Mitt. 2018, 381, 382 re. Sp.; *McGuire*, Mitt. 2015, 537, 540; *Müller-Stoy/Wahl*, Patent Enforcement, Rn. 83; Osterrieth/*Osterrieth*, Rn. 315; *Teschemacher*, Mitt. 2013, 153, 160 li. Sp.
327 *Müller-Stoy/Wahl*, Patent Enforcement, Rn. 82 f.; *Ohly*, ZGE 2012, 419, 423; *Teschemacher*, Mitt. 2013, 153, 160 li. Sp.
328 Vgl. Art. 1 I EPGÜ.
329 Art. 83 III EPGÜ.
330 Art. 83 I EPGÜ.
331 *Teschemacher*, Mitt. 2013, 153, 158 re. Sp.

des EPG aber abwählen (*Opt-out*).[332] Es ist umstritten, welche Auswirkungen dies auf die gerichtliche Zuständigkeit und auf das anwendbare materielle Recht hat.

a) Zuständigkeit

Zunächst ist umstritten, ob ein *Opt-out* die Zuständigkeit des EPG vollständig ausschließt, oder ob nur die *ausschließliche* Zuständigkeit betroffen ist.[333] Der Wortlaut spricht eher dafür, dass nur die ausschließliche Zuständigkeit ausgeschlossen werden kann.[334] Trotz *Opt-out* könnte dann in Patentrechtsstreitigkeiten weiterhin das EPG angerufen werden.

Würde man dieser Ansicht folgen, wäre aber fraglich, welchen Nutzen ein *Opt-out* hätte. Denn nach Art. 83 I EPGÜ bleibt die Anrufung nationaler Gerichte während einer Übergangszeit von sieben Jahren ohnehin zulässig. Man würde also nur eine nicht vorhandene Ausschließlichkeit abwählen. Überdies könnte mit einer Abwahl allein der ausschließlichen Zuständigkeit nicht verhindert werden, dass eine Nichtigkeitsklage vor dem EPG erhoben wird.[335] Ein Patent könnte daher trotz *Opt-out* mit Wirkung für alle Vertragsstaaten für nichtig erklärt werden. Die Vermeidung dieses Risikos war aber ein wesentlicher Grund für die Schaffung einer *Opt-out*-Regelung.[336] Daher ist davon auszugehen, dass ein *Opt-out* die Zuständigkeit des EPG vollständig ausschließt.[337]

b) Materielles Recht

Weiterhin ist umstritten, ob eine *Opt-out*-Erklärung nach Art. 83 III EPGÜ nur die Zuständigkeit berührt oder aber auch das materielle Recht.[338] Es ist daher fraglich, welches materielle Recht die (nationalen) Gerichte im Fall eines *Opt-out* anzuwenden haben.

Zum einen könnte man für Bündelpatente immer die materiellen Regeln des EPGÜ anwenden, unabhängig davon, ob ein *Opt-out* erfolgt ist oder nicht.[339] Denn der Wortlaut von Art. 3 lit. c), 83 I und III EPGÜ deutet darauf

---

332 Vgl. BT-Drs. 18/11137, S. 93 re. Sp.

333 Vgl. *Teschemacher*, Mitt. 2013, 153, 159 Fn. 44.

334 Diese Ansicht vertritt z.B. *Nieder*, GRUR 2014, 627, 631; wohl auch *Opfer/Ahner/Tilmann/Schmidt/Beldiman*, GRUR Int. 2015, 904, 905, die es als offene Frage ansehen, welches materielle Recht nach einem Opt-out von der EPG Lokalkammer angewendet werden muss.

335 Art. 65 I EPGÜ.

336 *Luginbühl/Stauder*, GRUR Int. 2014, 885, 889.

337 Diese Ansicht vertreten z.B. *Azéma/Galloux*, Rn. 864 („*juridictions nationales... seules compétentes*"; *Luginbühl/Stauder*, GRUR Int. 2014, 885, 889; *Schröer*, GRUR Int. 2013, 1102, 1103; *Tilmann*, VPP-Rundbrief 2013, 56, 58; *Tilmann*, Mitt. 2014, 58, 63; in diese Richtung auch BT-Drs. 18/11137, S. 93 re. Sp.; wohl auch *Kather*, VPP-Rundbrief 2014, 28, 34 re. Sp.

338 *Kather*, VPP-Rundbrief 2014, 28, 34 re. Sp.; *Nieder*, GRUR 2015, 728, 730; *Vissel*, GRUR 2015, 619, 621.

339 So z.B. *Eck*, GRUR Int. 2014, 114, 119; *Nieder* GRUR 2014, 627, 633; *Tilmann*, VPP-Rundbrief 2013, 56, 58; *Tilmann*, Mitt. 2014, 58, 63.

hin, dass nur die gerichtliche Zuständigkeit abgewählt werden kann, die materiell-rechtlichen Folgen aber gerade nicht.[340] Es wäre absurd, wenn ein Patentinhaber durch die Wahl des Gerichtsstandes das materielle Recht wählen und so sein Verhältnis zum Verletzer einseitig bestimmen könnte.[341] Es stellt sich dann aber die Frage, ob auch die Art. 63 ff. EPGÜ (Unterlassung, Auskunft, Schadensersatz) zu den materiell-rechtlichen Vorschriften zählen. Einerseits befinden sich diese Vorschriften im Kapitel der „Befugnisse des Gerichts", was auf lediglich prozessuale Vorschriften hindeutet.[342] Andererseits lassen sich die Rechtsfolgen der Verletzung aber auch als materiellrechtliche Ausformungen der Patentinhaberbefugnisse verstehen.[343]

Zum anderen lässt sich vertreten, dass das nationale Gericht allein aufgrund nationalen Rechts entscheidet.[344] Für diese Ansicht spricht, dass – mangels Vorlagemöglichkeit an das Einheitliche Patentgericht – das Risiko von abweichenden Auslegungen des EPGÜ durch nationale Gerichte besteht.[345] Zweck von Art. 83 III EPGÜ ist es, dem Schutzrechtsinhaber Rechtssicherheit zu gewähren und die Folgen der unechten Rückwirkung abzumildern, die sich aus der Anwendung neuer Regeln auf ein bestehendes Patent ergäben.[346] Der Wortlaut der englischen Fassung von Art. 83 III EPGÜ (*„competence"* statt *„jurisdiction"*) deutet darauf hin, dass mit einem *Opt-out* nicht nur die Gerichtszuständigkeit, sondern auch das materielle Recht gewählt werden kann.[347] Auch aus Art. 3 lit. c) EPGÜ, wonach das Übereinkommen unbeschadet des Artikels 83 für alle europäischen Patente gilt, ergibt sich, dass ein *Opt-out* dazu führt, dass die betreffenden Patente vollständig aus dem Anwendungsbereich des EPGÜ fallen.[348]

Für die Anwendbarkeit nationalen Rechts spricht nicht zuletzt auch die Systematik der EPatVO. Nach Art. 18 II 2 EPatVO wird die einheitliche Wirkung des europäischen Patents an die ausschließliche Zuständigkeit des EPG geknüpft. Das deutet darauf hin, dass materielles Recht (einheitliche Wirkung) und ausschließliche Zuständigkeit des EPG miteinander verknüpft sein sollen. Dann muss auch ein *Opt-out* zu einem Ausschluss der

---

340 *Nieder*, GRUR 2014, 955, 956.
341 *Tilmann*, Mitt. 2014, 58, 59 f.
342 *Schröer*, GRUR Int. 2013, 1102, 1107.
343 *Nieder*, GRUR 2014, 627, 633; ähnl. *Tilmann*, Mitt. 2014, 58, 61; in diese Richtung auch *Ann*, PatR, § 30a, Rn. 88.
344 So z.B. *Leistner/Simon*, GRUR Int. 2017, 825, 831; *Luginbühl/Stauder*, GRUR Int. 2014, 885, 889 f.; *Ohly/Streinz*, GRUR Int. 2017, 1, 6 f.; Preparatory Committee, Interpretative Note, Rn. 19; *Tochtermann*, GRUR 2018, 337, 339; *Walz*, GRUR Int. 2016, 513, 514 f.
345 *Tochtermann*, GRUR 2018, 337, 339; Preparatory Committee, Interpretative Note, Rn. 15; auch Eck, GRUR Int. 2014, 114, 119 sieht diese Gefahr, allerdings nicht als Argument gegen die Anwendung des materiellen EPGÜ-Rechts durch nationale Gerichte, sondern nur als letztlich hinzunehmende Konsequenz.
346 *Tochtermann*, GRUR 2018, 337, 340.
347 *Tochtermann*, GRUR 2018, 337, 340.
348 *Tochtermann*, GRUR 2018, 337, 340.

einheitlichen materiellen Regeln des EPGÜ führen. Das führt dazu, dass Art. 29 EPGÜ für die Erschöpfung von Bündelpatenten nur anwendbar ist, wenn kein *Opt-out* erfolgt ist. Anderenfalls gilt das jeweilige nationale Recht.

3. Anwendbares Recht bei Anrufung nationaler Gerichte (Art. 83 I EPGÜ)

Ein ähnliches Problem wie beim *Opt-out* stellt sich, wenn in Patentverletzungsstreitigkeiten nationale Gerichte angerufen werden. Der Patentinhaber (oder ein ausschließlicher Lizenznehmer) kann nach Art. 83 I EPGÜ bei Bündelpatenten in einer Übergangszeit von sieben Jahren wählen, ob er ein Verletzungsverfahren vor dem Europäischen Patentgericht oder vor den nationalen Gerichten startet.[349] Im Gegenzug gilt das Gleiche für Nichtigkeitsklagen.[350] Es besteht also eine alternative Zuständigkeit.[351] Dies gilt auch für Schadensersatzklagen. Diese werden zwar in Art. 32 I lit. f) EPGÜ gesondert aufgezählt, so dass man nach dem Wortlaut von Art. 83 I EPGÜ darauf schließen könnte, dass die alternative Zuständigkeit nicht für Schadensersatzklagen gilt.[352] Da aber ein enger Zusammenhang mit Verletzungsklagen besteht und keine vernünftigen Gründe ersichtlich sind, Schadensersatzklagen anders zu behandeln, ist davon auszugehen, dass die freie Gerichtswahl auch für Schadensersatzklagen möglich ist.[353]

Fraglich ist daher, ob mit der Wahl des Gerichts zugleich auch eine Wahl des materiellen Rechts stattfindet. Nach einer Ansicht kann – auch ohne *Opt-out* – in der Übergangszeit durch Anrufung des entsprechenden Gerichts das jeweilige materielle Recht gewählt werden.[354] Zweck der Vorschrift sei, den Patentinhabern die Möglichkeit zu wahren, das ihnen vertraute Recht zu wählen.[355]

Nach anderer Ansicht sollen für Bündelpatente immer die materiellen Regeln des EPGÜ gelten, unabhängig davon, ob nationale Gerichte oder das EPG angerufen werden.[356] Da der Wortlaut von Art. 83 I EPGÜ anderen Gerichtswahlklauseln ähnelt, dürfte auch der Zweck lediglich in der Wahl des Forums bestehen.[357]

349 *Tochtermann*, GRUR 2018, 337, 338.
350 *Tochtermann*, GRUR 2018, 337, 338.
351 *Schröer*, GRUR Int. 2013, 1102, 1104.
352 *Schröer*, GRUR Int. 2013, 1102, 1104.
353 *Luginbühl/Stauder*, GRUR Int. 2014, 885, 889; *Schröer*, GRUR Int. 2013, 1102, 1104 f.; *Tilmann*, Mitt. 2014, 58, 59.
354 *Luginbühl/Stauder*, GRUR Int. 2014, 885, 889; Preparatory Committee, Interpretative Note, Rn. 19; *Walz*, GRUR Int. 2016, 513, 514 f.
355 *Luginbühl/Stauder*, GRUR Int. 2014, 885, 889.
356 So z.B. *Nieder*, GRUR 2014, 627, 633; sowie *Eck*, GRUR Int. 2014, 114, 119; sowie *Tilmann*, VPP-Rundbrief 2013, 56, 58; *Tilmann*, Mitt. 2014, 58, 59.
357 *Tilmann*, Mitt. 2014, 58, 59 f.

Nach einer dritten Ansicht ist auf Bündelpatente stets das nationale Recht (ohne das EPGÜ) anzuwenden.[358] Denn Bündelpatente müssten nach Art. 64 I EPÜ die gleiche Wirkung haben wie nationale Patente, und Art. 64 I EPÜ verweise nur auf das nationale Recht (ohne das EPGÜ).[359] Konsequenz dieser Ansicht wäre, dass das EPG Bündelpatente nach anderem materiellen Recht beurteilen müsste als Einheitspatente. Es ist unwahrscheinlich, dass dies von den Vertragsstaaten beabsichtigt war.

Es wird sich zeigen, wie die Gerichte diese Streitfrage beurteilen werden. In der Praxis dürften nationale Gerichte sich wohl ohnehin – jedenfalls in der Anfangszeit – vornehmlich an den eigenen bekannten Rechtsprinzipien orientieren, unabhängig davon, ob sie das materielle Recht des EPGÜ oder das nationale materielle Recht anwenden.[360] Und mit fortlaufender Rechtsprechung des EPG zur Auslegung des materiellen Rechts und zur Erschöpfungsfrage dürfte sich ein Harmonisierungsdruck dahingehend ergeben, etwaige entgegenstehende nationale Rechtsprechung auch in Bezug auf das nationale materielle Patentrecht an die EPG-Rechtsprechung anzupassen.[361] Daher dürfte es in der Praxis wohl keinen Unterschied machen, ob nationale Gerichte das materielle Recht des EPGÜ oder das nationale materielle Recht anwenden.

IV. Erschöpfung im Einheitspatentsystem

1. Art. 6 EPatVO und Art. 29 EPGÜ

Im Einheitspatentsystem finden sich gleich zwei Vorschriften zur Erschöpfung des Patentrechts. Diese Erschöpfungsregeln basieren auf dem GPÜ[362] und sollen die EuGH-Rechtsprechung zum freien Warenverkehr umsetzen.[363] Durch die Normierung wird die Frage der Erschöpfung in den teilnehmenden Mitgliedsstaaten für Einheitspatente und Bündelpatente harmonisiert. Die Harmonisierung gilt zwar nicht für nationale Patente. Es ergibt sich aber auch hier ein mittelbarer Harmonisierungsdruck.[364]

Zum einen findet sich eine Erschöpfungsregelung in Art. 6 EPatVO. Indem die Regelung in eine europäische Verordnung aufgenommen wurde, erhält der EuGH die Auslegungskompetenz zu Fragen der Erschöpfung.[365] Art. 6 EPatVO gilt jedoch nur für Einheitspatente. Zum anderen findet sich

358 *Vissel*, GRUR 2015, 619, 620 f.
359 *Vissel*, GRUR 2015, 619, 620 f.
360 Vgl. *Haedicke*, GRUR Int 2013, 609, 611, wonach dies auch auf die Lokal- und Regionalkammern des EPG zutreffen dürfte.
361 Vgl. *Haedicke*, GRUR Int 2013, 609, 611.
362 Benkard EPÜ/*Henke*, Neunter Teil, Vorbemerkung B, Rn. 61.
363 Vgl. Erwägungsgrund Nr. 12 der EPatVO.
364 *Haedicke*, GRUR Int 2013, 609, 611.
365 Art. 19 III EUV. Vgl. dazu auch *Haedicke*, GRUR Int 2013, 609, 616; *Ohly*, ZGE 2012, 419, 426.

eine inhaltsgleiche Erschöpfungsregelung in Art. 29 EPGÜ. Diese Vorschrift gilt nur für Bündelpatente.[366] Art. 29 EPGÜ lautet:

> *Die durch das europäische Patent verliehenen Rechte erstrecken sich nicht auf Handlungen, die ein durch das Patent geschütztes Erzeugnis betreffen, nachdem das Erzeugnis vom Patentinhaber oder mit seiner Zustimmung in der Europäischen Union in Verkehr gebracht worden ist, es sei denn, der Patentinhaber hat berechtigte Gründe, sich dem weiteren Vertrieb des Erzeugnisses zu widersetzen.*[367]

Die Erschöpfung erstreckt sich dabei nicht nur auf die Europäische Union, sondern auch auf den EWR. Da das EWR-Abkommen die Erschöpfung im gesamten EWR nach Maßgabe des Gemeinschaftsrechts vorsieht,[368] ist das Inverkehrbringen im EWR dem Inverkehrbringen in der EU gleichzusetzen.[369] Ebenso muss ein Inverkehrbringen in der EU auch zu einer Erschöpfung im gesamten EWR führen.[370]

2. Weitere erschöpfungsähnliche Schranken

a) Immanente Schranken in Art. 25 EPGÜ

Fraglich ist, ob die Erschöpfungsregeln in EPatVO und EPGÜ abschließend alle Fragen des Rechtsverbrauchs nach dem erstmaligen Inverkehrbringen im EWR erfassen, oder ob darüber hinaus weitere ungeschriebene Schranken existieren, die zu einer vergleichbaren Wirkung führen.

Die Aufnahme einer Erschöpfungsvorschrift deutet zwar darauf hin, dass die Vorschrift abschließend ist, und dass es keine weiteren ungeschriebenen

---

366 Die Vorschrift nennt das „europäische Patent". Dies ist nach Art. 2 lit. e) EPGÜ das Bündelpatent. Eine Ausnahme gilt aber möglicherweise bei einem *Opt-out* (S. 42 ff.) oder einer Anrufung nationaler Gerichte nach Art. 83 EPGÜ (S. 45 f.).

367 Art. 6 EPatVO lautet: „Die durch das Europäische Patent *mit einheitlicher Wirkung* verliehenen Rechte erstrecken sich nicht auf Handlungen, die ein durch das Patent geschütztes Erzeugnis betreffen *und in den teilnehmenden Mitgliedstaaten vorgenommen werden, in denen dieses Patent einheitliche Wirkung hat*, nachdem das Erzeugnis vom Patentinhaber oder mit seiner Zustimmung in der *Union* in Verkehr gebracht worden ist, es sei denn, der Patentinhaber hat berechtigte Gründe, sich dem weiteren Vertrieb des Erzeugnisses zu widersetzen.". Die Abweichungen zu Art. 29 EPGÜ (kursiv hervorgehoben) beruhen auf dem Bezug zum Einheitspatent.

368 Art. 2 I Protokoll 28 zum EWR-Abkommen.

369 Da Art. 29 EPGÜ allgemein von einem Inverkehrbringen in der EU spricht (ohne Beschränkung auf Teilnehmer des Einheitspatentsystems), führt nach Art. 29 EPGÜ jedes Inverkehrbringen in der EU (also auch ein Inverkehrbringen in EU-Staaten, die nicht am Einheitspatentsystem teilnehmen) zur Erschöpfung im Einheitspatentsystem. Ein Rückgriff auf das EWR-Abkommen ist nur erforderlich bei einem Inverkehrbringen in einem EWR-Staat, der nicht zugleich EU-Staat ist.

370 In den nicht am Einheitspatentsystem teilnehmenden Staaten ergibt sich die Erschöpfung aus der Rechtsprechung des EuGH, S. 26 ff. Das EWR-Abkommen erstreckt diesen Effekt auf den gesamten EWR.

Schranken mit der Wirkung eines Rechtsverbrauchs geben kann. Gegen eine solche abschließende Regelung spricht aber, dass sich die Normierung der Erschöpfung vor allem auf die Rechtsprechung des EuGH zum freien Warenverkehr stützt.[371] Diese Rechtsprechung bezog sich aber bisher nur auf den Weitervertrieb patentgeschützter Produkte. Die spezifisch patentrechtliche Frage, unter welchen Voraussetzungen ein Gebrauch patentgeschützter Produkte auch ohne ausdrückliche Zustimmung des Patentinhabers zulässig ist, wurde davon nicht erfasst. Für eine solche patentrechtliche Frage würde dem EuGH auch die Zuständigkeit fehlen.[372]

Hinsichtlich spezifisch patentrechtlicher Fragestellungen müssen die Erschöpfungsregeln in EPatVO und EPGÜ daher nicht unbedingt abschließend sein. Es scheint nicht ausgeschlossen, dass weitere erschöpfungsähnliche Effekte, die sich nicht aus der normierten Erschöpfungsregel ergeben, auch auf immanente Schranken in Art. 25 EPGÜ gestützt werden können.

Zu denken wäre etwa an das Inverkehrbringen von Einzelteilen, mit denen ein patentgeschütztes Erzeugnis hergestellt werden kann. Dabei stellt sich die Frage, ob dies zu einer Berechtigung zur Herstellung des patentgeschützten Erzeugnisses für jedermann führt.[373] Auch das Inverkehrbringen einer Vorrichtung zur Ausübung eines patentgeschützten Verfahrens könnte aufgrund einer patentrechtsimmanenten Schranke zu einer freien Nutzung für jedermann führen.[374] Die deutsche Rechtsprechung bejaht in einigen dieser Fälle den Eintritt der Erschöpfung.[375] Der Wortlaut der Erschöpfungsvorschriften des Einheitspatentsystems erfasst solche Fälle nicht.

Die deutsche Rechtsprechung kann zwar nicht ohne weiteres auf das Einheitspatentsystem übertragen werden, denn es ist eine autonome Auslegung anhand gemeinsamer Prinzipien der Teilnehmerstaaten des Einheitspatentsystems vorzunehmen.[376] Es ist aber nicht ausgeschlossen, dass sich das Einheitspatentgericht der deutschen Auffassung anschließt und in solchen Fällen zu ungeschriebenen Patentrechtsschranken gelangt.

Auch bei Vorbenutzungsrecht und Zwangslizenz muss es solche patentrechtsimmanente Schranken geben. Vorbenutzungsrecht und Zwangslizenz unterliegen auch im Einheitspatentsystem dem nationalen Recht.[377] Produkte, die aufgrund eines Vorbenutzungsrechts oder aufgrund einer Zwangslizenz rechtmäßig in Verkehr gebracht wurden, müssen im

---

371 Vgl. Erwägungsgrund Nr. 12 der EPatVO.

372 Vgl. *Beier*, GRUR Int 1989, 603, 610.

373 S. 167 ff.

374 S. 143 ff.

375 Vgl. BGH, Urt. v. 16.9.1997 – X ZB 21/94 – Handhabungsgerät, GRUR 1998, 130, 132 zur Erschöpfung bei Verfahrenspatenten, sowie BGH, Urt. v. 5.10.1951 – I ZR 74/50 – Tauchpumpe II, GRUR 1952, 141, 145 zur Erschöpfung bei Einzelteilen.

376 Vgl. *Haedicke*, GRUR Int 2013, 609, 614.

377 S. 42.

jeweiligen Staat frei zirkulieren dürfen.[378] Dies lässt sich nicht auf die Erschöpfungsvorschriften stützen. Man benötigt daher patentrechtsimmanente Schranken, um die partielle Patentfreiheit solcher Produkte zu erklären.

b) Weitergehende Erschöpfungswirkung aus Art. 34 und 36 AEUV

Eine nicht explizit geregelte Erschöpfung kann sich darüber hinaus auch unmittelbar aus Art. 34 und 36 AEUV ergeben. Die Aufnahme einer Erschöpfungsvorschrift im Einheitspatentsystem hatte zwar vor allem den Zweck, die Rechtsprechung des EuGH zur gemeinschaftsrechtlichen Erschöpfung umzusetzen.[379] Das schließt aber nicht aus, dass in Situationen, die nicht von den normierten Erschöpfungsregeln erfasst werden, Art. 34 und 36 AEUV unmittelbar anwendbar sind. Auch im Markenrecht ist anerkannt, dass die markenrechtliche Erschöpfungsregel gegenüber den Vorschriften des freien Warenverkehrs nicht abschließend ist.[380]

So wird man zum Beispiel für den freien Weitervertrieb von Einzelteilen patentgeschützter Erzeugnisse, die man nicht als „durch das Patent geschütztes Erzeugnis" bezeichnen kann, unmittelbar auf Art. 34 und 36 AEUV zurückgreifen müssen. Relevant wird dies bei der Frage, ob eine mittelbare Patentverletzung vorliegt, wenn der Patentinhaber in einem EWR-Staat Ersatzteile für patentgeschützte Erzeugnisse in Verkehr gebracht hat, die von Dritten im EWR weitervertrieben werden.[381]

c) Implizite Lizenz

Durch die Harmonisierung der Erschöpfung in Art. 6 EPatVO und Art. 29 EPGÜ wird abweichendes staatliches Recht verdrängt. Eine eingeschränkte implizite Lizenz nach englischem Vorbild, die nur zu einer teilweisen Nutzungsfreiheit führt, ist daher im Einheitspatentsystem nicht denkbar.[382] Die Erschöpfungsregeln erfassen aber nur Sachverhalte, in denen ein patentgeschütztes Erzeugnis in Verkehr gebracht wurde. Fälle, in denen nur ein Teil eines patentgeschützten Erzeugnisses in Verkehr gebracht wurde, oder in denen eine Vorrichtung in Verkehr gebracht wurde, die zur Ausübung eines patentgeschützten Verfahrens dient, werden vom Wortlaut der Erschöpfungsvorschriften nicht erfasst. Sofern man nicht eine erweiternde Auslegung vornimmt[383] oder eine Analogie in Betracht zieht,[384] könnten diese Fälle auch mit der Figur einer stillschweigenden Lizenz gelöst werden.

---

378 Siehe auch S. 130 ff.

379 Vgl. Erwägungsgrund Nr. 12 der EPatVO.

380 EuGH, Urt. v. 12.10.1999 - C-379/97 - Pharmacia/Paranova, ECLI:EU:C:1999:494, Rn. 28; anders noch EuGH, Urt. v. 11.7.1996 - C-427/93, C-429/93 und C-436/93 - Bristol-Myers Squibb/Paranova u.a., ECLI:EU:C:1996:282, Rn. 26.

381 S. 167 ff.

382 Ähnl. bereits *Schatz*, GRUR Int 1970, 207, 214; *Schatz*, IIC 1971, 1, 17.

383 S. 154 ff. und S. 166.

384 S. 82.

Das Einheitspatentsystem enthält dazu keine Vorgaben. Art. 3 II UAbs 3 EPatVO besagt nur, dass ein Einheitspatent lizenziert werden kann. Da es sich bei der Lizenzierung um einen vermögensrechtlichen Sachverhalt handelt, bestimmen sich die Voraussetzungen und Wirkungen einer Lizenz über Art. 7 EPatVO nach nationalem Recht (Schutzlandstatut).[385] Das anwendbare nationale Recht richtet sich nach Art. 7 I lit. a) EPatVO grundsätzlich nach dem Wohnsitz oder dem Sitz der Hauptniederlassung des Patentanmelders im Zeitpunkt der Patentanmeldung. Falls weder Wohnsitz noch Hauptniederlassung in einem teilnehmenden Mitgliedsstaat vorliegen, richtet sich das anwendbare Recht nach Art. 7 I lit. b) EPatVO nach dem Sitz der einfachen Niederlassung. Hilfsweise gilt über Art. 7 III EPatVO das Recht des Sitzes der Europäischen Patentorganisation, also deutsches Recht.[386]

Das Schutzlandstatut bezieht sich allerdings nur auf die Wirkungen der Lizenz.[387] Das vertragliche Verhältnis der Parteien wird von der Verweisung in Art. 5 III iVm. 7 EPatVO nicht erfasst.[388] Diesbezüglich richtet sich das anwendbare Recht nach dem Vertragsstatut, also nach Art. 3 ff. Rom I-VO.[389] Auch die Frage, ob überhaupt eine Lizenz vereinbart wurde, ist nach dem Vertragsstatut zu beurteilen,[390] vgl. Art. 10 I Rom I-VO. Es ist also zwischen den Wirkungen der Lizenz (Schutzlandstatut) und dem Recht des Lizenzvertrags (Vertragsstatut) zu differenzieren.[391]

Diese Aufspaltung ist nicht unproblematisch. So stellt sich die Frage, nach welchem Recht sich die Übertragbarkeit eines Nutzungsrechts richtet. Wenn man die Einräumung des Nutzungsrechts als kontinuierliche Gestattung in Form eines Dauerschuldverhältnisses ansieht,[392] dann spricht viel für die Anwendung des Vertragsstatuts.[393] Denn das Nutzungsrecht kann in diesem Fall nur übertragen werden, indem auch der Gestattungsvertrag übertragen wird.[394] Ohne diesen Vertrag gäbe es kein Nutzungsrecht. Wenn man dagegen das Nutzungsrecht als eigenständiges Recht begreift,[395] dann handelt es

---

385 *Jestaedt*, Mitt. 2018, 381, 382 re. Sp.; *McGuire*, Mitt. 2015, 537, 541 re. Sp.; *Müller-Stoy/Paschold*, GRUR Int. 2014, 646, 654.

386 Vgl. Benkard EPÜ/*Henke*, Neunter Teil, Vorbemerkung B, Rn. 67; Osterrieth/*Osterrieth*, Rn. 315.

387 *McGuire*, Mitt. 2015, 537, 541 re. Sp.

388 Vgl. *Müller-Stoy/Paschold*, GRUR Int. 2014, 646, 656.

389 Benkard EPÜ/*Henke*, Neunter Teil, Vorbemerkung B, Rn. 65; *McGuire*, Mitt. 2015, 537, 541 f.

390 *McGuire*, Mitt. 2015, 537, 542 li. Sp.

391 Auch bei deutschen Patenten nimmt der BGH eine derartige Differenzierung vor, vgl. BGH, Urt. v. 22.2.2022 – X ZR 103/19 – Bakterienkultivierung, GRUR 2022, 1209, Rn. 42 ff.

392 So wohl jedenfalls für die einfache Patentlizenz das deutsche und französische Recht, S. 190 f. Im Einzelnen sind die Rechtsnatur und Übertragbarkeit von Lizenzen sehr umstritten, vgl. *McGuire*, S. 451 ff.

393 Ähnl. Busse/Keukenschrijver/*McGuire*, PatG § 15, Rn. 23; *McGuire*, S. 28.

394 S. 151.

395 So anscheinend das englische Recht, S. 152.

sich bei dem Nutzungsrecht um einen Gegenstand des Vermögens, und die Übertragung des Nutzungsrechts richtet sich nach dem Schutzlandstatut.[396]

---

396 Ähnl. Busse/Keukenschrijver/*McGuire*, PatG § 15, Rn. 23; *McGuire*, S. 28.

D. Rechtsnatur

I. Rechtliche Einordnung

Die Erschöpfung führt dazu, dass der Patentinhaber keine Patentrechte mehr bezüglich solcher Erzeugnisse geltend machen kann, die von ihm oder mit seiner Zustimmung in Verkehr gebracht wurden. Fraglich ist, wie dieser Effekt rechtlich einzuordnen ist.

1. Erschöpfung als Inhalts- und Schrankenbestimmung des Eigentums

Patente werden - wie auch das übrige geistige Eigentum - nach Art. 17 II EuGRC als Eigentum geschützt.[397] Die Charta ist nach Art. 6 I UAbs 1 EUV rechtlich gleichrangig zu den Verträgen der Europäischen Union und daher nach Art. 20 EPGÜ auch im Einheitspatentsystem zu beachten. Die Erschöpfungsregel beschränkt das Ausschließlichkeitsrecht des Patentinhabers. Fraglich ist daher, ob es sich bei der Erschöpfung um einen Eingriff in das Eigentumsrecht des Patentinhabers handelt.

Dabei ist zu differenzieren zwischen neuen Patenten, die erst nach den Regeln des Einheitspatents erteilt werden, und solchen, die bereits bestehen. Für alle neu erteilten Patente - also alle Einheitspatente und alle nach Inkrafttreten des Einheitspatentsystems erteilten Bündelpatente - ist die Erschöpfungsregel lediglich eine Inhalts- und Schrankenbestimmung des Eigentums.[398] Denn mit der Erteilung entsteht das Patent gemäß den Regeln des Einheitspatentsystems. Die Reichweite des so erworbenen Patentrechts ist von Anfang an beschränkt durch den Eintritt der Erschöpfung nach dem erstmaligen Inverkehrbringen.[399] Die Regeln des Einheitspatentsystems konkretisieren lediglich das neu entstehende Patent.

Der Erfinder hat auch keinen Anspruch auf ein Patent mit einem noch weiteren Schutzbereich ohne Erschöpfungsregelung. Es ist zwar anerkannt, dass ein Erfinder als geistiger Schöpfer ein Recht auf einen irgendwie gearteten Erfindungsschutz haben muss.[400] Wie genau dieser ausgestaltet wird, ist jedoch Sache des Gesetzgebers. Diese Ausgestaltung muss zumindest die

397 Vgl. die Erläuterungen zur Charta der Grundrechte in: Amtsblatt der Europäischen Union C 303/23.

398 Vgl. Busse/Keukenschrijver/*Keukenschrijver*, PatG § 9, Rn. 117; vgl. auch Jarass/Pieroth/*Jarass*, GG Art. 14, Rn. 18, wonach bei Regelungen, die künftig entstehende Eigentumspositionen betroffen, nur eine Ausgestaltung des Eigentums, aber kein Eigentumseingriff vorliegt.

399 Vgl. auch BVerfG, Beschl. v. 10.5.2000 - 1 BvR 1864/95- Klinische Versuche, GRUR 2001, 43, 44, zum Versuchsprivileg als anfängliche Schranke des Patentrechts.

400 Vgl. BVerfG, Beschl. v. 15. 1.1974 – 1 BvL 5/70 – BVerfGE 36, 281, Rn. 28.

grundsätzliche Zuordnung der schöpferischen Leistung an den Patentinhaber wahren.[401] Indem die Erschöpfung erst ab dem Zeitpunkt eingreift, in dem ein patentgeschütztes Produkt mit Willen des Patentinhabers in Verkehr gelangt, bleibt diese Mindestanforderung gewahrt. Denn das Patent ist auch unter Geltung der Erschöpfungsregel dem Patentinhaber zugeordnet und er kann frei entscheiden, ob er patentgeschützte Produkte in Verkehr bringt und damit die Wirkung der Erschöpfung auslöst.

Überdies ist zu berücksichtigen, dass es sich beim europäischen Patent um eine zusätzliche Möglichkeit handelt, einen Patentschutz zu erreichen. Jede Ausgestaltung des europäischen Patents verbessert die Rechtsposition eines Erfinders, da sie ihm - neben dem nationalen Patent - nur eine weitere Möglichkeit gewährt, patentrechtlichen Schutz zu erlangen. Die Schaffung einheitlicher europäischer Rechtstitel ist in Art. 118 AEUV vorgesehen. Hintergrund diese Vorschrift ist die Überwindung der marktbehindernden Territorialität nationaler Immaterialgüterrechte.[402] Es ist daher davon auszugehen, dass es sich beim europäischen Patent nicht um eine grundrechtlich gebotene Ausgestaltung des patentrechtlichen Eigentums handelt. Vielmehr hatte die Schaffung des europäischen Patents den Zweck, den freien Warenverkehr zu fördern.[403] Überdies kann der Erfinder weiterhin zwischen nationalem Patent und europäischem Patent wählen.[404] All dies spricht dafür, dass aus grundrechtlicher Sicht keine Mindestanforderungen an die Reichweite des Schutzbereichs europäischer Patente gestellt werden können.[405] Hinsichtlich solcher Patente, die erst nach den neuen Regeln des Einheitspatents erteilt werden, ist die Erschöpfungsregel daher kein Eingriff in eine Rechtsposition des Erfinders.

Einen Eingriff in eine bestehende Rechtsposition könnte man indes darin sehen, dass mit Inkrafttreten des Einheitspatentsystems bestehende Bündelpatente der Erschöpfungsregel des Einheitspatentsystems unterworfen werden. Dies wäre aber nur ein Eingriff in das Eigentum, wenn nach bisheriger Rechtslage ein Erschöpfungseffekt noch nicht vorgesehen wäre. Es läge dann ein Eingriff vor, der vergleichbar wäre einem Fall der unechten

401 Vgl. BVerfG, Beschl. v. 10.5.2000 - 1 BvR 1864/95- Klinische Versuche, GRUR 2001, 43, 44.

402 Vgl. Calliess/Ruffert/*Wichard*, EUV/AEUV, AEUV Art. 118, Rn. 7.

403 In diese Richtung auch *Ann*, PatR, § 7, Rn. 58.

404 Vgl. Erwägungsgrund Nr. 26 der EPatVO.

405 Ein europäisches Patent mit geringerem Schutzbereich als ein nationales Patent wäre freilich weniger attraktiv. Der erhoffte Effekt der Förderung des freien Warenverkehrs wäre dann gefährdet.

Rückwirkung.[406] Eine solche Beschränkung des Eigentums müsste sich auf Zwecke des Gemeinwohls stützen und dürfte nicht unverhältnismäßig sein.[407]

Da der Erschöpfungseffekt den bisherigen nationalen Rechtsordnungen bereits bekannt war, stellt die Neuregelung des Einheitspatentsystems aber keinen Eingriff dar, sondern lediglich eine Kodifizierung des bereits bestehenden Rechts. Selbst wenn das Einheitliche Patentgericht die Regeln der Erschöpfung neu interpretieren sollte, wäre dies lediglich als Konkretisierung der Rechtslage und nicht als Eingriff anzusehen.

Im Übrigen dient die Erschöpfungsregel auch dem Schutz des freien Warenverkehrs und damit einem Zweck des Gemeinwohls. Für einen Verstoß gegen den Verhältnismäßigkeitsgrundsatz gibt es keine Anhaltspunkte. Insbesondere dürften die Eigentumsrechte des Patentinhabers nicht höher zu gewichten sein als der freie Warenverkehr. Selbst wenn man im Erschöpfungsprinzip eine Verkürzung des Patentrechts sähe, handelte es sich nur um eine Verkürzung im Randbereich. Denn der Patentinhaber hat zunächst die alleinige Möglichkeit, das Monopolrecht zu nutzen. Erschöpfung tritt erst dann ein, wenn sich der Patentinhaber entschließt, die patentgeschützte Ware in Verkehr zu bringen.

Im Ergebnis handelt es sich bei der Erschöpfung nicht um einen Eingriff in das Eigentumsrecht des Patentinhabers, sondern um eine Inhalts- und Schrankenbestimmung. Mit der Erschöpfungsregel wird lediglich die Reichweite der Befugnisse des Patentinhabers konkretisiert.

2. Positives Nutzungsrecht oder negative Schranke?

Zunächst könnte man die Erschöpfung als positives Nutzungsrecht ansehen. Die Wirkung der Erschöpfung, dass der rechtmäßige Erwerber eines patentgeschützten Gegenstands diesen patentrechtlich frei benutzen darf, ohne dass der Patentinhaber dies verbieten kann,[408] entspricht auf den ersten Blick der Wirkung einer Lizenz. Daraus könnte man schließen, dass die Erschöpfung – wie eine Lizenz – zu einem positiven Nutzungsrecht des Erwerbers patentgeschützter Gegenstände führt.[409]

Gegen ein positives Nutzungsrecht spricht aber bereits der Begriff der *Erschöpfung*. Dieser Begriff impliziert, dass mit dem Inverkehrbringen das Verbietungsrecht des Patentinhabers erschöpft, also verbraucht ist. Auch der

---

406 Vgl. BVerfG, Beschl. v. 11.10.1988 – 1 BvR 743/86, BVerfGE 79, 29, Rn. 53 ff. zu bestimmten Fällen der Vergütungsfreiheit der öffentlichen Wiedergabe urheberrechtlich geschützter Werke; vgl. auch *Söllner*, FS Traub, 367, 373.

407 Vgl. EuGH, Urt. v. 10.12.2002, C-491/01 – British American Tobacco (Investments) and Imperial Tobacco, ECLI:EU:C:2002:741, Rn. 149.

408 *Lindenmaier*, GRUR 1939, 505, 505 li. Sp.

409 Vgl. *Osterloh*, GRUR 1985, 707, 708 zur Lizenz als positivem Benutzungsrecht.

BGH spricht davon, dass die Ware *patentfrei* werde.[410] Wenn nach dem ersten Inverkehrbringen kein Patentrecht mehr besteht, wird auch kein positives Nutzungsrecht benötigt.

Auch der Wortlaut der Erschöpfungsregeln spricht gegen ein positives Nutzungsrecht. Denn nach Art. 6 EPatVO bzw. Art. 29 EPGÜ erstrecken sich die durch das Patent verliehenen Rechte nicht auf Handlungen nach dem ersten Inverkehrbringen. Aus dieser Formulierung ergibt sich, dass es sich bei der Erschöpfung um eine (negative) Schranke der Reichweite des Patentrechts handelt.[411] Wenn sich das Patentrecht nicht auf Handlungen nach dem ersten rechtmäßigen Inverkehrbringen erstreckt, dann ist das Patentrecht insoweit sachlich beschränkt. Dann ist aber auch kein positives Nutzungsrecht mehr erforderlich, um diese Handlungen vornehmen zu dürfen.

Rechtstechnisch unterscheidet sich die Erschöpfung im Einheitspatentsystem dabei von der richterrechtlichen Erschöpfung des deutschen Rechts. Wenn sich die Patentrechte von vornherein nicht auf Handlungen nach dem ersten Inverkehrbringen erstrecken, dann findet kein Rechts*verbrauch* statt. Es gibt keine Rechte, die Erlöschen. Das Patentrecht ist von vornherein bis zum ersten Inverkehrbringen begrenzt.[412]

3. Nur temporäre Verdrängung des Patentrechts?

Man könnte allerdings vertreten, dass die Erschöpfung die Geltendmachung der Patentrechte nur vorübergehend hindert.[413] Eine solche Auslegung könnte daran anknüpfen, dass sich der Patentinhaber nach Art. 6 EPatVO und Art. 29 EPGÜ aus berechtigten Gründen dem weiteren Vertrieb der Erzeugnisse widersetzen kann, selbst wenn die Voraussetzungen der Erschöpfung vorliegen.[414] Dann würde die Erschöpfung lediglich die Geltendmachung des Patentrechts verhindern, solange keine Gründe seitens des Patentinhabers entgegenstehen. Würden solche Gründe erst nach dem Inverkehrbringen auftreten, lebten die Patentrechte wieder auf.

Zwar gibt es in der bisherigen EuGH-Rechtsprechung zur markenrechtlichen Erschöpfung auch Fälle, in denen berechtigte Gründe erst nach Erschöpfungseintritt eintreten. Dabei handelt es sich vor allem um lauterkeitsrechtliche Gründe, wie z.B. um das Entfernen von Identifikationsnummern.[415]

Ein Aufleben der Patentrechte ergibt sich aber nicht aus dem Wortlaut von Art. 6 EPatVO und Art. 29 EPGÜ. Der Wortlaut spricht von einer Erstreckung der Rechte, nicht von einem Erlöschen und Wiederaufleben. Mit dem

---

410 BGH, Urt. v. 12.6.1951 – I ZR 75/50 – Tauchpumpensatz, GRUR 1951, 449, 452.

411 Vgl. auch zur entsprechenden Regelung im GPÜ: *Schatz*, IIC 1971, 1, 17.

412 Streng genommen ist der Begriff „*Erschöpfung*" daher nicht mehr zutreffend.

413 In diese Richtung *Reisner*, S. 100 f.

414 Vgl. *Reisner*, S. 102 ff.

415 S. 108.

Wortlaut ist daher davon auszugehen, dass die Reichweite der Erschöpfung durch berechtigte Gründe begrenzt ist und bestimmte Handlungen nicht von der Erschöpfungswirkung erfasst werden.

Dies führt bei lauterkeitsrechtlichen Gründen dazu, dass unlautere Handlungen (auch) patentrechtlich verboten werden können.[416] Es handelt sich dabei aber nicht um ein Wiederaufleben der Patentrechte, sondern nur um eine lauterkeitsrechtliche Sanktion. An der eigentlichen Tatsache der Erschöpfung ändert dies nichts. Vielmehr erstreckt sich die Erschöpfungswirkung von vornherein nicht auf unlautere Handlungen.[417]

Ein Wiederaufleben der Patentrechte findet auch dann nicht statt, wenn ein patentgeschütztes Erzeugnis so stark verändert wird, dass dies einer Neuherstellung gleichkommt.[418] Denn durch eine solche Neuherstellung ändert sich die (patentrechtliche) Identität des Erzeugnisses. Dann gibt es aber diesbezüglich auch keine Patentrechte, die wiederaufleben könnten. Der Patentinhaber kann seine Rechte bereits deshalb geltend machen, weil dieses neue Erzeugnis nicht von ihm oder mit seiner Zustimmung in Verkehr gebracht wurde.[419]

II. Verhältnis der Erschöpfung zu gesetzlichen Nutzungsrechten und Fällen freier Nutzung

Im Folgenden soll untersucht werden, wie sich die Erschöpfungswirkung von gesetzlichen Nutzungsrechten und Fällen freier Nutzung unterscheidet.

1. Nutzung außerhalb des Schutzbereichs und nicht erfasste Handlungen

Wenn der *Schutzbereich* des Patents nicht berührt ist, dann ist die Nutzung frei.[420] Man benötigt kein Nutzungsrecht. Wenn man also das technische Problem auf eine andere Weise löst, dann ist dies grundsätzlich keine Patentverletzung. Das Patentrecht soll ja unter anderem auch dazu einen Anreiz bieten, Patente zu umgehen und technische Probleme auf neue Weise zu lösen.[421] Nur wenn das technische Problem auf sehr ähnliche Weise gelöst

416 S. 111.
417 S. 111.
418 So aber *Reisner*, S. 406, wonach in einem solchen Fall die erschöpften Rechte wieder in Kraft gesetzt würden.
419 S. 106.
420 Vgl. Terrell, Rn. 14-09.
421 Osterrieth/*Osterrieth*, Rn. 37 u. 41.

wird, kann dies – mit unterschiedlichen Ansätzen – eine äquivalente Patentverletzung darstellen.[422]

Vom Schutzbereich zu unterscheiden sind die *Handlungsmodalitäten*.[423] Nicht alle Handlungen, die ein patentgeschütztes Produkt betreffen, werden von den Verbotsvorschriften erfasst. Die Benutzungshandlungen sollen zwar ein umfassendes Verwertungsrecht beinhalten.[424] Die Handlung muss sich aber einer der patentrechtlich geschützten Nutzungsarten zuordnen lassen, also Herstellen, Anbieten, Inverkehrbringen oder Gebrauchen.[425] Die Aufzählung der verbotenen Handlungen ist abschließend.[426] Nicht erfasst wird z.B. das bloße Präsentieren eines patentverletzenden Produktes in einem Meeting[427] oder auf einer „Leistungsschau"[428]. Auch der bloße Transit eines patentgeschützten Produktes ist keine verbotene Handlung.[429]

Insbesondere bei der Modalität des Gebrauchens muss geprüft werden, ob die Handlung in irgendeiner Weise vom Erfindungsgedanken Gebrauch macht.[430] Zum Gebrauchen werden nur bestimmungsgemäße Verwendungen gezählt.[431] Überdies muss das Gebrauchen von einer gewissen Erheblichkeit sein. So soll z.B. das Gebrauchen eines Schrankes, bei dessen Herstellung patentierte Nägel verwendet wurden, kein Gebrauchen der Nägel sein.[432] Nicht jede Handlung, die einen patentgeschützten Gegenstand betrifft, ist also bereits ein Gebrauchen dieses Gegenstands.

Der BGH zählt zwar Maßnahmen der Erhaltung und Wiederherstellung der Gebrauchstauglichkeit ebenfalls zum bestimmungsgemäßen Gebrauch.[433] Gegen ein patentrechtlich relevantes Gebrauchen spricht aber, dass einfache Instandhaltungsmaßnahmen keine Verwendung vom geschützten Erfindungsgedanken machen.[434] Daher können Tätigkeiten wie z.B. das Schmieren, das Reinigen, das Neu-Lackieren oder das Auffüllen von Betriebsstoff das Patent einer geschützten Vorrichtung von vornherein nicht verletzen.[435] Zwar handelt es sich bei solchen Maßnahmen nicht um eine

---

422 Vgl. zur äquivalenten Patentverletzung im deutschen Recht: BGH, Urt. v. 12.7.1990 – X ZR 121/88 – Befestigungsvorrichtung II, NJW 1991, 178; zum englischen Recht: Kirin-Amgen v. Hoechst Marion Roussel [2004] UKHL 46; zum französischen Recht: CA Paris, 11.9.1996, PIBD 1996, III-577, III-581 li. Sp.

423 Vgl. *Schricker*, GRUR Int 2004, 786, 786.

424 Benkard/*Scharen*, PatG § 9, Rn. 27.

425 Vgl. Art. 25 lit. a) EPGÜ.

426 Benkard/*Scharen*, PatG § 9, Rn. 27; *Bruguière*, S. 547.

427 TGI Paris, 8.3.1990, PIBD 1990, III-416, III-419.

428 BGH, Urt. v. 18.12.1969 – X ZR 52/67 – Heißläuferdetektor, GRUR 1970, 358, 360.

429 BGH, Beschl. v. 25.6.2014 – X ZR 72/13, GRUR 2014, 1189.

430 Ähnl. *Passa*, Rn. 484 (*"retirer les utilités techniques ou économiques"*).

431 Benkard/*Scharen*, PatG § 9, Rn. 46.

432 RG, Urt. v. 31.3.1897 – I 366/96, RGZ 39, 32, 35.

433 BGH, Urt. v. 4.5.2004 – X ZR 48/03 – Flügelradzähler, GRUR 2004, 758, 762.

434 Ähnl. *Ann*, FS König, 17, 23 f.; *Ann*, VPP-Rundbrief 2004, 117, 121 li. Sp.; *Benyamini*, S. 194.

435 Ähnl. *Ann*, FS König, 17, 23 f.; *Ann*, VPP-Rundbrief 2004, 117, 121 li. Sp.

Neuherstellung.[436] Daraus darf man aber nicht den Umkehrschluss ziehen, dass es sich allein deshalb um ein patentrechtlich relevantes Gebrauchen handeln muss.

Von all diesen Maßnahmen ließe sich zwar sagen, dass sie einen Gebrauch vorbereiten. Als bloße Vorbereitungshandlungen werden diese aber vom Patentschutz nicht erfasst.[437] Ganz unwesentliche Erhaltungsmaßnahmen können daher nicht zu den verbotenen Nutzungshandlungen gezählt werden.[438] In der Konsequenz sind solche Handlungen auch dann zulässig, wenn sie an patentverletzenden Gegenständen durchgeführt werden.[439] Dies bedeutet für den Patentinhaber auch keine große Schutzlücke. Denn der spätere Gebrauch ist als selbständige Handlung wieder eine eigenständige Patentverletzung.[440] Nur wenn eine dritte Person eine Vorbereitungshandlung vornimmt, kann der Patentinhaber nicht isoliert dagegen vorgehen.[441]

Zeitlich sind nur solche Handlungen erfasst, die während der Patentdauer durchgeführt werden, also ab dem Zeitpunkt der Veröffentlichung der Patenterteilung bis zum Ende des Patentschutzes.[442] Handlungen, die vorher oder nachher stattfinden, sind vom Patentschutz nicht erfasst. Handlungen zwischen Patentanmeldung und Patenterteilung sind nicht patentverletzend, nach der Offenlegung der Anmeldung können sie aber zu einem Entschädigungsanspruch führen.[443]

Problematisch sind Handlungen, die zeitlich nur teilweise mit dem Schutz zusammenfallen. Das kann der Fall sein, wenn vor Schutzende begonnen wird, einen patentgeschützten Gegenstand herzustellen, die Fertigstellung aber erst nach dem Ende der Patentlaufzeit erfolgt. Die deutsche Rechtsprechung erfasst bereits den Beginn der Herstellung als patentverletzend. Dies soll bereits mit der Herstellung der wesentlichen Einzelteile beginnen.[444] Im englischen Recht wird als Herstellung dagegen nur der letzte Schritt aufgefasst.[445]

Handlungen, die nicht in den Schutzbereich eines Patents fallen oder keiner geschützten Handlungsmodalität zugeordnet werden können, sind per se nicht patentverletzend. Man benötigt dafür kein Nutzungsrecht. Solche Handlungen sind vom Schutzbereich des Patents nicht umfasst.

---

436 BGH, Urt. v. 4.5.2004 - X ZR 48/03 - Flügelradzähler, GRUR 2004, 758, 762.

437 Benkard/*Scharen*, PatG § 9, Rn. 29; Schulte/*Rinken*, § 9 PatG, Rn. 48.

438 So auch *Ann*, FS König, 17, 23 f.; wohl auch *Le Stanc*, Propr.Ind. Mai 2004, 3; ähnl. *Benyamini*, S. 105.

439 So auch *Le Stanc*, Propr.Ind. Mai 2004, 3.

440 Vgl. Benkard/*Scharen*, PatG § 9, Rn. 28.

441 Die Vorbereitungshandlung könnte aber ggf. eine mittelbare Patentverletzung sein.

442 Benkard/*Scharen*, PatG § 9, Rn. 58 f.

443 Benkard/*Scharen*, PatG § 9, Rn. 58.

444 BGH, Urt. v. 20.12.1994 - X ZR 56/93 - Kleiderbügel, GRUR 1995, 338, 341.

445 *Benyamini*, S. 102.

Auch bei der Erschöpfung wird kein Nutzungsrecht benötigt. Das Patent wird nach eingetretener Erschöpfung durch spätere Benutzungshandlungen nicht mehr berührt. Zwar besteht das Patent weiterhin, aber es verhält sich so, als ob in Bezug auf den erschöpften Gegenstand alle Benutzungshandlungen aus dem Schutzbereich des Patents ausgeklammert wären.[446] Der Erschöpfungseffekt führt also dazu, dass künftige Nutzungen außerhalb des Schutzbereichs des Patents ablaufen. Dieser Effekt ist jedoch streng objektbezogen und tritt erst ein, nachdem der konkrete Gegenstand in Verkehr gebracht wurde.

2. Vorbenutzung

Ein Vorbenutzungsrecht kann entstehen, wenn eine patentgemäße Lehre vor Patentanmeldung bereits von einer dritten Person genutzt wurde. Dadurch wird der Besitzstand des Dritten geschützt, der die patentgemäße Lehre weiterhin nutzen darf.[447] Der erste Erfinder erhält zwar möglicherweise aufgrund einer schnelleren Patentanmeldung einer anderen Person nicht selbst das Patent,[448] er darf die Erfindung aber ohne Zustimmung des späteren Patentinhabers weiterverwenden, wenn er sie bereits genutzt hatte.[449] Im *EPGÜ* gibt es keine einheitliche Regelung über ein Vorbenutzungsrecht. Art. 28 EPGÜ verweist hinsichtlich der Voraussetzungen und Wirkungen auf nationales Recht.[450]

Im *deutschen Recht* findet sich das Vorbenutzungsrecht in § 12 PatG. Nach § 12 I PatG tritt die Wirkung des Patents gegen denjenigen nicht ein, der zur Zeit der Anmeldung bereits im Inland die Erfindung in Benutzung genommen oder die dazu erforderlichen Veranstaltungen getroffen hatte. Wie bei der Erschöpfung kann der Patentinhaber seine Rechte gegen den Inhaber eines Vorbenutzungsrechts nicht geltend machen, selbst wenn dieser Handlungen im Sinne von § 9 PatG vornimmt. Es handelt sich beim Vorbenutzungsrecht um ein betriebsbezogenes Recht, welches nicht frei, sondern nur zusammen mit dem Betrieb übertragen werden kann.[451] Dieser persönliche Charakter ähnelt dem einer Lizenz. Es handelt sich aber nicht um ein vom Patent abgeleitetes Nutzungsrecht.[452] Vielmehr entsteht der Patentschutz nur gekürzt um das Vorbenutzungsrecht.[453]

---

446 Nicht erfasst ist die Neuherstellung des Gegenstands, wobei man dies aber nicht wirklich als eine Nutzung ansehen kann. Denn nach einer Neuherstellung existiert der bisherige Gegenstand patentrechtlich nicht mehr.

447 Benkard/*Scharen*, PatG § 12, Rn. 2 ff.; *Busche*, GRUR 2021, 157, 158.

448 Vgl. Benkard/*Scharen*, PatG § 6, Rn. 40.

449 Benkard/*Scharen*, PatG § 12, Rn. 4 f.

450 Vgl. Osterrieth/*Osterrieth*, Rn. 229.

451 § 12 I 3 PatG.

452 Busse/Keukenschrijver/*Keukenschrijver*, PatG § 12, Rn. 2.

453 Benkard/*Scharen*, PatG § 12 Rn. 4; Busse/Keukenschrijver/*Keukenschrijver*, PatG § 12, Rn. 2.

Nicht gesetzlich geregelt ist, wie Erzeugnisse zu behandeln sind, die aufgrund eines Vorbenutzungsrechts rechtmäßig hergestellt wurden. Der Wortlaut des § 12 PatG nimmt nur den Inhaber des Vorbenutzungsrechts von den Wirkungen des Patents aus. Nach der Rechtsprechung kommt das Vorbenutzungsrecht aber auch den nachfolgenden Handelsstufen zugute, so dass aufgrund des Vorbenutzungsrechts hergestellte Erzeugnisse von jedermann ohne Lizenz genutzt und weitervertrieben werden dürfen.[454]

Für diese Sichtweise spricht, dass anderenfalls das Vorbenutzungsrecht faktisch auf die Nutzung im eigenen Betrieb beschränkt wäre. Denn der Vorbenutzungsrechtinhaber dürfte die Produkte zwar vertreiben, aber niemand dürfte sie verwenden.[455] Die Erzeugnisse wären mit dem Rechtsmangel eines fremden Patents behaftet.[456] Um sich nicht schadensersatzpflichtig zu machen, dürfte der Vorbenutzungsrechtsinhaber diese Produkte nicht vertreiben.

Das Vorbenutzungsrecht führt also bezüglich solcher Waren zur gleichen Wirkung wie die Erschöpfung.[457] Die Waren sind gemeinfrei. Da die Wirkung jedoch ohne Zutun des Patentinhabers eintritt und der Patentinhaber von Anfang an keine Rechte bezüglich solcher Produkte geltend machen konnte, gibt es auch keine Rechte, die verbraucht sind. Daher kann man nicht wirklich von Erschöpfung sprechen.

Ein weiterer Unterschied zur Erschöpfung besteht darin, dass für das Eintreten der erschöpfungsähnlichen Wirkung allein auf die Herstellung abzustellen sein dürfte und nicht auf das Inverkehrbringen. Zwar begründet sich die Erstreckung des Vorbenutzungsrechts auf die Erzeugnisse damit, dass dem Vorbenutzungsberechtigten der Vertrieb möglich sein müsse. Der Bezugspunkt des Inverkehrbringens bei der Erschöpfung wird aber darauf gestützt, dass der Patentinhaber sein Exklusivitätsrecht freiwillig aufgibt, nachdem er die Chance gehabt hat, die patentgemäßen Vorteile zu realisieren. Diese Begründung passt beim Vorbenutzungsrecht nicht. Der Vorbenutzungsberechtigte selbst hat keine Ausschlussrechte.[458] Auch der Patentinhaber gibt keine Rechte auf. Wenn schon die Herstellung durch den Vorbenutzungsberechtigten rechtmäßig ist, dann ist es unerheblich, ob die Erzeugnisse freiwillig oder unfreiwillig in Verkehr gelangen. Das Patentrecht kann sich daher von Anfang an nicht auf unter Vorbenutzungsrecht hergestellte Produkte beziehen.

---

454 RG, Urt. v. 4.2.1882 - 3354/81, RGSt 6, 10, 14; BGH, Urt. v. 17.11.1970 - X ZR 13/69, BeckRS 1970, 220.

455 RG, Urt. v. 4.2.1882 - 3354/81, RGSt 6, 10, 13.

456 Vgl. BGH, Urt. v. 24.10.2000 - X ZR 15/98, GRUR 2001, 407, 408 zum Rechtsmangel durch fremdes Patentrecht.

457 Busse/Keukenschrijver/*Keukenschrijver*, PatG § 12, Rn. 45; *Windisch*, S. 201.

458 *Windisch*, S. 201.

Im *englischen Recht* ist die Vorbenutzung in Sec. 64 Patents Act 1977 geregelt. Das Recht zur Nutzung der aufgrund eines Vorbenutzungsrechts in Verkehr gebrachten Erzeugnisse durch Dritte ergibt sich explizit aus Sec. 64(4) Patents Act 1977. Es bedarf also nicht der Figur einer impliziten Lizenz. Anknüpfungspunkt ist das Inverkehrbringen durch den Berechtigten (*disposed of*), nicht bereits die Herstellung. Das Vorbenutzungsrecht ist auch im Rahmen der mittelbaren Patentverletzung eine Berechtigung (*person entitled to use the invention*),[459] und die Belieferung eines Vorbenutzungsberechtigten ist daher zulässig.

Im *französischen Recht* ist die Vorbenutzung in Art. L613-7 CPI geregelt. Sie bezieht sich nur auf die Berechtigung desjenigen, der die Erfindung vor dem Prioritätszeitpunkt in Besitz hatte. Nicht ausdrücklich geregelt ist die Nutzung von Erzeugnissen, die aufgrund des Vorbenutzungsrechts in Verkehr gebracht wurden. Nach französischer Rechtsprechung erstreckt sich ein Vorbenutzungsrecht auch auf die Wiederverkäufer.[460] Das französische Vorbenutzungsrecht scheint daher – wie im deutschen Recht – eine ungeschriebene erschöpfungsähnliche Wirkung bezüglich der aufgrund des Vorbenutzungsrechts hergestellten Gegenstände zu haben.

Zusammenfassend führt das Vorbenutzungsrecht hinsichtlich der aufgrund dieses Rechts hergestellten Erzeugnisse zu den gleichen Wirkungen wie die Erschöpfung. Das EPGÜ führt aber nicht zu einer Harmonisierung, so dass nationale Unterschiede bestehen bleiben. Ein Unterschied zur Erschöpfung besteht darin, dass der Patentinhaber in die Nutzung durch den Vorbenutzungsrechtsinhaber nicht eingewilligt hat, also kein Inverkehrbringen mit Zustimmung vorliegt. In Bezug auf den freien Warenverkehr im EWR muss es einem Patentinhaber im Nicht-Vorbenutzungsstaat daher erlaubt sein, sich gegen den Import solcher Produkte zu wehren.[461] Die erschöpfungsähnliche Wirkung bleibt daher national begrenzt.[462]

3. Zwangslizenz

Eine Zwangslizenz kann dem Zwangslizenzinhaber ein Benutzungsrecht ohne die Zustimmung des Patentinhabers gewähren. Es ist zu unterscheiden zwischen einer staatlich verliehenen Zwangslizenz und einem erzwungenen Lizenzvertragsschluss. Weiterhin ist zu unterscheiden zwischen der eigentlichen Zwangslizenz und einem Zwangslizenzeinwand im Verletzungsprozess.

---

459 Terrell, Rn. 14-171.

460 Cour de Lyon, 25.5.1960, Ann. propr. ind. 1961, 11, 14.

461 *Demaret*, IIC 1987, 161, 173; *Osterborg*, GRUR Int 1983, 97, 107 f., *Ullrich*, GRUR 1991, 1, 12 Fn. 145.

462 So wohl auch Busse/Keukenschrijver/*Keukenschrijver*, PatG § 9, Rn. 137.

a) Staatliche Zwangslizenz

Mit einer staatlichen Zwangslizenz wird dem Lizenzsucher vom Staat unmittelbar ein Nutzungsrecht am Patent verliehen.[463] Der Zwangslizenznehmer wird dadurch berechtigt, Handlungen durchzuführen, die anderenfalls vom Patentinhaber verboten werden könnten.[464] Damit die Zwangslizenz effektiv ist, muss sie auch beinhalten, dass Produkte, die aufgrund einer Zwangslizenz hergestellt wurden, in einer Vertriebskette weitervertrieben und genutzt werden dürfen, ohne dass der Patentinhaber dies verbieten kann.[465] Wie bei einem Vorbenutzungsrecht tritt daher eine erschöpfungsähnliche Wirkung bei rechtmäßig hergestellten Produkten ein.[466]

Der Anknüpfungspunkt dieser erschöpfungsähnlichen Wirkung ist - wie beim Vorbenutzungsrecht - bereits in der Herstellung und nicht erst im Inverkehrbringen durch den Zwangslizenznehmer zu sehen.[467] Denn das Inverkehrbringen ist bei einer Zwangslizenz nicht dem Patentinhaber vorbehalten. Sobald ein Erzeugnis unter Zwangslizenz hergestellt wurde, ist es daher patentfrei. Die erschöpfungsähnliche Wirkung einer staatlichen Zwangslizenz ist aber allein auf den jeweiligen Staat begrenzt.[468] Eine gemeinschaftsrechtliche Erschöpfung findet nicht statt, da die maßgebliche Voraussetzung der gemeinschaftsrechtlichen Erschöpfung, nämlich die Zustimmung des Patentinhabers, fehlt.[469]

b) Gerichtlich erzwungene Lizenz: Kartellrechtliche Zwangslizenz

Von der staatlichen Zwangslizenz zu unterscheiden ist die Lizenz, die zwangsweise zustande kommt. Nicht zu einer solchen zwangsweisen Lizenz zählt eine Lizenz aufgrund einer Lizenzbereitschaftserklärung. Eine solche Lizenz ergibt sich zwar ohne weiteres Zutun des Patentinhabers, sie beruht aber auf einer freiwilligen Lizenzbereitschaft, die wie ein Lizenzangebot an die Allgemeinheit zu verstehen ist.[470] Ebenfalls nicht als erzwungene Lizenz sollen hier solche Fälle aufgefasst werden, in denen der Patentinhaber einer Zwangslizenz zuvorkommt und nur wegen einer drohenden Zwangslizenz einen Lizenzvertrag abschließt. Auch wenn bei Vertragsabschluss eine innere

---

463 BGH, Urt. v. 5.12.1995 - X ZR 26/92 - Polyferon, GRUR Int 1996, 948, 954.

464 Vgl. Benkard/*Kober-Dehm*, PatG § 24, Rn. 39.

465 Vgl. *Bodewig*, GRUR Int. 2015, 626, 631.

466 Ähnl. *Ann*, PatR, § 33, Rn. 290, wonach die Erschöpfung ohne Zustimmung des Patentinhabers eintrete; so auch *Bodewig*, GRUR Int. 2015, 626, 631.

467 A.A. *Bodewig*, GRUR Int. 2015, 626, 631; *Ann*, PatR, § 33, Rn. 290.

468 *Bodewig*, GRUR Int. 2015, 626, 631.

469 EuGH, Urt. v. 9.7.1985 - C-19/84 - Pharmon/Höchst, ECLI:EU:C:1985:304, Rn. 25 ff.

470 Vgl. Benkard/*Kober-Dehm*, PatG § 23, Rn. 8.

Zwangslage des Lizenzgebers bestand, ist ein solcher Fall doch wie eine normale Lizenz zu behandeln.[471]

Hier soll als Zwangslizenz nur der Fall einer gerichtlich erzwungenen Lizenz betrachtet werden, die dem Lizenznehmer aufgrund kartellrechtlicher Wertungen erteilt wird, die sogenannte *kartellrechtliche Zwangslizenz*. Sie knüpft daran an, dass der Patentinhaber eine marktbeherrschende Stellung missbrauchen würde, wenn er dem Lizenzsuchenden keine Lizenz erteilen würde.[472] In einem solchen Fall kann der Lizenzsuchende den Patentinhaber gerichtlich zur Annahme eines an den Lizenzgeber gerichteten Lizenzangebots zwingen.[473] Ein Urteil würde im deutschen Recht nach § 894 ZPO die Zustimmung des Patentinhabers zum Vertragsschluss ersetzen.

Eine auf diese Weise erzwungene Lizenz ist wie eine normale Lizenz zu behandeln, so dass auch das Inverkehrbringen dieser Erzeugnisse zur Erschöpfung führt.[474] Zwar hat der Patentinhaber nicht zugestimmt. Anders als bei einer staatlichen Zwangslizenz im öffentlichen Interesse wird aber bei der kartellrechtlichen Zwangslizenz die Zustimmung des Patentinhabers gerichtlich ersetzt. Diese ersetzte Zustimmung muss als gleichwertig zu einer freiwillig erteilten Zustimmung angesehen werden.[475] Überdies beruht die zwangsweise Ersetzung der Zustimmung nicht auf nationalen Interessen, sondern auf Regeln des Kartellrechts. Gerichtlich wird nur die Rechtsfolge herbeigeführt, die der Patentinhaber aufgrund des Kartellrechts selbst hätte herbeiführen müssen, nämlich der Abschluss eines Lizenzvertrags.[476]

c) Zwangslizenzeinwand (FRAND-Einwand)

Ein Zwangslizenzeinwand ist ein Einwand, der in einem Verletzungsprozess geltend gemacht werden kann und der dazu führt, dass der Patentinhaber die gerügte Handlung nicht per Unterlassungsverfügung untersagen kann.[477] Ein solcher Einwand knüpft daran an, dass der Patentinhaber mit dem Unterlassungsbegehren seine marktbeherrschende Stellung missbraucht.[478]

Der Zwangslizenzeinwand beruht häufig darauf, dass das Patent Bestandteil einer technischen Norm geworden ist und der Patentinhaber im

---

471 Vgl. EuGH, Urt. v. 5.12.1996 – C-267/95 und C-268/95 – Merck und Beecham, ECLI:EU:C:1996:468, Rn. 49 f., wonach nur ein rechtlicher Zwang zum Inverkehrbringen die gemeinschaftsweite Erschöpfung verhindern kann.

472 BeckOK Patentrecht/*Wilhelmi*, PatG, § 24, Rn. 111.

473 *Eckel*, NZKart 2017, 408, 414.

474 A.A. wohl *Heinemann*, S. 253 in Bezug auf kartellrechtliche Vermarktungspflichten.

475 Noch weitgehender *Schramm*, S. 371, der davon ausgeht, dass der Wille auch durch eine gesetzliche Lizenz ersetzt werden kann.

476 Vgl. *Schikorra*, S. 95 ff. mwN.

477 BeckOK Patentrecht/*Wilhelmi*, PatG, § 24, Rn. 113.

478 EuGH, Urt. v. 16.7.2015 – C-170/13 – Huawei/ZTE, GRUR 2015, 764, Rn. 53; BeckOK Patentrecht/*Wilhelmi*, PatG § 24, Rn. 113.

Normierungsprozess eine FRAND-Erklärung abgegeben hat.[479] Nach der EuGH-Entscheidung *Huawei/ZTE* kann in einem solchen Fall der Verletzer dem Patentinhaber im Verletzungsprozess den Einwand der missbräuchlichen Lizenzverweigerung entgegenhalten, und der Patentinhaber muss nachweisen, dass kein Missbrauch vorliegt.[480]

Ein solcher Einwand kann aber - anders als die eigentliche Zwangslizenz - eine Handlung nicht rechtmäßig machen, sondern nur die Rechtsdurchsetzung hindern. Der Zwangslizenzeinwand hat nur Auswirkungen auf den konkreten Verletzungsprozess, nicht aber auf spätere Vorgänge in der Vertriebskette. Er führt daher nicht zur Erschöpfung.[481] Allerdings können auch die nachfolgenden Erwerber den Zwangslizenzeinwand erheben.

4. Private Nutzung, Versuchszwecke etc.

Nach Art. 27 EPGÜ erstreckt sich die Wirkung des Patents unter anderem nicht auf Handlungen im privaten Bereich zu nichtgewerblichen Zwecken und auf Handlungen zu Versuchszwecken. Dabei handelt es sich um Schranken des Patentrechts, die die Wirkungen des Patents für bestimmte Bereiche ausschließen.[482] Gewisse privilegierte Handlungen werden nicht vom Patentschutz erfasst.[483] Ein Nutzungsrecht wird für diese Handlungen nicht benötigt. Diese Ausnahmen vom Patentschutz sind freilich - anders als die Erschöpfung - nicht gegenstandsbezogen, sondern beziehen sich auf bestimmte Arten von Handlungen oder Handlungen zu bestimmten Zwecken an beliebigen patentgeschützten Gegenständen. Durch die privilegierte Nutzung erschöpfen die Patentrechte an diesen Gegenständen nicht.[484] Eine spätere nicht-privilegierte Nutzung ist weiterhin patentrechtswidrig.

5. Hinderung der Rechtsdurchsetzung

Wenn die Rechtsdurchsetzung des Patents gehindert ist, z.B. aufgrund von Verwirkung oder Missbrauch, kann sich eine solche Einrede nur auf die jeweiligen Streitparteien auswirken. Daher hat ein Klageverzicht gegenüber einem Hersteller patentverletzender Erzeugnisse nur Bedeutung *inter partes*, er wirkt sich also nicht zugunsten anderer Verletzer in der Verletzerkette aus.[485] Auch ein Nichtigkeitseinwand - sofern er im Verletzungsverfahren überhaupt zulässig ist - gilt nur im bilateralen Verhältnis.[486] Ebenso wirkt der in § 139 I 3 PatG neu geschaffene Verhältnismäßigkeitsvorbehalt nur zwischen

---

479 BeckOK Patentrecht/*Wilhelmi*, PatG § 24, Rn. 113.

480 EuGH, Urt. v. 16.7.2015 - C-170/13 - Huawei/ZTE, GRUR 2015, 764, Rn. 54 f.

481 Vgl. *Schikorra*, S. 97 mwN.

482 Vgl. BVerfG, Beschl. v. 10.5.2000 - 1 BvR 1864/95- Klinische Versuche, GRUR 2001, 43, 44.

483 A.A. *Zuberbühler*, S. 41, Fn. 152, der vom Ruhen der Schutzrechte spricht.

484 Ähnl. *Zuberbühler*, S. 41, Fn. 152.

485 Benkard/*Scharen*, PatG § 9, Rn. 28.

486 Vgl. *Tilmann*, GRUR 2005, 904, 907.

den jeweiligen Parteien, da er eine Patentverletzung nicht rechtmäßig macht[487]. Er führt nicht zur Erschöpfung der Patentrechte.[488] Wie der Zwangslizenzeinwand haben auch alle sonstigen Gründe, die die Rechtsdurchsetzung hindern, keine Erschöpfungswirkung.

III. Erschöpfungsfunktion und Erstreckungsfunktion

Die Erschöpfungsvorschriften des Einheitspatentsystems haben zwei Funktionen.[489] Erstens wird geregelt, dass der Patentinhaber den Gebrauch und Weitervertrieb patentgeschützter Produkte nach dem erstmaligem Inverkehrbringen nicht verbieten kann. Zweitens wird geregelt, dass diese Wirkung auch dann eintritt, wenn das Inverkehrbringen in einem EWR-Staat erfolgt, der nicht am Einheitspatentsystem teilnimmt.

Die erste Regelung entspricht einer nationalen Erschöpfungsregel. Bei einer nationalen Erschöpfungsregel – wie im deutschen Recht – tritt die Erschöpfung ein, wenn der Patentinhaber ein Produkt im Patentstaat in Verkehr gebracht hat. Die nationale Erschöpfung basiert auf der Idee, dass der Patentinhaber seine Rechte bis zum ersten Inverkehrbringen gewinnbringend nutzen konnte, und dass nach einem freiwilligen Inverkehrbringen die Verkehrsinteressen Vorrang haben.[490] Nach dem ersten Inverkehrbringen kann jedermann im Patentstaat die rechtmäßig in Verkehr befindlichen Gegenstände frei gebrauchen und weitervertreiben. Dies ist die originäre Erschöpfungsfunktion.

Die zweite Regelung erstreckt den Anknüpfungspunkt der Erschöpfung auf alle Staaten des EWR. Erschöpfung tritt auch ein beim Inverkehrbringen außerhalb der teilnehmenden Mitgliedsstaaten, sofern das Inverkehrbringen in einem EWR-Staat erfolgt. Dies entspricht der Rechtsprechung des EuGH zur gemeinschaftsrechtlichen Erschöpfung aufgrund von Art. 34 ff. AEUV. Die bisherige gemeinschaftsrechtliche Erschöpfung erstreckte nur die territoriale Reichweite der Erschöpfung und betraf nur die Zulässigkeit des freien Weitervertriebs im EWR, ohne eine originäre Aussage zum Rechtsverbrauch zu treffen und ohne sich mit der Zulässigkeit des Gebrauchs patentgeschützter Gegenstände zu beschäftigen.[491]

Die kodifizierte Erschöpfungsregel des Einheitspatentsystems setzt daher nicht nur die EuGH-Rechtsprechung um, sondern sie geht darüber hinaus.[492] Sie kombiniert das bisherige nationale Patentrecht und das

487 *Stierle*, Mitt. 2020, 486, 491 li. Sp.
488 *Stierle*, Mitt. 2020, 486, 494 re. Sp.
489 So auch *Benyamini*, S. 302 zu Art. 28 GPÜ; ähnl. *Gollrad*, GRUR Patent 2023, 242, Rn. 36 f.
490 S. 17.
491 S. 33 ff.
492 A.A. *Götting*, ZEuP 2014, 349, 361 f., wonach Art. 6 EPatVO nur deklaratorisch das ausdrücke, was bereits nach den vom EuGH Grundsätzen gelten würde.

Gemeinschaftsrecht.[493] Es wird nicht nur geregelt, dass das Inverkehrbringen im gesamten EWR maßgeblich ist (Erstreckungsfunktion), sondern es wird auch geregelt, dass überhaupt Erschöpfung eintritt (Erschöpfungsfunktion).

Diese Doppelnatur kennt auch das französische Patentrecht. Denn nach Art. L613-6 CPI tritt die Erschöpfung ein beim Inverkehrbringen in Frankreich (nationales Patentrecht) oder im EWR (Gemeinschaftsrecht). Nachdem die Erschöpfung französischer Patente in Frankreich zunächst nur auf ein Inverkehrbringen in Frankreich bezogen war,[494] wurde der spätere Wortlaut der Norm nicht etwa dahingehend geändert, dass das Inverkehrbringen in Frankreich durch ein Inverkehrbringen im EWR ersetzt wurde. Stattdessen wurde nur das Inverkehrbringen im EWR als weitere Variante hinzugefügt.[495]

Da im Einheitspatentsystem ein gemeinsames Patentterritorium geschaffen wird, führt bereits die patentrechtliche Erschöpfung zu einer Gleichbehandlung aller Sachverhalte innerhalb dieses Territoriums. Innerhalb der teilnehmenden Staaten wird daher keine Erstreckung der Erschöpfung benötigt. Mit dem Inverkehrbringen im Gebiet der Teilnehmerstaaten tritt originäre Erschöpfung mit Wirkung für alle Teilnehmerstaaten ein. Die Erstreckung der Erschöpfung wird nur benötigt, wenn das Inverkehrbringen in einem EWR-Staat erfolgt, der nicht am Einheitspatentsystem teilnimmt.

Aus Sicht der Nichtteilnehmerstaaten verbleibt es dagegen bei der gemeinschaftsrechtlichen Erschöpfung auf Basis von Art. 34 ff. AEUV. Über die EuGH-Rechtsprechung führt Erschöpfung im Einheitspatentsystem dann auch zur Erschöpfung in EWR-Staaten, die nicht am Einheitspatentsystem teilnehmen.

Die Doppelnatur der Erschöpfungsregel muss bei der Gesetzesauslegung berücksichtigt werden. Es ist zu berücksichtigen, dass die Erschöpfung im Einheitspatentsystem nicht nur den freien Warenverkehr im EWR gewährleisten soll. Über die Rechtsprechung des EuGH hinaus hat Erschöpfung im Patentrecht insbesondere auch den Zweck, den freien Gebrauch durch jedermann zu gewährleisten. Daher kann die bisherige EuGH-Rechtsprechung nicht ohne weiteres auf alle Fragen der Erschöpfung im Einheitspatentsystem übertragen werden. Vielmehr sind auch die jeweiligen patentrechtlichen Besonderheiten zu berücksichtigen. Relevant wird dies z.B. bei der Frage nach Einschränkungen der Erschöpfung wegen berechtigter Gründe des Patentinhabers.[496]

---

493 *Benyamini*, S. 302.
494 *Castell*, Rn. 233; *Py*, Propr. Ind. Juin 2021, 20, 21 li. Sp.
495 Darauf hinweisend auch *Py*, Propr. Ind. Juin 2021, 20, 21 li. Sp.
496 S. 101 ff.

IV. Ergebnis

Die Erschöpfung ist eine Schranke des Patentrechts. Nach erstmaligem Inverkehrbringen durch den Patentinhaber oder mit seiner Zustimmung bestehen in Bezug auf den in Verkehr gebrachten Gegenstand keine Verbietungsrechte mehr. Im Einheitspatentsystem erlöschen die Patentrechte nicht beim Inverkehrbringen, sondern sie erstrecken sich von Anfang an nicht auf Handlungen nach dem ersten rechtmäßigen Inverkehrbringen.

Die Patentrechte werden durch die Erschöpfung auch nicht bloß temporär verdrängt. Bei berechtigten Interessen des Patentinhabers leben die Patentrechte nicht wieder auf. Stattdessen sind solche Handlungen, gegen die der Patentinhaber ein berechtigtes Interesse einwenden kann, von der Erschöpfungswirkung nicht umfasst.

Auch wenn die Erschöpfung nicht zu einem positiven Nutzungsrecht führt, wirkt sie doch wie eine faktische Nutzungsbefugnis. Rechtmäßig im Verkehr befindliche patentgemäße Gegenstände dürfen frei genutzt werden, weil dem – wegen der Wirkung der Erschöpfung – kein Patentrecht mehr entgegensteht.[497]

Die Erschöpfungsvorschriften des Einheitspatentsystems kombinieren die bisherigen nationalen Erschöpfungsregeln und die Rechtsprechung des EuGH zur gemeinschaftsrechtlichen Erschöpfung. Sie besagen nicht nur, dass nach dem erstmaligen Inverkehrbringen in den teilnehmenden Mitgliedsstaaten keine Patentrechte mehr am konkreten Gegenstand bestehen (Erschöpfungsfunktion). Sie besagen auch, dass ein erstmaliges Inverkehrbringen im EWR außerhalb der teilnehmenden Mitgliedsstaaten zur Erschöpfung führt. Die Erschöpfung wird damit auf alle Staaten des EWR erstreckt (Erstreckungsfunktion).

497 Ähnl. *Ann*, PatR, § 33, Rn. 283.

E. Tatbestandsvoraussetzungen

Nach Art. 29 EPGÜ erstrecken sich die durch das europäische Patent verliehenen Rechte nicht auf Handlungen, die ein durch das Patent geschütztes Erzeugnis betreffen, nachdem das Erzeugnis vom Patentinhaber oder mit seiner Zustimmung in der Europäischen Union in Verkehr gebracht worden ist, es sei denn, der Patentinhaber hat berechtigte Gründe, sich dem weiteren Vertrieb des Erzeugnisses zu widersetzen. Voraussetzungen für die Erschöpfung sind somit ein Inverkehrbringen (I), die Zustimmung des Patentinhabers (II) und kein Ausschluss der Erschöpfung (III).

I. Inverkehrbringen

Erste Voraussetzung für den Eintritt der Erschöpfung ist das Inverkehrbringen. Nach Art. 29 EPGÜ muss das Inverkehrbringen in der Europäischen Union stattfinden. Dazu zählen nicht nur die Teilnehmerstaaten des Einheitlichen Patentsystems, sondern auch Nichtteilnehmer wie z.B. Spanien.[498] Darüber hinaus erstreckt das EWR-Abkommen die Erschöpfung auf den gesamten EWR.[499] Somit führt auch ein Inverkehrbringen in Norwegen, Island oder Liechtenstein zur Erschöpfung.

Bei der Frage, ob ein Inverkehrbringen vorliegt, wird sich das Einheitliche Patentgericht voraussichtlich an der EuGH-Rechtsprechung orientieren. Dabei wird aber zu prüfen sein, inwieweit die überwiegend markenrechtliche Rechtsprechung auf die Frage der patentrechtlichen Erschöpfung übertragen werden kann. Es handelt sich nämlich nicht mehr allein um eine Regelung des freien Warenverkehrs, sondern auch um Patentrecht.

1. Übertragung tatsächlicher und rechtlicher Befugnisse

a) Markenrecht: Tatsächliche Verfügungsgewalt und rechtliche Verfügungsbefugnis

Die überwiegende Rechtsprechung zur gemeinschaftsrechtlichen Erschöpfung und zum Begriff des Inverkehrbringens bezieht sich auf das Markenrecht. Nach der EuGH-Rechtsprechung liegt ein Inverkehrbringen vor, wenn der Markeninhaber eine Ware verkauft und dadurch die Möglichkeit hat, den wirtschaftlichen Wert seiner Marke zu realisieren.[500] Statt eines Verkaufs

---

498 Vgl. Osterrieth/*Osterrieth*, Rn. 223 Fn. 40.

499 Art. 2 Protokoll 28 zum EWR-Abkommen.

500 EuGH, Urt. v. 30.11.2004 – C-16/03 – Peak Holding, GRUR 2005, 507, Rn. 40.

genügt aber auch die Übertragung eines Rechts, über die mit der Marke versehenen Waren zu verfügen.[501]

Zwar setzt sich der EuGH in dieser Rechtsprechung nur mit dem rechtlichen Element des Inverkehrbringens auseinander. Obwohl der EuGH das Inverkehrbringen im Sinne der Erschöpfung anders auslegt als das Inverkehrbringen im Sinne einer markenrechtlichen Benutzungshandlung,[502] erfordert das Inverkehrbringen im Rahmen der Erschöpfung zunächst ein tatsächliches Element. Auch ein Inverkehrbringen im Sinne einer Benutzungshandlung setzt die Übertragung der tatsächlichen Verfügungsgewalt voraus, also in der Regel eine Übertragung des unmittelbaren Besitzes.[503]

In der Literatur wird die Übertragung der tatsächlichen Verfügungsgewalt zwar teilweise schon als ausreichend für den Eintritt der Erschöpfung angesehen.[504] Dies ist aber nicht interessengerecht. Wenn z.B. Ware an eine für den Schutzrechtsinhaber handelnde Person wie einen Spediteur übergeben wird, dann darf noch keine Erschöpfung eintreten.[505] Denn in solchen Fällen sind die Waren immer noch dem Herrschaftsbereich des Schutzrechtsinhabers zuzurechnen. Ein Spediteur darf die Waren nicht selbst nutzen, und er hat keine den Schutzrechtsinhaber ausschließende rechtliche Befugnisse hinsichtlich der Waren. Bei bloßer Besitzübergabe ohne Übertragung weiterer rechtlicher Befugnisse kann man daher noch nicht von einem Inverkehrbringen sprechen.

Neben der Übertragung der tatsächlichen Verfügungsgewalt ist demnach auch ein rechtliches Element erforderlich. Es fragt sich aber, welchen Umfang dieses rechtliche Element haben muss. Zum Teil wird vertreten, dass es sich um eine Eigentumsübertragung handeln muss.[506] Nach früherer Ansicht des BGH sollte es genügen, wenn eine Ware überlassen wird, die Werbezwecken dient und zum Verbrauch durch Dritte bestimmt ist.[507] Für den EuGH genügt dies aber nicht.[508] So verneinte der EuGH ein Inverkehrbringen von Parfümtestern deshalb, weil die Parfümtester den Vertragspartnern ohne Übertragung des Eigentums und mit dem Verbot des Verkaufs überlassen worden waren.[509] Auch die Überlassung von Ware an verbundene Unternehmen zum Verkauf genügt nach Ansicht des EuGH nicht für ein Inverkehrbringen.[510]

---

501 EuGH, Urt. v. 30.11.2004 – C-16/03 – Peak Holding, GRUR 2005, 507, Rn. 42.
502 Ingerl/Rohnke/Nordemann/*A. Nordemann*, MarkenG § 14, Rn. 229.
503 Ingerl/Rohnke/Nordemann/*A. Nordemann*, MarkenG § 14, Rn. 229.
504 *Sack*, WRP 1999, 1088, 1092 li. Sp.
505 Vgl. *Leßmann*, GRUR 2000, 741, 742.
506 So z.B. *Benyamini*, S. 335 und Schulte/*Rinken*, § 9 PatG, Rn. 26; wohl auch Grabitz/Hilf/Nettesheim/*Leible/T. Streinz*, AEUV Art. 36 Rn. 42 (Realisierung des wirtschaftlichen Wertes durch Verkauf).
507 BGH, Urt. v. 15.2.2007 – I ZR 63/04 – Parfümtester, GRUR 2007, 882, Rn. 14.
508 EuGH, Urt. v. 3.6.2010 – C-127/09 – Coty/Simex, ECLI:EU:C:2010:313, Rn. 48.
509 EuGH, Urt. v. 3.6.2010 – C-127/09 – Coty/Simex, ECLI:EU:C:2010:313, Rn. 48.
510 EuGH, Urt. v. 30.11.2004 – C-16/03 – Peak Holding, GRUR 2005, 507, Rn. 44.

Nach der EuGH-Rechtsprechung liegt ein Inverkehrbringen ohne Eigentumsübertragung nur vor, wenn die Verfügungsbefugnis nicht an Bedingungen geknüpft und unwiderruflich ist.[511] Grundsätzlich ist also eine Eigentumsübertragung erforderlich. Ausnahmsweise kann aber auch ohne Eigentumsübertragung ein Inverkehrbringen vorliegen, wenn die rechtlichen Befugnisse eigentumsähnlich sind. Für das Markenrecht sind demnach die Übertragung der tatsächlichen Verfügungsgewalt und die Übertragung einer rechtlichen Verfügungsbefugnis, die zumindest eigentumsähnlich sein muss, erforderlich.

b) Übertragung der markenrechtlichen Rechtsprechung auf das Patentrecht?

Es ist fraglich, ob diese markenrechtliche Rechtsprechung ohne weiteres auf das Patentrecht und auf die in Art. 6 EPatVO und Art. 29 EPGÜ normierte Erschöpfung übertragen werden kann. Ein systematischer Vergleich mit dem Urheber- und Softwarerecht spricht eher gegen das Erfordernis einer Eigentumsübertragung für den Eintritt der Erschöpfung. Dort wird explizit ein Inverkehrbringen durch Veräußerung gefordert.[512] Nach Art. 9 II RL 92/100/EWG erfordert die Erschöpfung im Urheberrecht einen Erstverkauf. Ebenso fordert Art. 4 lit. c) RL 91/250/EWG (Computerprogramm-Richtlinie) bei Computerprogrammen den Erstverkauf einer Programmkopie. Der Wortlaut von Art. 6 EPatVO und Art. 29 EPGÜ setzt nur ein Inverkehrbringen voraus, aber keinen Verkauf. Das deutet darauf hin, dass bei Einheitspatenten weniger strenge Voraussetzungen an ein Inverkehrbringen gestellt werden. Demnach dürfte keine Eigentumsübertragung erforderlich sein.

Allerdings genügt auch im Markenrecht nach Art. 7 I RL 89/104/EWG jedes Inverkehrbringen. Der Wortlaut enthält keine Einschränkung hinsichtlich eines Verkaufs und entspricht dem von Art. 29 EPGÜ bzw. Art. 6 EPatVO. Dennoch fordert der EuGH auch im Markenrecht für das Inverkehrbringen die Übertragung einer eigentümerähnlichen Verfügungsgewalt.[513] Ein systematischer Vergleich des Wortlauts zwischen Patentrecht und Markenrecht spräche dafür, die gleichen strengen Voraussetzungen für das Inverkehrbringen vom Markenrecht auf das Patentrecht zu übertragen.

Dagegen spricht aber, dass zwischen Patentrecht und Markenrecht wesentliche Unterschiede bestehen, die zu einer anderen Wertung führen

---

511 Vgl. EuGH, Urt. v. 3.6.2010 - C-127/09 - Coty/Simex, ECLI:EU:C:2010:313, Rn. 48, wonach ohne Eigentumsübertragung keine Zustimmung zum Inverkehrbringen vorliegt, wenn Ware als "Unverkäuflich" gekennzeichnet ist und eine jederzeitige Rückrufmöglichkeit besteht. Der EuGH vermischt dabei allerdings die Begriffe des Inverkehrbringens und der Zustimmung zum Inverkehrbringen. In Rn. 44 prüft der EuGH, ob ein Inverkehrbringen durch die Belieferung der Depositäre vorliegt. In Rn. 48 spricht der EuGH dann plötzlich von einer fehlenden Zustimmung zum Inverkehrbringen.

512 Vgl. zu diesem unterschiedlichen Wortlaut auch *Reisner*, S. 185 f.

513 Vgl. EuGH, Urt. v. 3.6.2010 - C-127/09 - Coty/Simex, ECLI:EU:C:2010:313, Rn. 48.

müssen. Der Wert der Marke ist marktbezogen.[514] Erst beim Inverkehrbringen realisiert sich der Markenwert. Das Patentrecht ist hingegen auf die Nutzung einer technischen Innovation innerhalb des Unternehmens ausgerichtet. Der Vorteil der Ausschließlichkeit des Patentrechts realisiert sich bereits in der Produktion und nicht erst beim Inverkehrbringen.[515]

Die Marke garantiert dem Verkehr eine bestimmte Produktherkunft und Produktqualität.[516] Dies führt zu einer gewissen Wertschätzung der Marke, die der Markeninhaber beim Verkauf seiner Waren in Geld umsetzen kann. Das rechtfertigt es, beim Markenrecht auf die Möglichkeit abzustellen, durch das Inverkehrbringen einen Gewinn zu erzielen. Das erste Inverkehrbringen soll es ermöglichen, den wirtschaftlichen Wert des Schutzrechts zu realisieren.[517]

Der Wert des Patents zeigt sich hingegen bereits darin, dass der Patentinhaber patentgemäße Erzeugnisse ausschließlich selbst herstellen und patentgeschützte Verfahren ausschließlich selbst nutzen darf. Das Inverkehrbringen selbst ist erst ein nachgelagerter Schritt.[518] Wenn der Patentinhaber seine tatsächliche Verfügungsgewalt über ein von ihm hergestelltes Erzeugnis freiwillig aufgibt,[519] dann hatte er bereits durch das alleinige Recht zur Herstellung die Möglichkeit, den Patentvorteil zu realisieren. Ein Verkauf ist nicht mehr notwendig, um die Vorteile des Patents zu realisieren. Für ein Inverkehrbringen muss daher beim Patentrecht grundsätzlich bereits die freiwillige Aufgabe der tatsächlichen Verfügungsgewalt genügen.[520] Denn in diesem Zeitpunkt kann man davon sprechen, dass der Gegenstand von der inneren Sphäre des Patentinhabers in die äußere Sphäre des Marktes gelangt.[521]

Überdies ist zu berücksichtigen, dass die Erschöpfung im Patentrecht - anders als das Markenrecht - nicht nur weitere Vertriebshandlungen, sondern auch den Gebrauch patentgeschützter Erzeugnisse zulässig machen muss. Würde man für die Erschöpfung im Patentrecht eine Eigentumsübertragung für ein Inverkehrbringen fordern, dann müsste man zur Erklärung von Nutzungsbefugnissen bei Gebrauchsüberlassungen ohne Eigentumsübertragung auf Lizenzkonstruktionen zurückgreifen.

---

514 Vgl. Fezer/*Karl-Heinz Fezer*, MarkenG § 8 Rn. 690; *Wichard*, ZEuP 2002, 23, 25.

515 Vgl. auch *Windisch*, S. 10, wonach Marken ihre Funktion erst beim Güteraustausch verwirklichen, während Patente isoliert ausgewertet werden.

516 Fezer/*Karl-Heinz Fezer*, D. Die Funktionen der Marke, Rn. 7 f.; *Wichard*, ZEuP 2002, 23, 25.

517 BGH, Urt. v. 27.4.2006 - I ZR 162/03 - ex works, GRUR 2006, 863, Rn. 15; EuGH, Urt. v. 30.11.2004 - C-16/03 - Peak Holding, GRUR 2005, 507, Rn. 42. Es lässt sich allerdings bezweifeln, ob das ausschließliche Recht zum Inverkehrbringen im Markenrecht tatsächlich dazu dienen soll, einen wirtschaftlichen Wert zu realisieren. Stattdessen dürfte eher die Sicherung der richtigen Kennzeichnung maßgeblich sein, ähnl. *Windisch*, S. 73 f.

518 Ähnl. wohl *Windisch*, S. 73.

519 Im Markenrecht lässt sich - anders als im Patentrecht - nicht sagen, dass der Schutzrechtsinhaber beim Inverkehrbringen freiwillig ein Recht aufgibt, *Windisch*, S. 74.

520 Vgl. *Koch/Froschmaier*, GRUR Ausl. 1965, 121, 125 re. Sp.; *Leßmann*, GRUR 2000, 741, 742.

521 Vgl. S. 15.

Allerdings kann auch im Patentrecht die bloße Besitzübertragung nicht für den Eintritt der Erschöpfung genügen. Neben der Aufgabe der tatsächlichen Verfügungsgewalt muss auch eine gewisse rechtliche Einwirkungsbefugnis übertragen werden. So kann z.B. das Besitzrecht eines Spediteurs nicht für den Eintritt der Erschöpfung genügen.[522] Denn ansonsten müsste auch dann Erschöpfung eintreten, wenn ein Spediteur patentgemäße Gegenstände zwischen zwei Lagern des Patentinhabers transportiert. Der Spediteur darf die Ware aber nicht im Sinne des Patentrechts gebrauchen.[523]

Sinnvoll erscheint es daher, an die patentrechtliche Nutzungsbefugnis anzuknüpfen. Erst dann, wenn der Patentinhaber eine andere Person dazu ermächtigt, eine patentrechtlich geschützte Handlung vorzunehmen, kann man davon sprechen, dass der Patentinhaber den Gegenstand aus seiner Einflusssphäre entlässt. Die Übertragung des Eigentums ist dafür nicht erforderlich.[524] Auch vorübergehende Gebrauchsüberlassungen wie eine Miete und Leihe müssen daher für ein Inverkehrbringen genügen.[525] Damit wird sichergestellt, dass patentrechtliche Nutzungsbefugnisse nicht künstlich aufgespalten werden. Überdies führt dies zu einer konsistenten Rechtslage. Wenn man die Vermietung patentrechtsmäßiger Gegenstände nicht als Inverkehrbringen ansähe, dann dürfte konsequenterweise auch die Vermietung patentrechtswidriger Gegenstände kein Inverkehrbringen sein.[526]

Gegen die Erschöpfung bei bloß vorübergehender Gebrauchsüberlassung lässt sich auch nicht vorbringen, dass der Entleiher oder Mieter weniger schutzwürdig sei.[527] Denn dabei bliebe der Verkehrsschutz unberücksichtigt.[528] Der Verkehr ist selbst dann schutzwürdig, wenn es der Entleiher oder Mieter nicht sind. Der Patentinhaber kann immer noch vertraglich gegen den Entleiher oder Mieter vorgehen, wenn dieser absprachewidrig patentgemäße Erzeugnisse veräußert.[529] Ein Dritter, der solche Erzeugnisse vom Entleiher oder Mieter erwirbt, sollte sich dagegen darauf verlassen können, dass sich die Erzeugnisse nicht mehr in der Sphäre des Patentinhabers befinden und daher patentrechtlich gemeinfrei sind.

Für den Eintritt der Erschöpfung bei Vermietung oder Leihe spricht überdies, dass Dritte vom Mieter oder Entleiher gutgläubig Eigentum erwerben

---

522 Vgl. *Leßmann*, GRUR 2000, 741, 742.

523 *Ann*, PatR, § 33, Rn. 102.

524 So auch Haedicke/Timmann/*Bukow*, § 13, Rn. 60.

525 So auch *Bodewig*, GRUR 1992, 567, 576; *Reisner*, S. 180; a.A. *Ann*, PatR, § 33, Rn. 286; Busse/Keukenschrijver/*Keukenschrijver*, PatG § 9, Rn. 121 (Veräußerung); wohl auch *Bartenbach/Bartenbach*, Rn. 1333, die auf eine Eigentumsübertragung abstellen.

526 Gegen diese Kongruenz: *Ann*, PatR, § 33, Rn. 286.

527 So aber Haedicke/Timmann/*Bukow*, § 13, Rn. 60.

528 So auch *Reisner*, S. 179 f.

529 Ähnl. *Reisner*, S. 180.

können.[530] Beim gutgläubigen Erwerb vom Nichtberechtigten gibt das Gesetz dem Verkehrsschutz Vorrang vor dem Eigentümer.[531] Diese gesetzliche Wertung sollte sich auch bei der Erschöpfung widerspiegeln, indem man die Erschöpfung bereits beim Mieter oder Entleiher eintreten lässt.[532]

Zu einem anderen Ergebnis könnte man zwar gelangen, wenn man die Ansicht vertritt, dass Erschöpfung nur eintreten soll, wenn der Patentinhaber eine hinreichende Belohnung gerade durch das Inverkehrbringen erhalten hat.[533] Dann ließe sich vertreten, dass alleine eine Eigentumsübertragung zum Eintritt der Erschöpfung genügt.[534] Denn nur bei einem Verkauf dürfte es möglich sein, unmittelbar den erfindungsgemäßen Marktwert realisieren.[535]

Allerdings müsste man bei dieser Sichtweise konsequenterweise auch unabhängig von der Verwertungsart immer in dem Zeitpunkt Erschöpfung eintreten lassen, in dem der Patentinhaber eine hinreichende Belohnung erhalten hat. Man müsste also in dem – für Außenstehende nicht erkennbaren – Zeitpunkt, in dem die Mietzahlungen den wirtschaftlichen Wert des Patents erreicht haben, die Erschöpfung eintreten lassen.[536] Entsprechendes müsste für einen Finanzierungskauf gelten. Denn erst mit Zahlung der letzten Rate wird der vollständige Marktwert realisiert. Ebenso dürfte bei Stundungsvereinbarungen die Erschöpfung erst mit der Zahlung eintreten. In einer Lieferkette hinge es für einen Dritten dann letztlich allein vom Zufall ab, ob die von ihm gekaufte Ware bereits erschöpft ist oder nicht. Dies wäre mit dem Verkehrssicherungszweck der Erschöpfung nicht zu vereinbaren. Ob ein Inverkehrbringen vorliegt, kann daher nicht davon abhängig sein, dass der Patentinhaber eine hinreichende Belohnung erzielt hat.[537]

Ein Inverkehrbringen liegt somit immer dann vor, wenn neben der tatsächlichen Verfügungsgewalt auch patentrechtliche Nutzungsbefugnisse übertragen werden. Eine Eigentumsübertragung ist nicht erforderlich. Es kommt auch nicht darauf an, welche Art der wirtschaftlichen Verwertung

---

530 Dies ergibt sich im deutschen Recht aus §§ 929, 932 BGB. Da der Vermieter oder Entleiher Besitzer ist, findet kein unfreiwilliger Besitzverlust statt, so dass kein Abhandenkommen im Sinne von § 935 BGB vorliegt. Im französischen Recht ist ein gutgläubiger Erwerb ebenfalls möglich. Nach Art. 2276 Code civil folgt das (Eigentums-)Recht aus dem Besitz („*en fait de meubles, la possession vaut titre*"). Nur bei Verlust oder Diebstahl kann der Gegenstand 3 Jahre lang zurückgefordert werden, vgl. *Ferid/Sonnenberger* Bd. 2, Rn. 3 B 1 ff.; Das englische Recht kennt dagegen keinen gutgläubigen Erwerb, vgl. *Häcker*, ZEuP 2011, 335, 349.

531 BeckOK BGB/*Kindl*, BGB § 932, Rn. 1.

532 So auch *Reisner*, S. 179 f.

533 Zu den Argumenten gegen diese Ansicht vgl. S. 13 f.

534 So z.B. *Ann*, PatR, § 33, Rn. 286.

535 In diese Richtung Haedicke/Timmann/*Bukow*, § 13, Rn. 63.

536 Ähnl. *Reisner*, S. 194 f.

537 Ähnl. *Reisner*, S. 189.

der Patentinhaber wählt. Etwaige vertragliche Nutzungsbedingungen sind aber weiterhin möglich.[538]

c) Ergebnis

Ein Inverkehrbringen liegt vor, wenn die tatsächliche Verfügungsgewalt freiwillig aufgegeben wird und eine - zumindest vorübergehende - patentrechtliche Nutzungsbefugnis auf eine andere Person übertragen wird. Erfasst werden damit vom Inverkehrbringen sowohl eine Veräußerung als auch eine Vermietung oder eine Leihe, nicht aber ein Transportauftrag. Insofern besteht ein Unterschied zum markenrechtlichen Inverkehrbringen, für das - aufgrund markenrechtlicher Besonderheiten - die Einräumung einer eigentümerähnlichen Stellung erforderlich ist.[539]

2. Einzelfragen

a) Import und Export

Nach markenrechtlicher Rechtsprechung kann auch bei einem Export aus dem EWR in ein Drittland ein Inverkehrbringen im EWR vorliegen.[540] Das ist der Fall, wenn dem ausländischen Abnehmer im Zeitpunkt der Übergabe der Ware vom Veräußerer an den Frachtführer die transportrechtliche Verfügungsbefugnis zusteht.[541] Denn dann liegt bereits in der Übergabe der Waren an die Spedition eine willentliche Übertragung der tatsächlichen und rechtlichen Verfügungsgewalt auf den Abnehmer.[542]

Diese Rechtsprechung aus dem Markenrecht ist auf das Patentrecht übertragbar. Wenn tatsächliche und rechtliche Verfügungsbefugnis bereits innerhalb des EWR auf eine andere Person übergehen, ist es unerheblich, ob die Waren später exportiert werden sollen. Wenn aber die Versendung derart organisiert ist, dass die rechtliche Verfügungsgewalt erst im EWR-Ausland auf den Erwerber übergeht, tritt keine Erschöpfung ein. Insofern genügen die bloße Herstellung und der Versand aus dem EWR - anders als noch in *Guajakol*[543] - nicht für den Eintritt der Erschöpfung.

---

538 So bereits RG, Urt. v. 26.3.1902 - I 403/01 - Guajakol, RGZ 51, 139, 141.

539 A.A. *Benyamini*, S. 335 f., der auch im Patentrecht nur eine Eigentumsübertragung als Inverkehrbringen ansehen will.

540 Vgl. zum Patentrecht bereits das Reichsgericht in RG, Urt. v. 26.3.1902 - I 403/01 - Guajakol, RGZ 51, 139, 142, welches ein Inverkehrbringen im Inland bei einem Versand aus dem Inland sah.

541 *Ann*, PatR, § 33, Rn. 102 Fn. 103.

542 BGH, Urt. v. 27.4.2006 - I ZR 162/03 - ex works, GRUR 2006, 863, Rn. 16 ff. zum Markenrecht.

543 Vgl. RG, Urt. v. 26.3.1902 - I 403/01 - Guajakol, RGZ 51, 139, 142, wonach ein Versand von der inländischen Produktionsstätte ins Ausland als ausreichend für ein Inverkehrbringen im Inland angesehen wurde.

Beim Import von Waren durch den Schutzrechtsinhaber in den EWR oder beim Anbieten zum Verkauf im EWR liegt nach der EuGH-Rechtsprechung dagegen noch kein Inverkehrbringen vor.[544] Dabei ist aber zu differenzieren. Ein Import ist nur dann kein Inverkehrbringen, wenn die Verfügungsgewalt nicht auf eine andere Person wechselt.[545] Es sind keine Gründe ersichtlich, warum beim Import andere Grundsätze gelten sollten als bei jedem sonstigen Inverkehrbringen auch.

b) Inverkehrbringen durch Lizenzerteilung?

Nach der EuGH-Rechtsprechung „hat die Einräumung einer Verkaufslizenz in einem Mitgliedstaat zur Folge, daß sich der Inhaber dem Vertrieb des geschützten Erzeugnisses im gesamten Gebiet des Gemeinsamen Marktes nicht mehr widersetzen kann"[546]. Es ist aber fraglich, ob bereits die Lizenzerteilung ohne Warenlieferung zur Erschöpfung führen kann, wie es der Wortlaut suggeriert. Wenn man sich allein auf den Belohnungsgedanken stützt, könnte man zwar schon in der Lizenzerteilung die Gewinnchance des Patentinhabers sehen und daher bereits in diesem Zeitpunkt Erschöpfung eintreten lassen.[547] Allerdings setzt die Erschöpfung immer einen konkreten Gegenstand voraus, auf den sie sich bezieht. Solange noch kein solcher konkreter Gegenstand existiert, kann auch keine Erschöpfung eintreten. Überdies erfordert die Erschöpfung einen Übergang der tatsächlichen Verfügungsgewalt. Daher muss neben einem Lizenzvertrag auch eine Zugriffsmöglichkeit des Lizenznehmers auf die betreffende Ware gegeben sein.

Im Übrigen ist zwischen den verschiedenen Arten einer Lizenz zu unterscheiden, nämlich zwischen reiner Vertriebslizenz, reiner Herstellungslizenz und kombinierter Herstellungs- und Vertriebslizenz.

aa) Vertriebslizenz

Bei der Vertriebslizenz liefert der Schutzrechtsinhaber dem Lizenznehmer Ware und ermächtigt ihn, diese Ware an dritte Personen zu veräußern.[548] Der bloße Abschluss des Lizenzvertrags ist noch kein Inverkehrbringen. Denn dabei handelt es sich zunächst nur um eine schuldrechtliche Vereinbarung

---

544 EuGH, Urt. v. 30.11.2004 - C-16/03 - Peak Holding, GRUR 2005, 507, Rn. 41.

545 *Ann*, PatR, § 33, Rn. 104.

546 EuGH, Urt. v. 31.10.1974 - C-15/74 - Centrafarm/Sterling Drug, ECLI:EU:C:1974:114, Rn. 19/20.

547 So z.B. *Castell*, Rn. 350.

548 Vgl. aber Osterrieth/*Osterrieth*, Rn. 654, der diese Situation nicht als Vertriebslizenz ansieht, sondern als bloßen Weitervertrieb durch den Vertragspartner; vgl. auch *Bartenbach/Bartenbach*, Rn. 1320, wonach eine echte Vertriebslizenz eigentlich nur vorliege, wenn der Lizenznehmer die Ware ab Lager des Lizenzgebers ausliefere. Überdies soll nach *Bartenbach/Bartenbach*, Rn. 1322 eine Vertriebslizenz nur bei vollem wirtschaftlichen Risiko des Lizenznehmers vorliegen. Das kann jedoch nicht überzeugen. Es ist kein Grund ersichtlich, warum eine Nutzungsbefugnis nur bei wirtschaftlichem Risiko benötigt werden sollte.

zwischen Lizenzgeber und Lizenznehmer. Solange dem Lizenznehmer noch keine Ware geliefert wurde, ist unklar, auf welche Gegenstände sich die Erschöpfung bezieht. Insofern ist die Aussage des EuGH in *Centrafarm/Sterling Drug*[549] ungenau.

Sobald der Patentinhaber dem Lizenznehmer jedoch patentgemäße Waren liefert, erhält der Lizenznehmer die tatsächliche Verfügungsgewalt. Die rechtliche Verfügungsbefugnis ergibt sich aus dem Lizenzvertrag. Sie beschränkt sich nicht auf den bloßen Besitz, sondern sie beinhaltet das Recht zum Inverkehrbringen, eine dem Patentinhaber patentrechtlich vorbehaltene Handlung. Damit ist die Belieferung des Lizenznehmers bereits ein Inverkehrbringen. Im Zeitpunkt der Lieferung der patentgemäßen Ware an den Lizenznehmer tritt daher Erschöpfung ein.[550] Etwaige Verstöße des Lizenznehmers gegen Lizenzvertragsbedingungen wirken sich auf die Frage der Erschöpfung nicht mehr aus.

Die Gegenansicht, die eine Erschöpfung ablehnt, weil bei Vertriebslizenzen ein erhebliches wirtschaftliches Bedürfnis an patentrechtlich wirksamen Lizenzbeschränkungen bestehe,[551] überzeugt nicht. Denn zum einen beruht der Eintritt der Erschöpfung nicht auf konkreten wirtschaftlichen Erwägungen im Einzelfall; zum anderen wird der Patentinhaber nicht schutzlos gestellt, denn er kann immer noch vertragsrechtlich gegen einen vertragsbrüchigen Lizenznehmer vorgehen.

bb) Herstellungslizenz

Bei der reinen Herstellungslizenz ermächtigt der Patentinhaber den Lizenznehmer, patentgemäße Ware für ihn herzustellen oder ein patengemäßes Verfahren zu verwenden und die hergestellte Ware an den Patentinhaber oder eine vom Patentinhaber benannte Person zu liefern.[552] Eine Ermächtigung zur Nutzung oder zum Vertrieb ist in dieser Lizenz nicht enthalten.[553] Es handelt sich nur um eine Auftragsfertigung. Statt einer eigenen Fabrik

---

549 EuGH, Urt. v. 31.10.1974 - C-15/74 - Centrafarm/Sterling Drug, ECLI:EU:C:1974:114, Rn. 19/20.

550 BGH, Urt. v. 8.6.1967 - KRZ 2/66 - Gymnastiksandale, GRUR 1967, 677, 680; *Bartenbach/Bartenbach*, Rn. 1320; Osterrieth/*Osterrieth*, Rn. 654.

551 *Kraft*, GRUR 1971, 373, 380.

552 *Ann*, PatR, § 40, Rn. 41; Benkard/*Rogge/Melullis*, PatG Vor § 16, Rn. 69.

553 Teilweise wird zwischen Herstellungslizenz und verlängerter Werkbank bzw. Werklieferungsvertrag differenziert, wonach die Herstellungslizenz über die Herstellung hinaus auch ein Nutzungsrecht beinhalten soll, bzw. wonach die Herstellungslizenz nur bei eigenem wirtschaftlichen Risiko vorliegen soll, vgl. BGH, Urt. v. 3.2.1959 - I ZR 170/57 - Autodachzelt, GRUR 1959, 528, 531; *Bartenbach/Bartenbach*, Rn. 1313 ff.; Osterrieth/*Osterrieth*, Rn. 653. Dabei werden allerdings der Aspekt der Herstellungsbefugnis und wirtschaftliche Aspekte unnötigerweise vermischt. Eine Herstellungsbefugnis muss auch bei der sogenannten verlängerten Werkbank eingeräumt werden. Denn trotz etwaiger wirtschaftlicher Abhängigkeit ist der Hersteller bei der verlängerten Werkbank eine vom Patentinhaber verschiedene Person.

nutzt der Patentinhaber zur Herstellung eine fremde Fabrik.[554] Im Zeitpunkt der Lizenzerteilung existiert noch keine Ware, für die Erschöpfung eintreten könnte. Im Zeitpunkt der Herstellung erwirbt der Lizenznehmer die tatsächliche Verfügungsbefugnis über die patentgemäße Ware. Er hat aber keine rechtliche Nutzungsbefugnis, sondern unterliegt einer Ablieferungspflicht.

Zwar hat der Patentinhaber dem Lizenznehmer mit dem Herstellungsrecht einen Teil seiner ausschließlichen Befugnisse übertragen. Nach der Herstellung befindet sich der Lizenznehmer aber in der gleichen Situation wie ein Transportunternehmen, welches die Ware nur noch für den Patentinhaber besitzt und darüber hinaus nicht nutzen darf. Daher tritt mit der Herstellung noch keine Erschöpfung ein. Das gleiche gilt bei der Verwendung eines patentgemäßen Verfahrens. Auch bei Ware, die mittels eines solchen Verfahrens hergestellt wurde, um sie dem Lizenzgeber abzuliefern, besteht keine über die Herstellung hinausgehende Nutzungs- oder Vertriebsbefugnis.

Etwas anderes lässt sich auch nicht aus einer älteren Entscheidung des BGH zum Warenzeichenrecht ableiten. In *Schamotte-Einsätze* sah der BGH den Eintritt der Erschöpfung bereits im rechtmäßigen Anbringen der Warenzeichen, so dass es nicht mehr darauf ankam, ob das Inverkehrbringen durch den Auftragsfertiger zulässig war.[555] Das frühere Warenzeichengesetz verbot aber nur das Inverkehrbringen einer widerrechtlich gekennzeichneten Ware.[556] Inverkehrbringen war also keine Voraussetzung für die Erschöpfung. Das Patentrecht verbietet dagegen auch das Inverkehrbringen rechtmäßig hergestellter Ware.

cc) Kombinierte Herstellungs- und Vertriebslizenz

Bei einer kombinierten Herstellungs- und Vertriebslizenz ermächtigt der Patentinhaber den Lizenznehmer zur Herstellung und zum Vertrieb. Dies ist der Regelfall einer Lizenz.[557] Mit der Herstellung patentgemäßer Produkte liegt sowohl die tatsächliche Verfügungsbefugnis als auch die rechtliche Verfügungsbefugnis des Inverkehrbringens beim Lizenznehmer. Die Situation entspricht der einer Vertriebslizenz, in der der Patentinhaber den Lizenznehmer mit patentgemäßer Ware beliefert. Es kann keinen Unterschied machen, ob der Patentinhaber den Lizenznehmer mit patentierter Ware beliefert oder ob der Lizenznehmer die patentierte Ware selbst herstellt. Sobald beim Lizenznehmer Vertriebsbefugnis und Ware zusammentreffen, sei es durch Belieferung oder durch eigene Herstellung, tritt Erschöpfung ein.

---

554 Vgl. *Bartenbach/Bartenbach*, Rn. 1313 ff.; Osterrieth/*Osterrieth*, Rn. 653, die diese Situation nicht als Herstellungslizenz, sondern als verlängerte Werkbank bezeichnen.
555 BGH, Urt. v. 19.1.1984 – I ZR 194/81 – Schamotte-Einsätze, GRUR 1984, 545, 547.
556 BGH, Urt. v. 19.1.1984 – I ZR 194/81 – Schamotte-Einsätze, GRUR 1984, 545, 547.
557 Osterrieth/*Osterrieth*, Rn. 652.

c) Inverkehrbringen durch konzerninterne Warenbewegung?

Auch die Warenbewegung zwischen Konzernunternehmen kann ein Inverkehrbringen sein. Nach deutscher Rechtsprechung kommt es dabei auf die Umstände des Einzelfalls an.[558] Im Markenrecht soll kein Inverkehrbringen bei Warenbewegungen innerhalb eines Unternehmens und bei Warenbewegungen im Konzernverbund vorliegen, wenn einem verbundenen Unternehmen die Waren zum Verkauf zur Verfügung gestellt werden.[559] In der Literatur werden verschiedene Ansichten vertreten. Teilweise wird der konzerninterne Warenverkehr grundsätzlich nicht als Inverkehrbringen angesehen.[560] Teilweise wird ein Inverkehrbringen nur bejaht, wenn Waren auf einen auch für Dritte außerhalb des Konzerns zugänglichen Markt gelangen; ein konzerninterner Vertrieb soll nur zur Erschöpfung führen, wenn die Situation dem Kauf auf dem freien Markt entspricht.[561] Inverkehrbringen wird also im Sinne von „in den *freien* Verkehr bringen" verstanden.[562] Andere Stimmen in der Literatur wollen dagegen auch ein Inverkehrbringen innerhalb von Konzernstrukturen zulassen.[563]

Der EuGH scheint konzerninterne Warenbewegungen als Inverkehrbringen anzusehen. In der Entscheidung *Deutsche Grammophon* ging der EuGH stillschweigend davon aus, dass ein Inverkehrbringen bereits bei der Lieferung an eine Tochtergesellschaft vorlag. Im zugrundeliegenden Fall hatte die *Deutsche Grammophon* (DG) Schallplatten an ihre Tochtergesellschaft *Polydor* in Frankreich geliefert, die wiederum die Schallplatten an ein Unternehmen in einem Drittland verkauft hatte.[564] Es stellte sich die Frage, ob die Belieferung der *Polydor* bereits zum Eintritt der Erschöpfung geführt hatte. Das Hanseatische OLG hob in seiner Vorlagefrage hervor, dass nur eine Lieferung an eine zwar rechtlich selbständige, wirtschaftlich aber vollständig abhängige Tochtergesellschaft vorlag. Ohne näher auf die Problematik einzugehen, formulierte der EuGH dies in ein Inverkehrbringen in einem Mitgliedsstaat um.[565]

---

558 BGH, Urt. v. 16.4.1969 - I ZR 59-60/67 - Colle de Cologne, GRUR 1969, 479, 480 zum UWG: Kein Inverkehrbringen liege vor, wenn sich bei wirtschaftlicher Betrachtungsweise die konzerninterne Belieferung lediglich als interne Verteilung angekaufter Waren darstelle.

559 BGH, Urt. v. 27.4.2006 - I ZR 162/03 - ex works, GRUR 2006, 863, Rn. 15.

560 *Sack*, GRUR Int 2000, 610, 615; Schulte/*Rinken*, § 9 PatG, Rn. 17; Busse/Keukenschrijver/*Keukenschrijver*, PatG § 9, Rn. 120 für das deutsche Recht, nach Rn. 136 soll es aber bei der gemeinschaftsrechtlichen Erschöpfung nicht auf Konzernverbundenheit ankommen.

561 *Leßmann*, GRUR 2000, 741, 748.

562 So wohl auch *Schramm*, S. 264, wonach kein Inverkehrbringen innerhalb vertraglicher Beziehungen vorliege, soweit diese noch zur Sphäre des Schutzrechtsinhabers gehören.

563 *Ullrich*, GRUR Int 1983, 370, 376; Busse/Keukenschrijver/*Keukenschrijver*, PatG § 9, Rn. 136 für die gemeinschaftsrechtliche Erschöpfung.

564 EuGH, Urt. v. 8.6.1971 - 78/70 - Deutsche Grammophon, ECLI:EU:C:1971:59, S. 490 li. Sp.

565 Vgl. EuGH, Urt. v. 8.6.1971 - 78/70 - Deutsche Grammophon, ECLI:EU:C:1971:59, Rn. 4.

Möglich wäre zwar die Interpretation, dass der EuGH keine Aussage zum Inverkehrbringen treffen wollte, weil der Begriff des Inverkehrbringens aus dem deutschen Urheberrecht stammte und der EuGH diesbezüglich keine Auslegungskompetenz sah. Darauf könnte hindeuten, dass der EuGH die Vorlagefrage als Frage der Auslegung deutschen Rechts ansah und sie daher in eine gemeinschaftsrechtliche Frage umformulierte.[566] Dann würde das Fazit des Urteils nur lauten: Falls die Lieferung von Ware an eine zwar rechtlich selbständige, wirtschaftlich aber vollständig abhängige Tochtergesellschaft innerhalb Deutschlands ein Inverkehrbringen im Sinne des Urheberrechts wäre, muss gleiches auch für die Lieferung im EWG-Ausland gelten.

Gegen eine solche Interpretation des Urteils spricht aber, dass die Vorlagefrage den Begriff des Inverkehrbringens nicht erwähnt und erst der EuGH in der Umstellung der Vorlagefrage aus einer Lieferung an ein wirtschaftlich abhängiges Konzernunternehmen ein Inverkehrbringen macht. Überdies ist Voraussetzung für den Rückgriff auf die Warenverkehrsfreiheit, dass sich die betreffenden Erzeugnisse bereits im Verkehr der Mitgliedsstaaten befinden.[567] Und genau davon ging der EuGH aus. Somit genügt es nach dieser Rechtsprechung für ein Inverkehrbringen, wenn Ware an ein verbundenes Unternehmen geliefert wird.

Dieser Ansicht ist zuzustimmen. Es darf beim Begriff des Inverkehrbringens nicht auf die jeweiligen rechtlichen Beziehungen zwischen den Konzernunternehmen ankommen. Das Inverkehrbringen muss nach allgemeingültigen objektiven Kriterien bestimmt werden. Für das Patentrecht bedeutet dies, dass es nur darauf ankommen kann, dass die tatsächliche Verfügungsgewalt aufgegeben wird und patentrechtliche Nutzungs- oder Vertriebsrechte auf eine andere Person übertragen werden.

Zwar können Warenbewegungen innerhalb desselben Unternehmens nicht als Inverkehrbringen angesehen werden, und zwar selbst dann nicht, wenn die Warenbewegungen durch ein drittes Unternehmen durchgeführt werden, welches die Waren nur befördert.[568] Bei einer Warenbewegung zwischen verschiedenen Konzernunternehmen muss aber berücksichtigt werden, dass es sich um rechtlich voneinander unabhängige Personen handelt. Selbst wenn man im Markenrecht ein Inverkehrbringen erst in der Eigentumsübertragung sehen will und eine bloße Überlassung zum Verkauf nicht genügen soll,[569] muss jedenfalls der Verkauf von Ware an ein rechtlich selbständiges Unternehmen zur Erschöpfung führen. Es wäre mit einer großen Rechtsunsicherheit verbunden, wenn man den Eintritt der Erschöpfung vom

566 EuGH, Urt. v. 8.6.1971 – 78/70 – Deutsche Grammophon, ECLI:EU:C:1971:59, Rn. 3 f.

567 Art. 28 II AEUV.

568 Vgl. *Ann*, PatR, § 33, Rn. 102.

569 EuGH, Urt. v. 30.11.2004 – C-16/03 – Peak Holding, GRUR 2005, 507, Rn. 44.

Grad der wirtschaftlichen Abhängigkeit zwischen Konzernunternehmen abhängig machen würde.

Im Patentrecht genügt es bereits, wenn eine patentrechtliche Nutzungsbefugnis übertragen wird.[570] Auch die Überlassung von Ware an ein verbundenes Unternehmen zum Verkauf, die im Markenrecht nicht zur Erschöpfung führen soll,[571] führt im Patentrecht aufgrund der übertragenen Ermächtigung zum Inverkehrbringen zur Erschöpfung.[572] Denn auch die Belieferung eines Kommissionärs ist im Patentrecht ein Inverkehrbringen.[573] Für verbundene Unternehmen gilt insoweit das gleiche wie bei Lizenznehmern und Kommissionären.[574] Ob ein Inverkehrbringen vorliegt, sollte alleine auf patentrechtliche Erwägungen gestützt werden.[575] Die Möglichkeit einer wirtschaftlichen Kontrolle darf für die Frage des Inverkehrbringens hingegen keine Rolle spielen.[576]

d) Inverkehrbringen von Verfahren?

Fraglich ist, ob auch Verfahren in Verkehr gebracht werden können bzw. ob auch eine Erschöpfung bei Verfahrenspatenten eintreten kann. Man könnte überlegen, das Inverkehrbringen einer Vorrichtung, mit der ein patentgeschütztes Verfahren ausgeübt werden kann, einem Inverkehrbringen des Verfahrens gleichzustellen. Die Verfahrensnutzung mit dieser Vorrichtung wäre dann aufgrund von Erschöpfung erlaubt.

Einer Erschöpfung von Verfahren kann man zwar entgegenhalten, dass durch das Inverkehrbringen einer Vorrichtung nicht das Verfahren als solches in Verkehr gebracht wird.[577] Ob das aber dazu führen muss, dass keine Erschöpfung erfolgen kann, ist zweifelhaft. Wenn man die richterrechtliche Erschöpfung des deutschen Rechts zugrunde legt, dann setzt diese zwar das Inverkehrbringen eines Erzeugnisses voraus. Die Überlegungen, die zur Erschöpfung von Erzeugnispatenten führen, lassen sich aber sinngemäß auch auf Verfahrenspatente übertragen.[578] Insbesondere gibt es keine

570 S. 75.

571 BGH, Urt. v. 27.4.2006 - I ZR 162/03 - ex works, GRUR 2006, 863, Rn. 15.

572 A.A. *Sack*, GRUR 1999, 193, 197 f., da sich die Ware noch nicht im freien Warenverkehr befinde.

573 *Ann*, PatR, § 33, Rn. 102; *Leßmann*, GRUR 2000, 741, 742; a.A. *Zuberbühler*, S. 46.

574 Ähnl. *Ullrich*, GRUR Int 1983, 370, 378.

575 Vgl. *Bruchhausen*, FS vom Stein, 31, 35, wonach grundsätzlich patenrechtliche Erwägungen für den Interessenausgleich zwischen Patentinhaber und Verkehrsinteressen maßgeblich sein sollten (dort bezogen auf Reparaturfälle und unmittelbare Verfahrenserzeugnisse).

576 A.A. *Leßmann*, GRUR 2000, 741, 748.

577 So z.B. OLG Düsseldorf, Urt. v. 28.1.2010 - 2 U 131/08, NJOZ 2010, 1781, 1785; Haedicke/Timmann/*Bukow*, § 13, Rn. 100; *Heydt*, MuW 1933, 226, 227 li. Sp.; *Troller* Bd. 2, S. 765.

578 In diese Richtung auch *Kesting*, S. 141; so z.B. RG, Urt. v. 10.2.1932 - I 223/31 - Bandeisenreifen, RGZ 133, 145, 148; vgl. auch *Hilty*, GRUR 2018, 865, 865, wonach ein Bedarf einer Erschöpfung zur Begrenzung der Reichweite des Rechtsschutzes auch bei nicht-physischen Gütern bestehen kann.

Einschränkung durch eine Erschöpfungsvorschrift; Erschöpfung ließe sich auch als allgemeines Prinzip interpretieren, welches sowohl auf Erzeugnisse als auch auf Verfahren anwendbar ist.[579]

Anders ist es dagegen im Einheitspatentsystem. Art. 29 EPGÜ und Art. 6 EPatVO beziehen sich auf das Inverkehrbringen von patentgeschützten Erzeugnissen. Verfahren werden vom Wortlaut nicht erfasst. Man müsste die Vorschriften daher analog anwenden. Eine Analogie setzt eine planwidrige Regelungslücke voraus.[580] Daran fehlt es jedoch, denn die Erschöpfungsvorschrift basiert maßgeblich auf der Rechtsprechung des EuGH zum freien Warenverkehr. Die Ausübung von Verfahren wird aber von Art. 34 und 36 AEUV nicht berührt. Es gibt auch keine Hinweise darauf, dass die Frage der Erschöpfung von Verfahren übersehen wurde. Der klare Wortlaut der Erschöpfungsvorschrift bezieht sich nur auf „ein durch das Patent geschütztes *Erzeugnis*".

Daher kann sich eine „Verfahrensfreiheit" patentgeschützter Verfahren im Einheitspatentsystem allenfalls – wie im deutschen Recht – als Annex zum Inverkehrbringen einer patentgeschützten Vorrichtung oder aus einer patentrechtsimmanenten Schranke ergeben. Dies wird in einem späteren Kapitel behandelt.[581]

e) Inverkehrbringen von Einzelteilen einer Vorrichtung

Nach dem Wortlaut von Art. 29 EPGÜ ist ein Inverkehrbringen des patentgeschützten Erzeugnisses erforderlich. Dazu gehört auch der Fall, in dem das patentgeschützte Erzeugnis als Teil eines größeren Ganzen in Verkehr gebracht wird.[582]

Möglicherweise muss aber darüber hinaus in gewissen Situationen auch ein Inverkehrbringen einzelner Teile einem Inverkehrbringen des vollständigen Erzeugnisses gleichgestellt werden. Zum einen kann man an das Inverkehrbringen aller Einzelteile einer Kombination denken, so dass diese vom Verwender nur noch – nach Art eines Puzzles – zusammengesetzt werden müssen. Zum anderen kann man an das bloße Inverkehrbringen eines einzelnen Bauteils denken, das der Verwender mit anderweitig erworbenen Teilen zur Herstellung der Kombination zusammensetzt.

Diese Fälle könnten z.B. über die Figur einer konkludenten Zustimmung gelöst werden, wenn man annimmt, dass das Inverkehrbringen von Einzelteilen eine konkludente Zustimmung zum Inverkehrbringen der

---

579 So nahm das Reichsgericht auch eine Erschöpfungswirkung bei Verfahren an, RG, Urt. v. 14.10.1931 – I 71/31 – Schlauchstück; RGZ 133, 326; RG, Urt. v. 10.2.1932 – I 223/31 – Bandeisenreifen, RGZ 133, 145.

580 Vgl. zu den Voraussetzungen einer Analogie im europäischen Recht: Jung/Krebs/Stiegler/*Peter Krebs/Stefanie Jung*, § 2 Rn. 167 ff.

581 S. 143 ff.

582 Busse/Keukenschrijver/*Keukenschrijver*, PatG § 9, Rn. 122.

Gesamtkombination beinhaltet.[583] Allerdings hätte der Patentinhaber dann die Möglichkeit, seine Zustimmung einzuschränken. Die Reichweite der Erschöpfung hinge vom Willen des Patentinhabers ab. Aus Gründen der Verkehrssicherheit wäre es vorzugswürdig, nicht an die Zustimmung, sondern an das Inverkehrbringen anzuknüpfen. Daher wird im Folgenden untersucht, aus welchen Gesichtspunkten das Inverkehrbringen eines Einzelteils bereits als Inverkehrbringen des vollständigen patentgemäßen Erzeugnisses angesehen werden kann.

aa) Umkehrschluss aus unmittelbarer Patentverletzung

Es stellt sich die Frage, ob das Inverkehrbringen von Einzelteilen zur Erschöpfung führt, wenn dieses Inverkehrbringen, falls es durch einen Dritten vorgenommen würde, eine unmittelbare Patentverletzung wäre. Beim Inverkehrbringen durch einen Dritten, welches als unmittelbare Patentverletzung gewertet wird, wird gesagt, dass der Dritte ein „Erzeugnis, das Gegenstand des Patents ist", in Verkehr gebracht hat. Der Gegenstand wird als vollständiges patentgemäßes Erzeugnis angesehen. Es wäre schwer verständlich, wenn man denselben Gegenstand nur deshalb nicht als vollständiges patentgemäßes Erzeugnis ansehen würde, weil ihn der Patentinhaber in Verkehr gebracht hat. Wenn ein Inverkehrbringen durch einen Dritten eine unmittelbare Patentverletzung ist, dann sollte die gleiche Handlung durch den Patentinhaber oder mit seiner Zustimmung auch ein erschöpfungsrelevantes Inverkehrbringen sein.[584]

Die Maßstäbe, die die Rechtsprechung an eine unmittelbare Patentverletzung durch Inverkehrbringen von Einzelteilen anlegt, lassen sich daher auf eine Erschöpfung durch Inverkehrbringen übertragen. Aus einer unmittelbaren Patentverletzung durch Inverkehrbringen lässt sich auf eine Erschöpfung durch Inverkehrbringen schließen.[585] Im Folgenden wird daher untersucht, inwiefern ein Inverkehrbringen von Einzelteilen in den verschiedenen Ländern als unmittelbare Patentverletzung angesehen wird und was dies für das erschöpfungsrelevante Inverkehrbringen bedeutet.

Im *deutschen Recht* liegt eine unmittelbare Patentverletzung grundsätzlich nur vor, wenn die Gesamtheit der Kombinationsmerkmale verwirklicht wird.[586] Davon lässt die Rechtsprechung nur eng begrenzte Ausnahmen zu, nämlich dann, wenn die „angegriffene Ausführungsform alle wesentlichen Merkmale des geschützten Erfindungsgedankens aufweist und es zu ihrer Vollendung allenfalls noch der Hinzufügung selbstverständlicher, für den

583 So z.B. BGH, Urt. v. 24.1.2023 – X ZR 123/20 – CQI-Bericht II, GRUR 2023, 474, Rn. 67 ff.

584 So auch *von Meibom/Meyer*, FS Mes, 255, 263; ähnl. *Kesting*, S. 110 u. 114; in diese Richtung auch Schulte/*Rinken*, § 9 PatG, Rn. 22.

585 Für einen solchen Umkehrschluss auch *Kühnen*, Kap. E.III.12, Rn. 791.

586 BGH, Urt. v. 10.12.1981 – X ZR 70/80 – Rigg, GRUR 1982, 165, 166; Schulte/*Rinken*, § 10 PatG, Rn. 7.

Erfindungsgedanken nebensächlicher Zutaten bedarf".[587] Im Umkehrschluss würde das Inverkehrbringen einer Ausführungsform, die alle wesentlichen Merkmale des Erfindungsgedankens enthält, durch den Patentinhaber oder mit seiner Zustimmung zur Erschöpfung führen, selbst wenn der Verwender noch Allerweltszutaten ergänzen müsste.[588] Dies stimmt mit der Rechtsprechung des BGH zur Erschöpfung überein. Danach tritt beim Inverkehrbringen eines Einzelteils einer Vorrichtung Erschöpfung ein, wenn das Einzelteil alle im Patent definierten Eigenschaften und Funktionen verwirklicht und den übrigen Bestandteilen der Vorrichtung darüber hinaus keine Bedeutung zukommt.[589] Auch das Inverkehrbringen aller Einzelteile zum Zusammenbau einer patentierten Vorrichtung ist nach deutscher Rechtsprechung eine unmittelbare Patentverletzung.[590] Im Umkehrschluss muss eine Lieferung aller Einzelteile durch den Patentinhaber oder mit seiner Zustimmung daher ebenfalls zur Erschöpfung führen.

Ob im *englischen Recht* das Inverkehrbringen aller Einzelteile einer patentgeschützten Kombination bereits eine Patentverletzung ist, ist noch nicht gesichert.[591] Das Inverkehrbringen eines einzelnen Teils ist im englischen Recht grundsätzlich keine Patentverletzung. Vor der Normierung der mittelbaren Patentverletzung lag selbst dann keine Patentverletzung vor, wenn der Lieferant wusste, dass der Verwender das gelieferte Mittel patentverletzend verwenden würde und er den Verwender von etwaigen Ansprüchen des Patentinhabers frei stellte.[592] Auch der Vertrieb einer Teilkombination kann zwar eine mittelbare, nicht aber eine unmittelbare Patentverletzung sein.[593] Im Rahmen der unmittelbaren Patentverletzung gilt der Grundsatz: *„What is not claimed is disclaimed"*.[594] Ein Inverkehrbringen von Teilen, die die Erfindung nicht vollständig verwirklichen, ist damit grundsätzlich keine unmittelbare Patentverletzung. Umgekehrt führt das Inverkehrbringen von Einzelteilen durch den Patentinhaber nicht zwingend zur Erschöpfung.

Im *französischen Recht* ist dagegen ein sehr weitreichender Teilschutz anerkannt. Selbst nach Normierung der mittelbaren Patentverletzung kennt die französische Rechtsprechung noch die Figur einer teilweisen

---

587 BGH, Urt. v. 10.12.1981 – X ZR 70/80 – Rigg, GRUR 1982, 165, 166.

588 So z.B. LG Düsseldorf, Urt. v. 3.6.2014 – 4c O 98/13, BeckRS 2014, 20339; *Kühnen*, Kap. E.III.12, Rn. 791.

589 BGH, Urt. v. 24.1.2023 – X ZR 123/20 – CQI-Bericht II, GRUR 2023, 474, Rn. 70 f.

590 OLG Düsseldorf, Urt. v. 29.3.1984 – 2 U 175/83 – Abschnittsweiser Einzelteile-Kauf, GRUR 1984, 651.

591 Terrell, Rn. 14-69.

592 *Mellish L.J.* in Townsend v. Haworth, zitiert in: Sykes v. Howarth (1879) 48 L.J.Ch. 769, 773 li. Sp.

593 *Beton*, Mitt. 1992, 189, 198 re. Sp.

594 *Beton*, Mitt. 1992, 189, 198 re. Sp.

Patentverletzung (*contrefaçon partielle*),[595] die als unmittelbare Patentverletzung behandelt wird. Eine teilweise Patentverletzung kann zum einen dann vorliegen, wenn das Einzelteil selbst neu und erfinderisch ist und daher eigenständig hätte patentiert werden können. Weitere Voraussetzung ist freilich, dass dieses Teil in einer patentgeschützten Kombination eine selbständige Funktion ausfüllt, die sich nicht erst durch die Kombination mit anderen Teilen ergibt (sogenannte *invention complexe* bzw. *revendication complexe*).[596] Zum anderen bejaht die Rechtsprechung auch dann eine unmittelbare Patentverletzung, wenn das gelieferte Bauteil den wesentlichen Erfindungsgedanken der Gesamtkombination beinhaltet. So soll die Herstellung von Kappen einer patentierten Flaschenverschlusskombination das Patent bereits unmittelbar verletzen.[597]

Umgekehrt müsste die französische Rechtsprechung eigentlich auch Lieferungen von Einzelteilen durch den Patentinhaber als zur Erschöpfung führend ansehen, wenn diese den wesentlichen Erfindungsgedanken beinhalten. Soweit ersichtlich gibt es dazu aber bisher keine einschlägige Rechtsprechung. Das dürfte auch mit der restriktiven Auslegung der Berechtigung bei mittelbarer Patentverletzung zusammenhängen.[598] Denn die französische Rechtsprechung sieht selbst rechtmäßige Erwerber patentgemäßer Erzeugnisse im Rahmen der mittelbaren Patentverletzung als Nichtberechtigte an.[599] Wenn die Erschöpfung durch den rechtmäßigen Ersterwerb aber – anders als im deutschen Recht – von vornherein nicht zur Berechtigung führt, von Dritten mit Ersatzteilen oder Zubehör beliefert zu werden, dann stellt sich nicht die Frage, ob überhaupt Erschöpfung eingetreten ist.

Im *Einheitspatentsystem* spricht allerdings viel dafür, eine Einzelteilelieferung oder die Lieferung von Teilkombinationen nicht als unmittelbare Patentverletzung aufzufassen. Aus dem System der Patentansprüche ergibt sich, dass für die unmittelbare Patentverletzung ein vollständiges patentgemäßes Erzeugnis vorliegen muss. Es würde zu erheblicher Rechtsunsicherheit führen, wenn auch einzelne Elemente einer Erfindung geschützt wären

---

595 Cour de cassation, 28.4.1987 – Marchal c. Journée, Dossiers brevets 1987.III.1; die französische Literatur lehnt dies überwiegend ab, vgl. *Azéma/Galloux*, Rn. 819 und *Passa*, Rn. 451 jeweils mwN.; für die Figur der partielle Patentverletzung dagegen *Mathély*, Nouveau Droit, S. 422.

596 CA Paris, 11.10.1990 – Dolle c. Emsens, PIBD 1991, III-2, III-4 re. Sp.; *Azéma/Galloux*, Rn. 819; *Mathély*, Ann. Propr. Ind. 1988, 117, 119; *Passa*, Rn. 451; vgl. auch *Pagenberg*, GRUR 1993, 264, 264; *Pagenberg*, IIC 1993, 314, 315 f.

597 CA Paris, 22.5.2013 – Cahouet, Sol et Vivisol c. Air Liquide, PIBD 2013, III-1313, III-1322 li. Sp; anders dagegen noch die Vorinstanz, die darin nur eine mittelbare Patentverletzung sah: TGI Paris, 12.2.2010, PIBD 2010, III-339, III-347 re. Sp.

598 Patentverletzung bei Reparaturen wird häufig im Rahmen der mittelbaren Patentverletzung relevant, da der Patentinhaber damit gegen den Lieferanten vorgehen kann, vgl. *Benyamini*, S. 106.

599 S. 135 f.

und man dies nicht aus der Patentschrift erkennen könnte.[600] Der Patentinhaber ist dadurch auch nicht schutzlos. Zum einen können Teilkombinationen unter dem Gesichtspunkt der äquivalenten Patentverletzung beurteilt werden.[601] Zum anderen kann die Lieferung von Einzelteilen und Teilkombinationen über die Figur der mittelbaren Patentverletzung erfasst werden.[602] Dadurch wird auch sichergestellt, dass die subjektiven Tatbestandsmerkmale der mittelbaren Patentverletzung nicht umgangen werden.[603]

Daher dürfte im Einheitspatentsystem das Inverkehrbringen von Einzelteilen grundsätzlich keine unmittelbare Patentverletzung sein. Dann muss im Umkehrschluss auch das Inverkehrbringen von Einzelteilen durch den Patentinhaber nicht zwingend zur Erschöpfung führen.

bb) Umkehrschluss aus mittelbarer Patentverletzung

Fraglich ist aber, ob das Inverkehrbringen von Einzelteilen bereits dann zur Erschöpfung führt, wenn dieses Inverkehrbringen, falls es durch einen Dritten vorgenommen würde, eine mittelbare Patentverletzung wäre. Solche Handlungen stehen im Vorfeld einer unmittelbaren Patentverletzung.[604] Da es keine mittelbare Erschöpfung gibt, könnte man daran denken, dass mittelbare Verletzungshandlungen, wenn sie durch den Patentinhaber erfolgen, zur Erschöpfung führen.[605]

Dies überschreitet allerdings den Wortlaut von Art. 29 EPGÜ und Art. 6 EPatVO, wonach nur das Inverkehrbringen der durch das Patent geschützten Erzeugnisse zur Erschöpfung führt. Der Eintritt der Erschöpfung entspricht auch nicht der Interessenlage. Dies lässt sich am Beispiel von Ersatzteilen verdeutlichen: Das Inverkehrbringen von Ersatzteilen durch einen Dritten ist eine mittelbare Patentverletzung, wenn deren Einsatz zu einer Neuherstellung patentgemäßer Erzeugnisse führt.[606] Wenn aber der Patentinhaber Ersatzteile vertreibt, dann sollen diese Teile nur zu Austauschzwecken an einem bereits im Verkehr befindlichen patentgemäßen Erzeugnis verwendet werden. Mit den Ersatzteilen sollen aber insbesondere keine neuen

---

600 *Martin*, RDPI 1989.23, 15, 18 li. Sp.; ähnl. *Burst/Mousseron*, JCP E.1988.II.15143, 221, 225 (Nr. 25); *Ullmann*, GRUR 1993, 334, 334; vgl. auch *König*, Mitt. 1993, 32, 35 re. Sp., der eine hinreichende Vorhersehbarkeit des Schutzbereichs fordert.

601 Ähnl. *Pagenberg*, GRUR 1993, 264, 272; *Pagenberg*, IIC 1993, 314, 344.

602 *Martin*, JCP E.1988.II.15286, 631, 633 re.Sp.

603 Ausführlich zu den subjektiven Tatbestandsmerkmalen: Benkard/*Scharen*, PatG § 10, Rn. 18 ff.

604 Vgl. BGH, Urt. v. 24.9.1991 – X ZR 37/90 – Beheizbarer Atemluftschlauch, NJW 1992, 1895, 1896; BGH, Urt. v. 4.5.2004 – X ZR 48/03 – Flügelradzähler, GRUR 2004, 758, 760; Benkard/*Scharen*, PatG § 10, Rn. 2.

605 Vgl. zu diesem Gedanken *Haft et al.*, GRUR Int 2008, 944, 945, wonach bei Inverkehrbringen einer Vorrichtung zur Ausübung eines patentgemäßen Verfahrens Erschöpfung hinsichtlich des Verfahrens eintreten soll, wenn das Inverkehrbringen der Vorrichtung eine mittelbare Patentverletzung wäre.

606 Vgl. BGH, Urt. v. 4.5.2004 – X ZR 48/03 – Flügelradzähler, GRUR 2004, 758, 762.

patentgemäßen Erzeugnisse mit beliebigen weiteren Einzelteilen hergestellt werden. Dies soll weiterhin dem Patentinhaber vorbehalten bleiben. Aus einer mittelbareren Patentverletzung durch Inverkehrbringen kann daher nicht auf eine Erschöpfung durch Inverkehrbringen geschlossen werden.[607]

cc) *Vertrauensschutz*

Es stellt sich die Frage, ob Gesichtspunkte des Vertrauensschutzes zur Erschöpfung führen können. Beim Inverkehrbringen einzelner Teile durch den Patentinhaber könnte berücksichtigt werden, wie der Verkehr dieses Verhalten deutet.[608] Das Prinzip des Vertrauensschutzes ist ein vom EuGH anerkannter Grundsatz des Gemeinschaftsrechts.[609]

Wenn der Patentinhaber *alle Einzelteile einer Kombination in Verkehr bringt,* dann weckt er beim Verkehr die berechtigte Erwartung, dass die Einzelteile vom Erwerber auch zusammengesetzt werden dürfen. Fraglich ist aber, ob auch dann Erschöpfung eintreten soll, wenn die Kombination in zeitlichem Abstand, also nach und nach in Verkehr gebracht wird. Falls man dies bejaht, stellt sich die Folgefrage, zu welchem Zeitpunkt die Erschöpfung eintritt. Zu denken wäre etwa an ein Kaffeebrühsystem bestehend aus Kaffeemaschine und Kaffeekapsel, die unabhängig voneinander gehandelt werden.

Nimmt man an, dass für den Eintritt der Erschöpfung alle Einzelteile einer Kombination in einer Hand zusammenkommen müssen, dann träte Erschöpfung mit dem letzten gelieferten Einzelteil ein. Es bedürfte dann keiner Lizenz zum Zusammenbau, obwohl es sich eigentlich um eine Herstellung handelt. Problematisch daran wäre, dass Erschöpfung beim mehr oder weniger zufälligen Zusammentreffen aller Einzelteile einträte. Das könnte bereits bei einem Zwischenhändler der Fall sein. Erschöpfung sollte daher nur eintreten, wenn eine Kombination als ein vollständiges „Kit" vom Patentinhaber oder mit seiner Zustimmung in Verkehr gebracht wird.

Erschöpfung sollte auch dann eintreten, wenn der Patentinhaber den *wesentlichen Teil einer Kombination* in Verkehr bringt und der Verkehr aufgrund dieses Inverkehrbringens darauf vertrauen darf, dass das in Verkehr gebrachte Teil bestimmungsgemäß zur Verwendung als Kombination verwendet werden darf. In der Literatur wird z.B. aus dem Inverkehrbringen eines patentgeschützten Zwischenprodukts auf die Erschöpfung des patentgeschützten Endprodukt geschlossen.[610] Aber auch unabhängig vom Patentschutz des Einzelteils kann ein berechtigtes Vertrauen auf die Zulässigkeit der Herstellung bestehen. Zu denken ist etwa an das angesprochene Kaffeekapsel-Brühsystem, wenn die Kaffeemaschine in Verkehr gebracht wird,

---

607 Bei Systemkomponenten ist indes an eine Teil-Erschöpfung zu denken, S. 166.

608 Vgl. *Tetzner*, NJW 1969, 2033, 2037 re. Sp., der sich ebenfalls für die Berücksichtigung von Vertrauensschutzgesichtspunkten bei der Frage des Inverkehrbringens ausspricht.

609 EuGH, Urt. v. 20.9.1990 – C-5/89, ECLI:EU:C:1990:320, Rn. 13.

610 Busse/Keukenschrijver/*Keukenschrijver*, PatG § 9, Rn. 122.

oder an ein Papierspendersystem, wenn der Spender in Verkehr gebracht wird.

Problematisch an den genannten Beispielen ist, dass bei Bejahung der Erschöpfung nicht nur die einmalige Zusammensetzung zum vollständigen System erlaubt wäre, sondern die dauernde Erneuerung des Systems. Dies ist solange mit dem Erschöpfungsprinzip zu vereinbaren, wie die dauernde Erneuerung des Systems lediglich ein patentrechtliches Gebrauchen ist. Sobald die Systemerneuerung aber eine Neuherstellung ist, kann keine Erschöpfung eintreten. Denn mit einer Neuherstellung würde die Identität des Gegenstands wechseln.[611]

Ein Inverkehrbringen einer Hauptkomponente kann daher nur einem Inverkehrbringen der Gesamtvorrichtung gleichgestellt werden, wenn der eigentliche Erfindungsgedanke in der Hauptkomponente enthalten ist, und die übrigen Teile lediglich weitere notwendige Objekte ohne eigenständigen erfinderischen Inhalt sind.[612] Dabei kann man sich an der Abgrenzung zwischen Reparatur und Neuherstellung orientieren. Wenn der Austausch der Teile eine zulässige Reparatur ist, dann steht das Inverkehrbringen ohne die Austauschteile dem Inverkehrbringen der vollständigen Kombination gleich.[613]

Dies berührt zwar die Interessen des Patentinhabers an der wirtschaftlichen Verwertung der Austauschkomponenten. Denn wenn der Verwender zum beliebigen Austausch berechtigt ist, dann dürfen ihn auch Dritte mit diesen Komponenten beliefern.[614] Wenn diese Austauschkomponenten indes ihrerseits keinen erfinderischen Gehalt haben, dann besteht aus Sicht des Patentrechts kein Grund, dem Patentinhaber diesen Markt vorzubehalten.

Wenn zur Herstellung der Gesamtkombination aber noch weitere Teile eingesetzt werden müssen, die einen nicht unwesentlichen Teil des Erfindungsgedankens beinhalten, dann kann das Inverkehrbringen der Hauptkomponente nicht als Inverkehrbringen des Ganzen angesehen werden. Anderenfalls dürften auch Dritte Komponenten mit erfinderischem Gehalt für die geschützte Kombination anbieten. Dies sollte aber dem Patentinhaber vorbehalten bleiben.

---

611 S. 132 f.

612 So auch *Justice Arnold* in Nestec v. Dualit [2013] R.P.C. 32, Rn. 165: *„what matters is the substance of the invention, rather than the precise form of the claims"*; ebenso *Reisner*, S. 250.

613 Vgl. *von Meibom/Meyer*, FS Mes, 255, 265, die ebenfalls eine Parallele zwischen der Reparaturfrage und der Erschöpfung bei Inverkehrbringen von Einzelteilen sehen; ähnl. *Kobler*, S. 186 f. Rn. 647 f.

614 Das gilt jedenfalls nach deutscher und englischer Rechtsprechung und sollte auch im Einheitspatentsystem gelten, siehe S. 136 ff.

dd) Ergebnis

Im Einheitspatentsystem kann das Inverkehrbringen von Einzelteilen nur in Ausnahmefällen einem Inverkehrbringen der Gesamtkombination gleichgestellt werden. Dies ist zum einen der Fall, wenn der Patentinhaber gleichzeitig alle Einzelteile einer Kombination nach Art eines Bausatzes zum Zusammenbau in Verkehr bringt. Zum anderen liegt ein Inverkehrbringen der Gesamtkombination vor, wenn der Patentinhaber eine Komponente in Verkehr bringt, deren Ergänzung mit den fehlenden Teilen eine zulässige Reparatur und keine Neuherstellung ist. In anderen Fällen kann man das Inverkehrbringen von Einzelteilen einer Kombination nicht mit dem Inverkehrbringen der Gesamtkombination gleichstellen.

II. Zustimmung

Die Zustimmung ist nach der EuGH-Rechtsprechung das wesentliche Element für den Eintritt der Erschöpfung.[615] Das dürfte sich im Einheitspatentsystem fortsetzen. Wenn der Patentinhaber selbst patentgeschützte Ware in Verkehr bringt, dann ist die Frage der Zustimmung meist unproblematisch. Nach Ansicht des EuGH fehlt es aber an einer Zustimmung, wenn für den Patentinhaber aufgrund nationalen Rechts oder aufgrund des Gemeinschaftsrechts ein rechtlicher Zwang besteht, patentgemäße Erzeugnisse in Verkehr zu bringen.[616]

Problematischer sind die Fälle, in denen jemand anderes als der Patentinhaber patentgeschützte Waren in Verkehr bringt. In Betracht kommen Lizenznehmer, verbundene Unternehmen oder sonstige Dritte. Selbst wenn das Inverkehrbringen im EWR rechtmäßig war, kann die Erschöpfung ausgeschlossen sein, wenn der Patentinhaber im Staat des ersten Inverkehrbringens kein Patentrecht hatte.[617] Dann muss für den Eintritt der Erschöpfung zusätzlich eine Zustimmung des Patentinhabers zum Inverkehrbringen vorliegen.[618]

---

615 Vgl. EuGH, Urt. v. 9.7.1985 - C-19/84 - Pharmon/Höchst, ECLI:EU:C:1985:304, Rn. 25, wonach der Patentinhaber das Recht haben soll, frei über die Bedingungen zu entscheiden, unter denen er sein Erzeugnis in den Verkehr bringen will; vgl. auch *Beier*, GRUR Int 1989, 603, 612; Terrell, Rn. 14-301: "*consent is the cornerstone of the doctrine*".

616 EuGH, Urt. v. 5.12.1996 - C-267/95 und C-268/95 - Merck und Beecham, ECLI:EU:C:1996:468, Rn. 50 u. 53; siehe dazu S. 91 ff.

617 Vgl. EuGH, Urt. v. 14.9.1982 - C-144/81 - Keurkoop/Nancy Kean, ECLI:EU:C:1982:289, Rn. 22 (in Bezug auf Modellschutz).

618 Vgl. *Marenco/Banks*, E.L. Rev. 1990, 15(3), 224, 247.

1. Ausdrücklich oder konkludent

Nach der EuGH-Rechtsprechung kann die Zustimmung ausdrücklich oder konkludent erfolgen.[619] Auch Art. 29 EPGÜ setzt - anders als noch Art. 32 und 81 GPÜ - keine ausdrückliche Zustimmung zum Inverkehrbringen voraus. Eine konkludente Zustimmung muss nach der EuGH-Rechtsprechung aus Anhaltspunkten und Umständen mit Bestimmtheit erkennen lassen, dass der Schutzrechtsinhaber auf sein ausschließliches Recht verzichtet.[620] Der BGH nimmt eine solche konkludente Zustimmung z.B. an, wenn eine Vereinbarung vorliegt, die hinreichend deutlich erkennen lässt, dass sich der Patentinhaber verpflichtet, „keine auf das Patent gestützten Einwände gegen das Inverkehrbringen von Erzeugnissen durch seinen Vertragspartner zu erheben".[621] Weiterhin kann eine konkludente Zustimmung zum Inverkehrbringen eines zusammengesetzten Erzeugnisses bei einer Zustimmung zum Inverkehrbringen von Einzelteilen angenommen werden, wenn die alleinige wirtschaftlich sinnvolle Verwendung der Einzelteile im Einbau in das zusammengesetzte Erzeugnis besteht.[622]

Eine Zustimmungsfiktion, z.B. durch bewusste Inkaufnahme einer Zwangslizenz wegen Nichtausübung des Patentrechts, genügt dagegen nicht.[623] Auch ein bewusster Verzicht auf den Patentschutz in einzelnen EU-Staaten ist keine Zustimmung zum Inverkehrbringen patentgemäßer Erzeugnisse durch Dritte in diesen Staaten.[624]

Fraglich ist, ob die Ersetzung der Zustimmung durch Gerichtsurteil ebenfalls den Eintritt der Erschöpfung bewirkt.[625] Dagegen spricht, dass eine tatsächliche Disposition des Schutzrechtsinhabers nicht vorliegt. Dafür spricht, dass durch das Gerichtsurteil die gleichen Wirkungen erzielt werden sollten, als hätte der Schutzrechtsinhaber die gebotene Handlung selbst vorgenommen. Anderenfalls würde der Schutzrechtsinhaber bevorzugt, der sich rechtsmissbräuchlich verhält und eine rechtlich gebotene Zustimmung nicht erteilt. Er könnte durch ein solches Verhalten die Erschöpfung verhindern, die bei rechtmäßigem Verhalten eigentlich eintreten sollte. Das spricht dafür, dass auch eine gerichtliche Ersetzung der Zustimmung zur Erschöpfung führen muss.

---

619 Vgl. EuGH, Urt. v. 3.6.2010 - C-127/09 - Coty/Simex, ECLI:EU:C:2010:313, Rn. 29.

620 EuGH, Urt. v. 3.6.2010 - C-127/09 - Coty/Simex, ECLI:EU:C:2010:313, Rn. 38.

621 BGH, Urt. v. 24.1.2023 - X ZR 123/20 - CQI-Bericht II, GRUR 2023, 474, Rn. 55. Eine solche Vereinbarung kann z.B. in einem *„covenant not to sue"* liegen. Siehe dazu auch *Hauck*, GRUR Patent 2023, 8 und *McGuire*, GRUR Patent 2023, 152.

622 BGH, Urt. v. 24.1.2023 - X ZR 123/20 - CQI-Bericht II, GRUR 2023, 474, Rn. 67 ff.

623 *Benyamini*, S. 312.

624 In diesem Fall sind der Gebrauch und Weitervertrieb im patentfreien Raum zulässig, der Patentinhaber kann aber den Export in Staaten mit Patentschutz verhindern, vgl. *Bartenbach/Bartenbach*, Rn. 2217.

625 Siehe auch S. 63 f. zur kartellrechtlichen Zwangslizenz.

2. Vor, bei oder nach dem Inverkehrbringen

Nach der EuGH-Rechtsprechung kann die Zustimmung vor, bei oder nach dem Inverkehrbringen erfolgen.[626] Somit ist auch eine nachträgliche Genehmigung eines ursprünglich rechtswidrigen Inverkehrbringens möglich.[627] Durch die Genehmigung tritt rückwirkend Erschöpfung ein (Wirkung ex tunc).[628] Die Genehmigung legitimiert nachträglich alle Handlungen, die zwischen dem (ursprünglich rechtswidrigen) Inverkehrbringen und der Genehmigung vorgenommen worden sind. Denn die Figur der Erschöpfung dient ja gerade dem Verkehrsschutz. Bei einer ex-nunc-Wirkung verbliebe hier eine Schutzlücke.

3. Keine Zustimmung bei rechtlichem Zwang?

Nach Ansicht des EuGH soll sich der Patentinhaber frei und in voller Kenntnis der Sachlage für das Inverkehrbringen entscheiden können.[629] Daraus schließt er, dass bei einem rechtlichen Zwang zum Inverkehrbringen keine Zustimmung vorliege.[630] Wenn der EuGH von Zustimmung spricht, dann versteht er darunter sowohl die Zustimmung zum Inverkehrbringen durch Dritte[631] als auch die Freiwilligkeit des Inverkehrbringens durch den Patentinhaber selbst.[632]

Genauer wäre es, zwischen Freiwilligkeit und Zustimmung zu unterscheiden. Denn auch der Wortlaut von Art. 29 EPGÜ spricht davon, dass ein Erzeugnis entweder vom Patentinhaber *oder* mit seiner Zustimmung in Verkehr gebracht worden sein muss.[633]

Nach Ansicht des EuGH fehlt es an einer Zustimmung, wenn ein rechtlicher Zwang aufgrund nationalen Rechts oder aufgrund des

626 EuGH, Urt. v. 3.6.2010 - C-127/09 - Coty/Simex, ECLI:EU:C:2010:313, Rn. 38.

627 Benkard/*Scharen*, PatG § 9, Rn. 23.

628 Vgl. § 184 I BGB; so auch *Reisner*, S. 280, der jedoch Ausnahmen im Einzelfall zulassen will.

629 EuGH, Urt. v. 5.12.1996 - C-267/95 und C-268/95 - Merck und Beecham, ECLI:EU:C:1996:468, Rn. 49.

630 EuGH, Urt. v. 5.12.1996 - C-267/95 und C-268/95 - Merck und Beecham, ECLI:EU:C:1996:468, Rn. 50.

631 EuGH, Urt. v. 9.7.1985 - C-19/84 - Pharmon/Höchst, ECLI:EU:C:1985:304, Rn. 25, wonach im Fall einer Zwangslizenz nicht davon ausgegangen werden könne, dass der Patentinhaber dem Inverkehrbringen durch den Zwangslizenznehmer zugestimmt habe.

632 EuGH, Urt. v. 5.12.1996 - C-267/95 und C-268/95 - Merck und Beecham, ECLI:EU:C:1996:468, Rn. 50, wonach einem Patentinhaber nicht unterstellt werden könne, dass er dem Inverkehrbringen zugestimmt habe, wenn er rechtlich gezwungen ist, seine Erzeugnisse in einem Mitgliedsstaat in den Verkehr zu bringen. Das Urteil betraf einen Fall, in dem der Patentinhaber seine Erzeugnisse in einem Staat in Verkehr gebracht hatte, in dem er keinen Patentschutz erlangen konnte (Rn. 5 des Urteils). Der EuGH sah in diesem Umstand keinen rechtlichen Zwang zum Inverkehrbringen (Rn. 53 des Urteils).

633 Vgl. *Marenco/Banks*, E.L. Rev. 1990, 15(3), 224, 247.

Gemeinschaftsrechts besteht, patentgemäße Erzeugnisse in Verkehr zu bringen.[634] Diese Ansicht begegnet Bedenken. Vielmehr sollte zwischen einem rechtlichen Zwang aufgrund nationalen Rechts und einem Zwang aufgrund des Gemeinschaftsrechts differenziert werden.

Wenn ein rechtlicher Zwang zum Inverkehrbringen allein zu nationalen Zwecken besteht, dann ist es gerechtfertigt, die Erschöpfungswirkung aufgrund der fehlenden Freiwilligkeit auf den jeweiligen Staat zu begrenzen.[635] Ein solcher Zwang kann z.B. auf einer staatlichen Vermarktungspflicht beruhen.[636]

Auch eine nationale Zwangslizenz im öffentlichen Interesse wird teilweise als rechtlicher Zwang angesehen.[637] Bei einer solchen Zwangslizenz wird der Patentinhaber indes nicht gezwungen, Ware in Verkehr zu bringen. Er muss nur dulden, dass eine andere Person patentgemäße Waren herstellt und in Verkehr bringt.[638] Daher handelt es sich nicht um einen Zwang zum Inverkehrbringen. Es fehlt aber die Zustimmung des Patentinhabers zum Inverkehrbringen der Produkte durch den Zwangslizenznehmer.[639] Das rechtfertigt es, jedenfalls über das Gebiet der Zwangslizenz hinaus keine Erschöpfungswirkung eintreten zu lassen.[640]

Bei Zwang aufgrund von Normen des Gemeinschaftsrechts besteht hingegen keine Notwendigkeit, die Erschöpfungswirkung einzuschränken. Eine solche Zwangswirkung können insbesondere kartellrechtliche Vorschriften entfalten. Z.B. kann sich aus Art. 102 AEUV ein Kontrahierungszwang ergeben, wenn ein Patentinhaber eine marktbeherrschende Stellung hat. Wenn der Patentinhaber nun aufgrund kartellrechtlicher Pflichten Waren in Verkehr bringt oder Lizenzen erteilt, dann hat er aufgrund eines rechtlichen Zwangs zum Inverkehrbringen gehandelt. Folgte man der Rechtsprechung des EuGH, dürfte in diesen Situationen keine Erschöpfung eintreten.

Das hätte allerdings zur Folge, dass das marktbeherrschende Unternehmen dafür belohnt wird, dass es nicht kartellrechtswidrig handelt. Diese Belohnung bestünde darin, dass das marktbeherrschende Unternehmen mangels Erschöpfungseintritts den Weitervertrieb der eigenen Erzeugnisse kontrollieren kann. Ein nicht marktbeherrschendes Unternehmen könnte diese Belohnung nicht erhalten. Letztlich würde also allein aus der Tatsache der

---

634 EuGH, Urt. v. 5.12.1996 - C-267/95 und C-268/95 - Merck und Beecham, ECLI:EU:C:1996:468, Rn. 50.

635 Allerding dürfte es sich bei dieser national begrenzten Erschöpfungswirkung eher um eine ungeschriebene Patentrechtsschranke als um eine Erschöpfung im Sinne der Erschöpfungsvorschriften handeln.

636 Vgl. *Heinemann*, S. 253 f.

637 Z.B. *Heinemann*, S. 253, der die Zwangslizenz als Vermarktungspflicht ansieht.

638 Vgl. § 24 I PatG. Die Zwangslizenz vermittelt dem Zwangslizenznehmer die Befugnis zur gewerblichen Benutzung der Erfindung.

639 Vgl. § 24 I PatG, wonach die Zwangslizenz durch das Patentgericht erteilt wird.

640 Im Zwangslizenzstaat muss dagegen eine erschöpfungsähnliche Wirkung eintreten, S. 63.

Marktbeherrschung folgen, dass ein Unternehmen die Erschöpfung ausschalten kann. Das erscheint widersinnig. Es sollte daher – entgegen der Ansicht des EuGH – auch bei Zwang aufgrund von Normen des Gemeinschaftsrechts von einer Zustimmung zum Inverkehrbringen ausgegangen werden und eine gemeinschaftsweite Erschöpfung eintreten.[641]

Überdies sollte nach der Art des rechtlichen Zwangs differenziert werden. Wenn ein rechtlicher Zwang vorliegt, der auf allgemeinen Normen beruht, an objektive Voraussetzungen anknüpft, und daher grundsätzlich jeden treffen kann, dann darf dies nicht zum Entfallen der Zustimmung zum Inverkehrbringen führen. Denn bei solchen Zwängen handelt es sich lediglich um Rahmenbedingungen des Marktes. Solche äußeren Zwänge sind als allgemeine Schranken des Patentrechts anzusehen, die keinen Einfluss auf die Erschöpfung haben.

Rechtliche Zwänge müssen eine gewisse Intensität und Finalität haben, um die Zustimmung zum Inverkehrbringen entfallen zu lassen. Nur wenn ein individueller Eingriff in die Rechtsposition des Patentrechtsinhabers vorliegt, die dem Patentinhaber ein Sonderopfer im Verhältnis zu einer vergleichbaren Personengruppe auferlegt, sollte man von einer fehlenden Zustimmung zum Inverkehrbringen ausgehen dürfen.[642]

4. Vorbehalt des Patentinhabers

Fraglich ist, ob sich der Patentinhaber beim Inverkehrbringen vorbehalten kann, den Eintritt der Erschöpfung nicht zu wollen. Im deutschen Recht ist ein Ausschluss oder eine Beschränkung der Erschöpfung nicht möglich.[643] Nach der Rechtsprechung des EuGH im Fall *Coty/Simex* tritt allerdings keine Erschöpfung ein, wenn der Schutzrechtsinhaber geschützte Erzeugnisse ohne Eigentumsübertragung einem Dritten überlässt und dabei deutlich macht, dass die Erzeugnisse nicht zum Verkauf bestimmt sind.[644] Das könnte bedeuten, dass der Schutzrechtsinhaber die Erschöpfung ausschließen kann.

Es ist aber zu berücksichtigen, dass es sich bei der genannten EuGH-Entscheidung um einen spezifisch markenrechtlichen Fall handelt. Im Markenrecht muss die übertragene Verfügungsbefugnis zu einer

641 A.A. *Heinemann*, S. 253 f., der bei kartellrechtlichen Vermarktungspflichten von fehlender Zustimmung ausgeht.

642 Eine ähnliche Unterscheidung gibt es im deutschen Recht bei der Abgrenzung zwischen einer Enteignung und einer Inhalts- und Schrankenbestimmung des Eigentums im Rahmen von Art. 14 GG, vgl. BeckOK Grundgesetz/*Axer*, GG Art. 14, Rn. 77 ff.

643 BGH, Urt. v. 24.1.2023 – X ZR 123/20 – CQI-Bericht II, GRUR 2023, 474, Rn. 46 f.; *Ann*, PatR, § 33, Rn. 283; *Hauck*, GRUR Patent 2023, 8, Rn. 18; *Py*, Propr. Ind. Juin 2021, 20, 21 re. Sp.; ähnl. *Kraßer*, S. 115 f.; vgl. bereits RG Urt. v. 26.3.1902 – I 403/01 – Guajakol, RGZ 51, 139, 141, wonach das Recht aus dem Patent dem Patentinhaber nicht die Befugnis verleiht, nach dem Inverkehrbringen die weitere Art des Verkehrs nach seiner Willkür zu gestalten.

644 EuGH, Urt. v. 3.6.2010 – C-127/09 – Coty/Simex, ECLI:EU:C:2010:313, Rn. 44 ff.

eigentümerähnlichen Stellung führen.[645] Sobald sich der Schutzrechtsinhaber Rechte vorbehält, liegt eine solche eigentümerähnliche Stellung nicht vor. Dann ist das Überlassen der Ware noch kein Inverkehrbringen. Da der Schutzrechtsinhaber in *Coty/Simex* auch dem Weiterverkauf der Ware nicht zugestimmt hatte, konnte auch dies nicht zur Erschöpfung führen. Daher lag weder bei Überlassung der Ware an den Vertriebspartner ein Inverkehrbringen mit Zustimmung vor, noch beim Verkauf der Ware durch den Vertriebspartner. Im Markenrecht kann der Schutzrechtsinhaber also bei Überlassung von Ware ohne Eigentumsübertragung über einen Vorbehalt den Eintritt der Erschöpfung vermeiden.

Im Patentrecht wäre dagegen bei einer tatsächlichen Überlassung eines patentrechtlich geschützten Gegenstands allein danach zu fragen, ob demjenigen, an den der Gegenstand überlassen wurde, jedenfalls vorübergehend eine patentrechtliche Nutzungsbefugnis oder eine Befugnis zum Inverkehrbringen erteilt wurde.[646] Wenn dies der Fall ist, muss im Patentrecht Erschöpfung eintreten, unabhängig davon, ob der Patentinhaber die Ware zurückfordern kann oder ob er den Weiterverkauf verbietet. Ein Vorbehalt des Patentinhabers kann die Erschöpfung im Patentrecht nicht verhindern.

5. Lizenznehmer und Lizenzverstoß

Beim Inverkehrbringen durch den Lizenznehmer tritt grundsätzlich ebenfalls Erschöpfung ein. Wenn dem Lizenznehmer bestimmte Beschränkungen auferlegt waren und er diese Beschränkungen eingehalten hat, dann wird das vertriebene Produkt gemeinfrei.[647] Etwaige Beschränkungen des Lizenznehmers wirken nach dem Inverkehrbringen nicht fort, so dass Produkte auch außerhalb eines Lizenzgebietes rechtmäßig weitervertrieben werden dürfen.[648]

Ein Lizenzvertragsverstoß kann allerdings dazu führen, dass das Inverkehrbringen ohne Zustimmung erfolgte und damit rechtswidrig ist. Dies hat zur Folge, dass Nutzungen und Weitervertrieb eines solchen Produktes patentverletzend sind.[649] Für die Frage, wann eine solche Folge eintritt, ist nach der Art der Lizenz und der Art des Lizenzverstoßes zu differenzieren.

a) Art der Lizenz

Bei einer *Vertriebslizenz* ist bereits die Übergabe der patentgeschützten Erzeugnisse vom Patentinhaber an den Lizenznehmer ein Inverkehrbringen; daher tritt bereits in diesem Zeitpunkt Erschöpfung ein.[650] Wegen des

---

645 S. 71.
646 S. 75.
647 *Schatz*, GRUR Int 1970, 207, 212; *Schatz*, IIC 1971, 1, 13.
648 *Reimer*, GRUR Int 1972, 221, 228.
649 *Schatz*, GRUR Int 1970, 207, 212; *Schatz*, IIC 1971, 1, 13; *Kraßer*, GRUR Int 1973, 230, 235.
650 *Ann*, PatR, § 40, Rn. 41; siehe auch S. 77.

Eintritts der Erschöpfung können spätere Lizenzverstöße das Patent eigentlich nicht mehr verletzen. Allerdings kann der Patentinhaber nach § 15 II 2 PatG im deutschen Recht patentrechtlich gegen den Lizenznehmer vorgehen. Da die Lizenzierung im Einheitspatentsystem nicht geregelt ist und § 15 II 2 PatG die Folgen der Nichterfüllung vertraglicher Pflichten regelt, gilt die Vorschrift für alle Patentlizenzverträge, die dem deutschen Recht unterliegen (Vertragsstatut).[651]

In der Literatur wird zwar vertreten, dass ein solcher Lizenzverstoß auch zum Ausschluss der Erschöpfung führen soll.[652] Nach dem Wortlaut der Vorschrift ist ein patentrechtliches Vorgehen aber nur gegen den Lizenznehmer möglich, und zwar nur „soweit" der Verstoß reicht. Daher ergibt sich aus § 15 II 2 PatG nur, dass ein Verstoß des Lizenznehmers gegen seine Lizenzbedingungen auch nach Eintritt der Erschöpfung noch patentrechtlich vom Patentinhaber verfolgt werden kann.[653] Aus dem Wortlaut von § 15 II 2 PatG folgt aber nicht, dass der Patentinhaber auch gegen die Abnehmer des vertragsbrüchigen Lizenznehmers vorgehen kann.[654] Die Vorschrift führt daher nicht zu einem (nachträglichen) Wegfall der Erschöpfung. Ein solcher Wegfall der Erschöpfung wäre auch nicht mit dem Einheitspatentsystem zu vereinbaren. Denn die Frage der Erschöpfung des Einheitspatents kann nicht vom jeweiligen nationalen Recht abhängen. Eine Regelung des nationalen Rechts wie § 15 II 2 PatG modifiziert die Voraussetzungen der Erschöpfung im vereinheitlichten Recht also nicht.

Lizenzvertragsverstöße des Vertriebslizenznehmers führen demnach dazu, dass der Patentinhaber patentrechtlich gegen den Lizenznehmer vorgehen kann. Auf die Erschöpfung wirken sich Vertragsverstöße des Vertriebslizenznehmers aber grundsätzlich nicht aus. Ein Lizenzverstoß kann indes für die Frage der Erschöpfung relevant werden, wenn der Lizenznehmer Waren aus dem Ausland erstmalig in den EWR einführt.[655] Denn dann ist das Inverkehrbringen durch den Lizenznehmer das erste Inverkehrbringen im EWR. Wenn der Lizenznehmer hierbei gegen den Lizenzvertrag verstößt, dann lässt dies auf eine fehlende Zustimmung zum Inverkehrbringen schließen.

Für die *kombinierte Herstellungs- und Vertriebslizenz* gilt das gleiche wie für die Vertriebslizenz. Da Erschöpfung eintritt, sobald der Lizenznehmer

---

651 Art. 12 I lit. c) Rom I-VO; vgl. auch Benkard/*Rogge/Melullis*, PatG Vor § 16 Rn. 227.

652 Benkard/*Rogge/Melullis*, PatG Vor § 16, Rn. 73.

653 Allerdings wird teilweise vertreten, dass diese Art von Vertrag wegen des Eintritts der Erschöpfung bei Belieferung schon gar kein Lizenzvertrag sei, vgl. Osterrieth/*Osterrieth*, Rn. 654.

654 Nach hier vertretener Ansicht hat die Vorschrift daher konstitutiven Charakter, da sie dem Patentinhaber erlaubt, trotz Erschöpfung gegen den vertragsbrüchigen Lizenznehmer vorzugehen. Für bloß deklaratorischen Charakter dagegen: BT-Drs. 8/2087, S. 129 li. Sp. zu der entsprechenden Vorschrift in Art. 43 II GPÜ.

655 Vgl. *Ann*, PatR, § 40, Rn. 41.

patentgemäße Erzeugnisse hergestellt hat,[656] können sich spätere Vertragsverstöße grundsätzlich nicht mehr auf die Erschöpfung auswirken.

Nur bei einer *reinen Herstellungslizenz* tritt durch die Herstellung patentgemäßer Erzeugnisse noch keine Erschöpfung ein.[657] Ein etwaiger eigenmächtiger Weitervertrieb erfolgt dann ohne Zustimmung des Patentinhabers; daher führt ein solcher Weitervertrieb nicht zur Erschöpfung.

b) Art des Lizenzverstoßes

Bei der Auswirkung von Lizenzverstößen auf den Eintritt der Erschöpfung lassen sich verschiedene Ansichten vertreten. Man könnte zum einen darauf abstellen, dass der Patentinhaber grundsätzlich nur mit dem Inverkehrbringen einverstanden ist, wenn der Lizenznehmer *alle* Lizenzbedingungen einhält. Zum anderen könnte man zwischen der Zustimmung zum Inverkehrbringen und den Grenzen des Lizenzvertrages unterscheiden. Schließlich könnte der Patentinhaber mit der Lizenzerteilung grundsätzlich dem Inverkehrbringen zugestimmt haben; dann müsste der Patentinhaber das Risiko von Lizenzüberschreitungen selbst tragen.[658]

Überwiegend wird eine differenzierte Ansicht vertreten. Produkte seien immer dann patentverletzend und Erschöpfung trete nicht ein, wenn der Lizenzvertragsverstoß das Patent verletze.[659] Es wird also zwischen patentrechtlich wirksamen Beschränkungen und sonstigen – rein vertraglich wirksamen – Beschränkungen unterschieden.[660] Patentrechtlich wirksame Beschränkungen sollen solche sein, die sich auf den Inhalt der Nutzungsbefugnis beziehen, also insbesondere räumliche, zeitliche und mengenmäßige Beschränkungen.[661] Damit führt ein Verstoß gegen eine Gebietslizenz dazu, dass keine Erschöpfung eintritt.[662] Verstöße gegen Abrechnungspflichten haben dagegen keine Auswirkung auf die Erschöpfung, da sie sich nicht unmittelbar auf das Ausschließlichkeitsrecht beziehen.[663]

Der Schluss von einer Patentverletzung des Lizenznehmers auf das Nicht-Eintreten der Erschöpfung ist aber nicht zwingend. Man könnte mit dem OLG Stuttgart vertreten, dass ein Patentinhaber nicht gegen einen Erwerber patentgeschützter Erzeugnisse vorgehen kann, wenn die Erzeugnisse von einem Lizenznehmer entgegen einer vereinbarten Gebietslizenz unmittelbar

---

656 S. 78.

657 S. 77 f.

658 So z.B. *Tetzner*, NJW 1962, 2033, 2037 re. Sp.

659 Benkard/*Rogge/Melullis*, PatG Vor § 16, Rn. 73; *Reimer*, GRUR Int 1972, 221, 228; *Schatz*, IIC 1971, 1, 13; ähnl. *Kraßer*, GRUR Int 1973, 230, 235; *Leßmann*, GRUR 2000, 741, 747.

660 Vgl. Benkard/*Rogge/Melullis*, PatG Vor § 16, Rn. 73 f.

661 Benkard/*Rogge/Melullis*, PatG Vor § 16, Rn. 73; *Kraßer*, GRUR Int 1973, 230, 235; *Leßmann*, GRUR 2000, 741, 747; *Reimer*, GRUR Int 1972, 221, 228.

662 *Reimer*, GRUR Int 1972, 221, 228.

663 Benkard/*Rogge/Melullis*, PatG Vor § 16, Rn. 74; ähnl. Hazeltine Corporation v. Lissen Ld. (1939) 56 R.P.C. 62, 66 f. (*Simonds J.*).

nach Deutschland verkauft wurden.[664] Denn solange der Patentinhaber am Lizenzerlös beteiligt wird, macht es wirtschaftlich keinen Unterschied, ob der Lizenznehmer die Waren direkt exportiert, oder ob er sie im Lizenzgebiet an einen Dritten verkauft, der die Waren exportiert.[665]

Allerdings steht dies nicht mit der EuGH-Rechtsprechung im Einklang. Denn der EuGH zählt auch die Dispositionsfreiheit des Patentinhabers zum Kern des Patenrechts.[666] Dazu gehört, dass der Patentinhaber auch über die Art des Inverkehrbringens entscheiden darf.[667] Auch bei einer Zwangslizenz berücksichtigt der EuGH nur die fehlende Zustimmung, nicht aber eine etwaige Kompensation durch Zwangslizenzzahlungen.[668] Daher ist es für den Eintritt der Erschöpfung unerheblich, ob der Patentinhaber bei einem Lizenzverstoß die vereinbarten Lizenzgebühren erhält.

Der überwiegenden Literatur[669] ist darin zuzustimmen, dass nur solche Lizenzverstöße die Erschöpfung ausschließen können, die gleichzeitig gegen das Patentrecht verstoßen, also räumliche, zeitliche, mengenmäßige und sachliche Beschränkungen. Sofern noch keine Erschöpfung durch eine Belieferung des Lizenznehmers eingetreten ist, kann das Inverkehrbringen durch den Lizenznehmer nur zur Erschöpfung führen, wenn er seine räumlichen Lizenzbeschränkungen einhält.[670] Auch bei Mengenbeschränkungen im Rahmen einer kombinierten Herstellungs- und Vertriebslizenz tritt keine Erschöpfung ein, wenn der Lizenznehmer mehr als die vereinbarte Menge produziert. Er begeht bereits durch die Mehrproduktion eine Patentverletzung, da keine Zustimmung zur Mehrproduktion vorliegt.[671] Diese fehlende Zustimmung setzt sich bei einem Inverkehrbringen der zu viel hergestellten Produkte fort. Entsprechendes gilt für eine Herstellung zu einer nicht vom Lizenzzeitraum umfassten Zeit.

Fraglich bleibt aber, ob der Patentinhaber in solchen Fällen tatsächlich die Möglichkeit haben soll, einen Dritten in Anspruch zu nehmen, der eigentlich vom rechtmäßigen Lizenznehmer kauft und nur dessen vertragliche Beschränkungen nicht kennt. Indem der Patentinhaber einen Lizenznehmer beauftragt, setzt er sich auch dem Risiko von Lizenzvertragsverstößen aus. Ein Dritter hat dagegen in der Regel keine Kenntnis von den internen Vorgängen

664 OLG Stuttgart, Urt. v. 23.2.1979 - 2 U 165/78, GRUR Int 1980, 48, 49.

665 OLG Stuttgart, Urt. v. 23.2.1979 - 2 U 165/78, GRUR Int 1980, 48, 49.

666 EuGH, Urt. v. 9.7.1985 - C-19/84 - Pharmon/Höchst, ECLI:EU:C:1985:304, Rn. 25.

667 Vgl. EuGH, Urt. v. 14.7.1981 - C-187/80 - Merck/Stephar, ECLI:EU:C:1981:180, Rn. 11: Der Patentinhaber soll die Möglichkeit haben, "in voller Kenntnis der Sachlage über die Bedingungen zu entscheiden, unter denen er sein Erzeugnis in den Verkehr bringt".

668 Vgl. EuGH, Urt. v. 9.7.1985 - C-19/84 - Pharmon/Höchst, ECLI:EU:C:1985:304, Rn. 25.

669 *Ann*, PatR, § 40, Rn. 42; Benkard/*Rogge/Melullis*, PatG Vor § 16, Rn. 73; *Reimer*, GRUR Int 1972, 221, 228; *Schatz*, IIC 1971, 1, 13; ähnl. *Kraßer*, GRUR Int 1973, 230, 235; *Leßmann*, GRUR 2000, 741, 747.

670 Vgl. *Ann*, PatR, § 40, Rn. 43.

671 Vgl. *Ann*, PatR, § 40, Rn. 42.

zwischen Patentinhaber und Lizenznehmer. Der Dritte sollte darauf vertrauen dürfen, dass der Lizenznehmer seine Absprachen mit dem Patentinhaber einhält.[672] Ein Vorgehen gegen einen gutgläubigen Dritten begegnet daher Bedenken. Denn der Dritte müsste das Risiko von Lizenzvertragsverstößen tragen, obwohl eigentlich der Patentinhaber dieses Risiko eingegangen ist. Dieser Gesichtspunkt könnte z.B. beim Unterlassungsanspruch im Rahmen des Ermessens[673] berücksichtigt werden.

c) Ergebnis

Sofern nicht bereits durch Belieferung des Lizenznehmers Erschöpfung eingetreten ist, verhindert ein Lizenzvertragsverstoß den Eintritt der Erschöpfung nur, wenn der Lizenznehmer gegen eine patentrechtliche Vorschrift verstößt. Sonstige Lizenzverstöße lassen die Zustimmung zum Inverkehrbringen unberührt.

Die Zustimmung zum Inverkehrbringen fehlt beim Überschreiten der vereinbarten Produktionsmenge, beim Herstellen außerhalb des Lizenzzeitraums und beim Inverkehrbringen aus dem EWR-Ausland unter Verstoß gegen eine räumliche Lizenzbeschränkung. Allerdings sollte im Rahmen des Unterlassungsanspruchs berücksichtigt werden, dass der Patentinhaber mit dem Eingehen des Lizenzvertrages auch das Risiko von Lizenzverstößen geschaffen hat. Dieses Risiko sollte nicht auf Dritte verlagert werden dürfen, die die Beschränkung des Lizenznehmers nicht kennen. Primär sollte der Patentinhaber gegen den vertragsbrüchigen Lizenznehmer vorgehen müssen.

6. Verbundene Unternehmen

Wenn ein Patentinhaber nicht in allen EWR-Staaten Patentinhaber ist und ein anderes Unternehmen auf Basis eines Parallelpatents patentgemäße Waren im EWR in Verkehr bringt, stellt sich die Frage, ob der Patentinhaber Einfuhren dieser Waren in diejenigen Staaten verhindern kann, in denen er selbst Patentrechte besitzt. Beim Einheitspatent gibt es zwar innerhalb der teilnehmenden Mitgliedsstaaten keine Parallelpatente. Parallelpatente kann es aber im Verhältnis zu EWR-Staaten geben, die nicht zum Gebiet des Einheitspatents gehören.

Nach der EuGH-Rechtsprechung ist die Zustimmung des Patentinhabers zum Inverkehrbringen entbehrlich, wenn es sich bei dem anderen Unternehmen um ein rechtlich oder wirtschaftlich verbundenes Unternehmen handelt oder wenn die beteiligten Unternehmen kartellrechtswidrig handeln.[674] Auch wenn unabhängige Schutzrechte vorliegen, die jeweiligen Schutzrechtsinhaber aber ihre Aktivitäten koordinieren, soll der freie Warenverkehr

---

672 Ähnlich *Tetzner*, NJW 1962, 2033, 2037 re. Sp.
673 Vgl. Art. 63 I 1 EPGÜ: „... *kann* ... Verfügung erlassen".
674 EuGH, Urt. v. 14.9.1982 – C-144/81 – Keurkoop/Nancy Kean, ECLI:EU:C:1982:289, Rn. 29.

vorgehen.[675] Ein Inverkehrbringen durch das andere Unternehmen führt dann zur Erschöpfung im gesamten EWR.

Für eine wirtschaftliche Verbundenheit ist nach Ansicht des EuGH maßgeblich, dass eine Möglichkeit der Kontrolle der Warenqualität durch den Schutzrechtsinhaber besteht.[676] Dieser Punkt dürfte allerdings sehr markenrechtsspezifisch und nicht ohne weiteres auf das Patentrecht übertragbar sein, weil er die Qualitätsfunktion der Marke betrifft. Im Übrigen könnte diese Rechtsprechung dazu führen, dass bei zwei Schutzrechtsinhabern der Warenverkehr nur in eine Richtung geöffnet werden müsste. Insbesondere in Über-/Unterordnungsverhältnissen ist nämlich davon auszugehen, dass nur der eine der beiden Schutzrechtsinhaber die Möglichkeit einer Qualitätskontrolle hat.

Für das Patenrecht wird es bei unabhängigen Schutzrechten eher darauf ankommen, ob das Auftreten der Unternehmen auf dem Markt koordiniert erfolgt oder ob jedes Unternehmen unabhängig agiert. Für eine Koordination spricht z.B. eine gemeinsame Werbestrategie.[677] Weiterhin ist zu berücksichtigen, ob ein ursprünglich einheitliches Patent künstlich aufgespalten und auf Konzernunternehmen verteilt wurde.[678] Ein solcher Fall entspräche der Erteilung von Gebietslizenzen an die jeweiligen Unternehmen. Der Fall ist daher genauso wie eine normale Gebietslizenz zu behandeln, so dass ein Inverkehrbringen durch jedes der beiden Unternehmen zur EWR-weiten Erschöpfung führt, ohne dass eine gesonderte Zustimmung des anderen Unternehmens benötigt wird.

7. Schadensersatzzahlung

Fraglich ist, ob die Annahme von Schadensersatz wegen Patentverletzung als Zustimmung zum Inverkehrbringen aufgefasst werden kann.[679] Dann träte nachträglich Erschöpfung ein, und man müsste die betreffenden Produkte als rechtmäßig im Verkehr befindlich ansehen. In zeitlicher Hinsicht ist dies zunächst unproblematisch; denn die Zustimmung muss nicht unbedingt vor dem Inverkehrbringen, sondern kann auch nachträglich in Form einer Genehmigung erfolgen.[680] Auch spricht nichts gegen eine konkludente Zustimmung.[681]

675 EuGH, Urt. v. 20.12.2017 – C-291/16 – Schweppes/Red Paralela, GRUR 2018, 191, Rn. 40.
676 EuGH, Urt. v. 20.12.2017 – C-291/16 – Schweppes/Red Paralela, GRUR 2018, 191, Rn. 45.
677 EuGH, Urt. v. 20.12.2017 – C-291/16 – Schweppes/Red Paralela, GRUR 2018, 191, Rn. 40.
678 Vgl. EuGH, Urt. v. 22.6.1976 – C-119/75 – Terrapin/Terranova, ECLI:EU:C:1976:94, Rn. 6.
679 So sieht z.B. *Schramm*, S. 379 bereits im Schadensersatzverlangen eine Einwilligung, die zum Schutzrechtsverbrauch führe.
680 EuGH, Urt. v. 3.6.2010 – C-127/09 – Coty/Simex, ECLI:EU:C:2010:313, Rn. 38.
681 S. 90.

Problematisch wäre es aber, in der Annahme von Schadensersatz automatisch eine Zustimmung zu erblicken.[682] Zwar mag die Entgegennahme von Schadensersatz die zugedachte Patentbelohnung enthalten.[683] Erschöpfung knüpft aber nicht an die Belohnung, sondern an die Entscheidungsfreiheit des Schutzrechtsinhabers an.[684] Auch besagt die Berechnung von Schadensersatz auf Basis der Lizenzanalogie nicht, dass nachträglich eine Lizenz erteilt wird; es handelt sich eben nur um eine Berechnungsmethode.[685]

Hinzu kommt, dass die Zahlung von Schadensersatz die Rechtswidrigkeit einer einmal begangenen Rechtsverletzung nicht heilen kann.[686] Schadensersatz beseitigt nur die Folgen einer Rechtsverletzung.[687] Die rechtswidrig in Verkehr gebrachten Produkte sind aber grundsätzlich weiter patentverletzend.[688] Wäre man anderer Ansicht, dann müsste die Annahme von Schadensersatz dazu führen, dass der Verletzte keine Vernichtungs- und Rückrufansprüche geltend machen kann.[689]

Daher kann die Annahme von Schadensersatz nur im Einzelfall zur Erschöpfung führen, wenn darüber hinaus eine erschöpfungsbewirkende Zustimmung erklärt wird.[690] Die bloße Forderung nach Schadensersatz oder das Anstrengen eines gerichtlichen Verfahrens enthalten eine solche Zustimmung nicht.[691] Wenn sich die Parteien vergleichsweise auf eine Schadensersatzzahlung einigen, dann hängt die Wirkung von einer Auslegung des Vergleichsvertrages ab. Dabei kommt es darauf an, ob die Zahlung nur einen Ausgleich für die Vergangenheit schaffen soll oder ob darüber hinaus auch eine Legitimation für die Zukunft geschaffen werden soll. Ein Indiz dafür kann die Höhe der Schadensersatzzahlung sein.[692]

---

682 So aber wohl *Windisch*, S. 197, wonach die Verfolgung eines Schadensersatzanspruchs automatisch zur Konsumtion führe; auch nach *Kohler*, S. 454 soll eine Heilung eintreten, wenn der Patentberechtigte für alle Folgen aus Herstellung und Verbreitung entschädigt worden sei.

683 *Körner*, GRUR 1980, 204, 206; ähnl. bereits *Kohler*, S. 454; in diese Richtung auch *Leßmann*, GRUR 2000, 741, 743; *Reisner*, S. 297; *Sack*, GRUR 1999, 193, 197.

684 EuGH, Urt. v. 14.7.1981 – C-187/80 – Merck/Stephar, ECLI:EU:C:1981:180, Rn. 11; *Beier*, GRUR Int 1989, 603, 612.

685 BGH, Urt. v. 5.7.2001 – I ZR 311/98 – Spiegel-CD-ROM, GRUR 2002, 248, 252; *Allekotte*, Mitt. 2004, 1, 5 re. Sp.; a.A. *Sack*, GRUR 1999, 193, 197, wonach der Verletzer bei der Lizenzanalogie genauso gestellt werden müsse wie derjenige, der einen Lizenzvertrag schließt.

686 BGH, Urt. v. 7.2.2002 – I ZR 304/99 – Unikatrahmen, GRUR 2002, 532, 535; ähnl. *Götz*, GRUR 2001, 295, 297, der in der Entgegennahme von Schadensersatz nicht automatisch eine rückwirkende Genehmigung einer Verletzung sieht.

687 *von der Groeben*, FS Mes, 141, 144.

688 Vgl. für das englische Recht: Codex v. Racal-Milgo [1984] FSR 87, 94 (*Whitford J.*).

689 *von der Groeben*, FS Mes, 141, 146.

690 *Götz*, GRUR 2001, 295, 297.

691 *Allekotte*, Mitt. 2004, 1, 5 li. Sp.

692 Ähnl. *Götz*, GRUR 2001, 295, 297.

Üblicherweise bezieht sich eine Schadensersatzzahlung aber nur auf die Vergangenheit und auf die Beseitigung des eingetretenen Schadens.[693] Wenn der Schadensersatz den vollständig entstandenen Schaden umfasst, mag der Patentinhaber zwar nicht berechtigt sein, Schadensersatz von weiteren Verletzern zu fordern, solange kein weiterer Schaden eintritt.[694] Unterlassungs-, Rückruf- und Vernichtungsansprüche bleiben aber grundsätzlich trotz Schadensersatzzahlung bestehen.[695]

8. Ergebnis

Die Zustimmung ist ein wesentliches Element für den Eintritt der Erschöpfung. Die Rechtsprechung versteht unter Zustimmung sowohl die Freiwilligkeit des Inverkehrbringens durch den Patentinhaber als auch die Zustimmung zum Inverkehrbringen durch Dritte.

Die *Freiwilligkeit des Inverkehrbringens* fehlt nach hier vertretener Auffassung nur, wenn ein rechtlicher Zwang zum Inverkehrbringen vorliegt, der individuell in die Rechtsposition des Patentinhabers eingreift und sich für diesen als Sonderopfer auswirkt.

Die *Zustimmung zum Inverkehrbringen durch Dritte* kann ausdrücklich oder konkludent sowie zeitlich vor, bei oder nach dem Inverkehrbringen erklärt werden. Beim Inverkehrbringen durch einen Lizenznehmer fehlt die Zustimmung, wenn der Lizenznehmer gegen eine patentrechtliche Vorschrift verstößt. Es kann aber bereits Erschöpfung beim Lizenznehmer eingetreten sein, so dass sich spätere Lizenzverstöße nicht mehr auf die Erschöpfung auswirken. Beim Inverkehrbringen durch rechtlich oder wirtschaftlich verbundene Unternehmen liegt stets eine Zustimmung des Patentinhabers vor. Die Entgegennahme von Schadensersatz beinhaltet dagegen grundsätzlich keine Zustimmung zum Inverkehrbringen.

III. Kein Ausschluss der Erschöpfung

Art. 29 EPGÜ und Art. 6 EPatVO sehen eine Ausnahme von der Erschöpfungswirkung vor, wenn der Patentinhaber berechtigte Gründe hat, sich dem weiteren Vertrieb des in Verkehr gebrachten Erzeugnisses zu widersetzen. Eine vergleichbare Vorschrift gibt es im Markenrecht. Nach Art. 15 RL (EU) 2015/2436 (Marken-RL) liegen berechtigte Gründe insbesondere dann vor,

---

693 Vgl. Codex v. Racal-Milgo [1984] FSR 87, 94 (*Whitford J.*), wonach sich jedenfalls gerichtlicher Schadensersatz nur auf die Vergangenheit bezieht; ähnl. *von der Groeben*, FS Mes, 141, 142, wonach ein Schadensersatzanspruch grundsätzlich in die Vergangenheit gerichtet ist.

694 Vgl. *Götz*, GRUR 2001, 295, 303; Haedicke/Timmann/*Bukow*, § 13, Rn. 68.

695 Ähnl. *Götz*, GRUR 2001, 295, 297; in diese Richtung auch Haedicke/Timmann/*Bukow*, § 13, Rn. 68; a.A. Schulte/*Rinken*, § 9 PatG, Rn. 45.

wenn der Zustand der Waren nach ihrem Inverkehrbringen verändert oder verschlechtert ist.

Fraglich ist, welche berechtigten Gründe es im Patentrecht gibt und welche Folgen sich daraus ergeben.[696] Dabei stellt sich die Frage, inwieweit die bisherige EuGH-Rechtsprechung, die überwiegend das Markenrecht betraf, auf das Patentrecht übertragbar ist. Insbesondere ist zu untersuchen, ob berechtigte Gründe auch den Gebrauch patentgeschützter Produkte unzulässig machen können. Denn die bisherige EuGH-Rechtsprechung betraf nur den Weitervertrieb geschützter Erzeugnisse.[697]

1. Wortlaut, Historie und Systematik

Zunächst ist zu untersuchen, welche Arten von Gründen überhaupt als „berechtigt" anzusehen sind. Dazu sind Wortlaut, Historie und Systematik der Norm zu betrachten.

Aus dem *Wortlaut* der Vorschrift

> *„es sei denn, der Patentinhaber hat berechtigte Gründe, sich dem weiteren Vertrieb des Erzeugnisses zu widersetzen"*

ergibt sich, dass der Patentinhaber nur solche Gründe geltend machen kann, die sich gerade gegen den Weitervertrieb richten. Andere Gründe des Patentinhabers, die sich z.B. gegen den weiteren Gebrauch patentgemäßer Erzeugnisse richten, werden nicht erfasst. Da der Wortlaut eindeutig auf den Weitervertrieb abstellt, handelt es sich insofern um eine abschließende Regelung. Hätte der Normgeber etwas anderes gewollt, hätte er den letzten Halbsatz weglassen müssen. Es besteht daher keine Möglichkeit einer erweiternden Auslegung auf nicht-vertriebsbezogene Gründe. Berechtigte Gründe können sich nur gegen den Weitervertrieb richten.

In *systematischer* Hinsicht ist zu berücksichtigen, dass mit Art. 6 EPatVO eine Vorschrift geschaffen wurde, die der Auslegung durch den EuGH unterliegt. Da nicht beabsichtigt war, dem EuGH die Auslegung von spezifischem Patentrecht zu übertragen,[698] kann dies nur bedeuten, dass mit Art. 6 EPatVO bewusst die Möglichkeit geschaffen werden sollte, dem EuGH Fragen zur Reichweite des Patentrechts im Verhältnis zu den Vorschriften des freien Warenverkehrs im EWR vorlegen zu können. Dies spricht dafür, dass berechtigte Gründe nur in Frage kommen, wenn eine Ausnahme vom freien Warenverkehr gerechtfertigt ist.

Darauf deutet auch die *Entstehungsgeschichte* der Vorschrift hin. Die Ausnahme von der Erschöpfung geht zurück auf die Erschöpfungsregeln im

---

696 *Gollrad*, Rn. 574, lehnt diese Klausel für das Patentrecht grundsätzlich ab. Es handele sich um einen „Fremdkörper".

697 S. 34.

698 *Haedicke*, GRUR Int 2013, 609, 610.

(nicht in Kraft getretenen) Gemeinschaftspatentübereinkommen von 1975 (Art. 32 und Art. 81 GPÜ).[699] Da unter den damaligen Vertragsstaaten streitig war, ob ein Inverkehrbringen in patentfreien Staaten zur Erschöpfung führen soll, wurde als Kompromiss eine Ausnahme von der Erschöpfung vorgesehen, wenn Regeln des Gemeinschaftsrechts eine solche gerechtfertigt erscheinen ließen.[700] Die Erschöpfungsregel kodifizierte somit die bisherige Rechtsprechung des Europäischen Gerichtshofs zur Warenverkehrsfreiheit, wobei die Ausnahmeregelung eine flexible Weiterentwicklung der Rechtsprechung ermöglichen sollte.[701]

Die Ausnahmeregelung wurde in der Folge im Gemeinschaftspatentübereinkommen von 1989 und im Vorschlag einer Verordnung über das Gemeinschaftspatent von 2000 übernommen.[702] Art. 29 EPGÜ und Art. 6 EPatVO führen die Ausnahmeregelung fort, allerdings wurde der Wortlaut an die Formulierung der harmonisierten markenrechtlichen Regelungen angeglichen.[703]

Die Ausnahmeregelung ist also aus historischer Sicht dafür vorgesehen, die EuGH-Rechtsprechung zur Warenverkehrsfreiheit abzubilden. Dies wird bestätigt durch Erwägungsgrund Nr. 12 der EPatVO.[704]

Da die gemeinschaftsrechtliche Erschöpfung somit eine Ausprägung des freien Warenverkehrs ist, ist eine Ausnahme von der Erschöpfung zugleich eine Ausnahme vom freien Warenverkehr. Eine solche Ausnahme muss aber die grundsätzliche Wertung von Art. 34 und 36 AEUV berücksichtigen. Demzufolge kann ein berechtigter Grund des Patentinhabers nur vorliegen, wenn ein solcher Grund auch im Lichte von Art. 34 und 36 AEUV eine Ausnahme vom freien Warenverkehr rechtfertigt. In Betracht kommen daher nur Gründe im Sinne von Art. 36 AEUV oder zwingende Gründe im Sinne der *Cassis*-Rechtsprechung. Überdies muss die Ausnahme – als Beschränkung des freien Warenverkehrs – auch verhältnismäßig sein.

Eine Orientierung bietet dabei die Rechtsprechung des EuGH.[705] Es ist allerdings zu berücksichtigen, dass diese Rechtsprechung teilweise sehr

---

699 *Gollrad*, GRUR Patent 2023, 242, Rn. 9; ausführlich zur Entstehungsgeschichte: *Krieger*, GRUR Int 1976, 208, 209 ff.

700 Benkard EPÜ/*Henke*, Neunter Teil, Vorbemerkung B, Rn. 61; *Gollrad*, GRUR Patent 2023, 242, Rn. 9; *Krieger*, GRUR Int 1976, 208, 211.

701 *Krieger*, GRUR Int 1976, 208, 211.

702 *Gollrad*, GRUR Patent 2023, 242, Rn. 10 f.

703 *Gollrad*, GRUR Patent 2023, 242, Rn. 12.

704 *„Im Einklang mit der ständigen Rechtsprechung des Gerichtshofs der Europäischen Union sollte der Grundsatz des Erlöschens von Rechten auch für Europäische Patente mit einheitlicher Wirkung gelten."*.

705 A.A. *Azéma/Galloux*, Rn. 1007, wonach sich aus der Vorschrift ein umfassendes Folgerecht (*droit de suite*) ergebe, welches über die Rechtsprechung des EuGH hinausgehe.

spezifisch auf die Funktionen der Marke zugeschnitten war.[706] Im Folgenden werden die verschiedenen in Betracht kommenden Fallgruppen erörtert.

2. Fallgruppen der bisherigen Rechtsprechung

a) Staatliche Preisvorgaben

Zunächst könnte man daran denken, die Erschöpfung auszuschließen, wenn es im Staat des ersten Inverkehrbringens eine staatliche Preisaufsicht gibt, die die Preise künstlich niedrig hält. Denn dadurch könnten Wettbewerber in diesem Staat patentgeschützte Produkte günstig einkaufen und in anderen Staaten den höheren Verkaufspreis des Patentinhabers unterbieten. Der staatliche Eingriff in die Marktbedingungen würde Konkurrenten ein lukratives Geschäftsfeld eröffnen, ohne dass diese ein kaufmännisches Risiko eingehen müssten.[707]

Nach Ansicht des EuGH sind Preisdifferenzen aufgrund von staatlicher Marktaufsicht aber kein Grund, eine Ausnahme von der gemeinschaftsrechtlichen Erschöpfung zu machen. Demnach berechtigt das Vorliegen wettbewerbsverfälschender Faktoren nicht zu Ausnahmen vom freien Warenverkehr; vielmehr ist es Aufgabe der Gemeinschaftsbehörden, wettbewerbsverfälschende Maßnahmen der Mitgliedsstaaten zu beheben.[708]

b) Fehlende Patentfähigkeit im Staat des ersten Inverkehrbringens

Auch ein fehlender Patenschutz im Staat des ersten Inverkehrbringens ist kein berechtigter Grund für eine Ausnahme von der Erschöpfung. Historisch beruht die Ausnahmeregelung der Erschöpfung zwar darauf, dass in den Verhandlungen zum GPÜ umstritten war, ob ein Vertrieb in Ländern ohne Patentschutz zur Erschöpfung führt.[709] Als Kompromiss wurde die Formel der berechtigten Gründe gewählt,[710] um zulässige Ausnahmen von der Weiterentwicklung der EuGH-Rechtsprechung abhängig zu machen.[711]

In *Merck/Stephar*[712] entschied der EuGH indes, dass keine Ausnahme von der gemeinschaftsrechtlichen Erschöpfung gerechtfertigt ist, wenn im Staat des ersten Inverkehrbringens kein Patentschutz besteht und der Patentinhaber sein Produkt gleichwohl in diesem Staat in Verkehr bringt. Das gilt selbst dann, wenn der fehlende Patentschutz darauf beruht, dass gesetzliche Vorschriften in diesem Staat die Patentierbarkeit verhindern und der

---

706 Benkard EPÜ/*Henke*, Neunter Teil, Vorbemerkung B, Rn. 62.

707 Vgl. Erklärungen der Sterling Drug Inc. in EuGH, Urt. v. 31.10.1974 – C-15/74 – Centrafarm/Sterling Drug, ECLI:EU:C:1974:114, S. 1154 re. Sp.

708 EuGH, Urt. v. 31.10.1974 – C-15/74 – Centrafarm/Sterling Drug, ECLI:EU:C:1974:114, Rn. 23/24; kritisch dazu *Mager*, GRUR 1999, 637, 640.

709 *Krieger*, GRUR Int 1976, 208, 210.

710 In Bezug auf die „Regeln des Gemeinschaftsrechts".

711 *Krieger*, GRUR Int 1976, 208, 211.

712 EuGH, Urt. v. 14.7.1981 – C-187/80 – Merck/Stephar, ECLI:EU:C:1981:180.

Patentinhaber sein Produkt aufgrund des fehlenden Patentschutzes in diesem Staat günstiger verkaufen muss.[713] Der EuGH sieht den spezifischen Gegenstand des Patents nicht als verletzt; denn der Patentinhaber könne immer noch in voller Kenntnis der Sachlage über die Bedingungen entscheiden, unter denen er sein Erzeugnis in Verkehr bringe, wozu auch das Inverkehrbringen im patentfreien Staat gehöre.[714] Damit bestätigt der EuGH, dass es für den Eintritt der Erschöpfung nur auf die Freiwilligkeit des Inverkehrbringens ankommt und dass die wirtschaftlichen Interessen des Patentinhabers keine Abweichung von der Erschöpfung rechtfertigen können.[715]

c) Zwangslizenz

Bei patentgemäßen Produkten, die aufgrund einer Zwangslizenz in Verkehr sind, tritt nach der EuGH-Rechtsprechung keine Erschöpfung ein. Der EuGH scheint dabei die Zwangslizenz mit einer Zwangslage des Patentinhabers gleichzusetzen. In *Pharmon/Höchst* stellte der EuGH darauf ab, dass der Patentinhaber bei einer Zwangslizenz nicht frei über die Bedingungen entscheiden könne, unter denen er sein Erzeugnis in den Verkehr bringen will.[716] Er dürfe sich daher der Einfuhr der aufgrund der Zwangslizenz hergestellten und in Verkehr gebrachten Erzeugnisse widersetzen.[717]

Zwar bestand im zugrundeliegenden Fall die Besonderheit, dass der Zwangslizenznehmer die Erzeugnisse nicht im Zwangslizenzstaat vertrieb und sie stattdessen unmittelbar ins Ausland exportierte. Da sich der EuGH aber nicht mit dieser Besonderheit auseinandersetzte, ist davon auszugehen, dass der Patentinhaber auch den Import solcher Produkte unterbinden kann, die zunächst im Zwangslizenzstaat im freien Verkehr waren.[718]

Um den Weitervertrieb von Erzeugnissen zu verhindern, die aufgrund einer Zwangslizenz in Verkehr sind, benötigt man allerdings keine Ausnahme vom Erschöpfungsprinzip. Da nämlich bereits die Zustimmung des Patentinhabers zum Inverkehrbringen fehlt, kann bereits aus diesem Grund keine Erschöpfung eintreten.[719]

d) Übergangsregeln der EU-Erweiterung – Besonderer Mechanismus

In EU-Beitrittsverträgen können Ausnahmen vom freien Warenverkehr als sogenannter „Besonderer Mechanismus" enthalten sein. In solchen Fällen darf sich ein Patentinhaber schlechthin auf seine Patentrechte berufen und

---

713 EuGH, Urt. v. 14.7.1981 - C-187/80 - Merck/Stephar, ECLI:EU:C:1981:180, S. 2065 f. und Rn. 11.
714 EuGH, Urt. v. 14.7.1981 - C-187/80 - Merck/Stephar, ECLI:EU:C:1981:180, Rn. 11.
715 Ähnl. *Heinemann*, S. 266.
716 EuGH, Urt. v. 9.7.1985 - C-19/84 - Pharmon/Höchst, ECLI:EU:C:1985:304, Rn. 25.
717 EuGH, Urt. v. 9.7.1985 - C-19/84 - Pharmon/Höchst, ECLI:EU:C:1985:304, Rn. 26.
718 So auch *Demaret*, IIC 1987, 161, 172; ähnl. *Benyamini*, S. 330.
719 Ähnl. *Benyamini*, S. 330.

sich gegen die Einfuhr von Waren aus den betreffenden Beitrittsstaaten wehren.[720] Dieser besondere Mechanismus enthält keine eigene patentrechtliche Regelung, sondern er führt nur dazu, dass ein Import, der alleine aufgrund der Regeln des freien Warenverkehrs im EWR gestattet werden müsste, ausnahmsweise doch nicht gestattet werden muss.[721] Eine solche Ausnahme vom freien Warenverkehr ist daher auch im Rahmen von Art. 29 EPGÜ und Art. 6 EPatVO ein berechtigter Grund.

e) Gesundheitsgefahren

Der Schutz der Öffentlichkeit vor Gesundheitsgefahren ist nach Art. 36 AEUV ein berechtigter Grund für Ausnahmen vom freien Warenverkehr. Voraussetzung für eine staatliche Maßnahme zu diesem Zweck ist aber, dass sie als solche der Gesundheitspflege dient und nicht erst auf dem Umweg über Vorschriften des gewerblichen und kommerziellen Rechtsschutzes erfolgt.[722] Gründe der Qualitätskontrolle zu Zwecken der öffentlichen Gesundheit haben nichts mit dem Patentschutz zu tun und können daher keine Beschränkung des gemeinschaftlichen Handels rechtfertigen.[723] Ein Patentinhaber kann sich also nicht wegen (angeblicher) Gefahren für die Gesundheit gegen den Import patentierter Erzeugnisse wehren, die von ihm oder mit seiner Zustimmung in einem anderen Mitgliedsstaat in Verkehr gebracht wurden.

f) Veränderte Produkte

Bei Veränderungen von patentgeschützten Produkten ist zu unterscheiden zwischen Identitätsänderungen und sonstigen Zustandsveränderungen. Wenn es sich nach der Veränderung nicht mehr um das Produkt handelt, welches in Verkehr gebracht wurde, wenn also eine Identitätsänderung stattgefunden hat, dann muss die Erschöpfung des Patentrechts ausgeschlossen sein.[724] Bei derart veränderten Produkten muss man bereits das Inverkehrbringen verneinen, denn das Produkt wurde nicht in der veränderten Form in Verkehr gebracht. Man muss daher nicht auf die Ausnahme der berechtigten Gründe zurückgreifen.

Fraglich ist aber, ob auch sonstige Zustandsveränderungen zu einem Ausschluss der Erschöpfungswirkung führen können, wie es im Markenrecht der

720 BGH, Urt. v. 12.7.2011 – X ZR 56/09 – Besonderer Mechanismus, GRUR Int 2012, 368, Rn. 26.

721 *Heath*, IIC 2014, 399, 407.

722 EuGH, Urt. v. 31.10.1974 – C-15/74 – Centrafarm/Sterling Drug, ECLI:EU:C:1974:114, Rn. 27/28.

723 EuGH, Urt. v. 3.3.1988 – C-434/85 – Allen & Hanburys/Generics, ECLI:EU:C:1988:109, Rn. 20 f.

724 Vgl. Dellareed v. Delkim [1988] FSR 329, 347 (*Falconer J.*).

Fall ist.[725] Dann würde z.B. keine Erschöpfung eintreten bei Qualitätsveränderungen, welche die Integrität und Funktionsfähigkeit des Gegenstands berühren.[726] Dagegen spricht allerdings, dass die Qualität einer Ware - im Gegensatz zum Markenrecht[727] - keine spezifische Funktion des Patentrechts ist.[728] Überdies besteht gerade bei technischen Gegenständen ein legitimes Interesse an einem Gebrauchtwarenhandel. Dieser wäre gefährdet, wenn ein Patentinhaber den Weitervertrieb von Gegenständen verhindern könnte, die durch Gebrauchshandlungen nicht mehr neuwertig sind. Zustandsverschlechterungen sind daher keine legitimen Gründe für eine Ausnahme von der Erschöpfung im Patentrecht.[729] Auch der Aspekt einer potentiellen Rufschädigung kann - anders als im Markenrecht - keine Ausnahme von der Erschöpfung rechtfertigen, weil es sich dabei ebenfalls nur um eine spezifisch markenrechtliche Funktion handelt.[730]

g) Verbraucherschutz und Lauterkeit des Handelsverkehrs

Zwingende Erfordernisse des Verbraucherschutzes und der Lauterkeit des Handelsverkehrs können eine Ausnahme von der gemeinschaftsrechtlichen Erschöpfung rechtfertigen. In einem patentrechtlichen Fall entschied der EuGH, dass „ein Einfuhrverbot nicht mit zwingenden Erfordernissen des Verbraucherschutzes oder der Lauterkeit des Handelsverkehrs begründet werden kann, wenn die nationalen Rechtsvorschriften, auf denen das Verbot beruht, nicht unterschiedslos für einheimische und eingeführte Erzeugnisse gelten"[731]. Im Umkehrschluss kann ein Patentinhaber die Einfuhr patentgemäßer Erzeugnisse aus dem EWR-Ausland aufgrund nationaler Rechtsvorschriften des Verbraucherschutzes oder der Lauterkeit des Handelsverkehrs abwehren, wenn diese Vorschriften unterschiedslos für einheimische wie für eingeführte Erzeugnisse gelten.

Beim Verbraucherschutz scheint es aber fraglich, ob dieser eine Ausnahme von der Erschöpfung rechtfertigen kann. Denn es handelt sich dabei - wie auch beim Gesundheitsschutz - um Allgemeininteressen. Die Wahrung dieser Interessen obliegt nicht dem einzelnen Patentinhaber. Es entspricht nicht

---

725 Vgl. § 24 II MarkenG: „insbesondere wenn der Zustand der Waren nach ihrem Inverkehrbringen verändert oder verschlechtert ist"; vgl. auch BGH, Urt. v. 14.12.1995 - I ZR 210/93 - Gefärbte Jeans, GRUR 1996, 271, 274 zum Warenzeichengesetz, wonach der Inhaber aufgrund seines Zeichenrechts Handlungen verbieten kann, wenn das Zeichenrecht durch eine Veränderung der Eigenart der Ware berührt wird.

726 So Benkard EPÜ/*Henke*, Neunter Teil, Vorbemerkung B, Rn. 62.

727 Vgl. BeckOK Markenrecht/*Grundmann*, UMV 2017 Art. 9, Rn. 75.

728 Ähnl. *Gollrad*, GRUR Patent 2023, 242, Rn. 26; ähnl. *Zuberbühler*, S. 36, der auf die fehlende Herkunftsgarantie abstellt.

729 Kritisch dazu auch *Reisner*, S. 37.

730 So auch Benkard EPÜ/*Henke*, Neunter Teil, Vorbemerkung B, Rn. 62; ähnl. *Zuberbühler*, S. 35 f.

731 EuGH, Urt. v. 3.3.1988 - C-434/85 - Allen & Hanburys/Generics, ECLI:EU:C:1988:109, Rn. 36.

dem Zweck des Patentrechts, Verhaltensweisen patentrechtlich verbieten zu können, nur um das Allgemeininteresse am Verbraucherschutz sicherzustellen. Es spricht daher viel dafür, keine Ausnahmen von der Erschöpfung zu Zwecken des Verbraucherschutzes zuzulassen.

Dagegen ist bei lauterkeitsrechtlichen Gründen eine Geltendmachung durch den Patentinhaber eher gerechtfertigt. Denn diese können den Patentinhaber selbst in seiner wirtschaftlichen Betätigung betreffen. Auch im Markenrecht lässt der EuGH Ausnahmen von der Erschöpfung aus lauterkeitsrechtlichen Gründen zu. So kann das Entfernen von Identifikationsnummern im Markenrecht dazu führen, dass sich der Schutzrechtsinhaber dem weiteren Vertrieb der Produkte widersetzen kann. Das ist insbesondere der Fall, wenn die Identifikationsnummer einem legitimen Zweck wie der Möglichkeit eines Rückrufs schadhafter Produkte oder der Bekämpfung von Nachahmungen dient.[732] Diese Argumentation ist nicht markenspezifisch und daher auch auf das Patentrecht übertragbar. Wenn das Entfernen von Identifikationsnummern gegen legitime Interessen des Schutzrechtsinhabers verstößt, dann ist dies ein berechtigten Grund im Sinne von Art. 29 EPGÜ bzw. Art. 6 EPatVO.

Wenn man lauterkeitsrechtliche Gründe als Ausnahmen der Erschöpfung zulässt, vermischt man allerdings lauterkeitsrechtliche Gründe mit Erschöpfungsfragen.[733] Sinnvoller wäre es, direkt auf lauterkeitsrechtliche Sanktionen zurückzugreifen. Es fragt sich nämlich, ob lauterkeitsrechtliche Gründe wirklich zu einem vollen Ausschluss der Erschöpfung führen sollen. Denn bei der Entfernung von Identifikationsnummern handelt nur derjenige unlauter, der diese entfernt. Derjenige, der solche Produkte gebraucht, handelt nicht unlauter. Wenn das Entfernen von Identifikationsnummern die Erschöpfung ausschlösse, dann müsste auch der Gebrauch unzulässig werden. Dieses Problem gibt es im Markenrecht nicht, weil der bloße Gebrauch markengeschützter Erzeugnisse keine markenmäßige Benutzung ist.[734] Im Patentrecht sollte bei lauterkeitsrechtlichen Gründen die Erschöpfung jedenfalls nicht vollständig ausgeschlossen werden, um zumindest den weiteren Gebrauch – sofern dieser nicht ebenfalls unlauter ist – weiterhin zulässig zu machen.

h) Zwischenergebnis

Es gibt nur wenige Gründe, die eine Ausnahme von der Erschöpfung rechtfertigen können. Die meisten „Ausnahmen" der Erschöpfung beruhen bereits darauf, dass kein Inverkehrbringen (z.B. veränderte Produkte) oder

---

732 EuGH, Urt. v. 11.11.1997 – C-349/95 – Loendersloot/Ballantine, ECLI:EU:C:1997:530, Rn. 41 f.

733 Kritisch dazu auch *Kur/Ohly*, GRUR 2020, 457, 470 f.

734 EuGH, Urt. v. 11.3.2003 – C-40/01 – Ansul, ECLI:EU:C:2003:145, Rn. 37. BeckOK Markenrecht/*Fuhrmann*, UMV 2017 Art. 18, Rn. 17.

keine Zustimmung (z.B. Inverkehrbringen durch einen Dritten) vorliegt. Echte Ausnahmen von der Erschöpfungswirkung gibt es hingegen kaum.

Für das Patentrecht kommen zum einen Übergangsregeln im Rahmen der EU-Erweiterung in Betracht, die es ermöglichen, den freien Warenverkehr ausschließen. Zum anderen ist davon auszugehen, dass – wie in der bisherigen Rechtsprechung zum Markenrecht – lauterkeitsrechtliche Gründe wie das Entfernen von Identifikationsnummern zu Ausnahmen von der Erschöpfungswirkung führen können, auch wenn das systematisch kaum überzeugend ist.

3. Rechtsfolge: Vollständiger Ausschluss der Erschöpfung?

Zweifelhaft ist, ob im Fall eines berechtigten Grundes die Erschöpfungswirkung vollständig ausgeschlossen wird. Würde die Erschöpfung vollständig ausgeschlossen, dann wären nicht nur der Weitervertrieb in einen anderen Staat, sondern auch der Weitervertrieb im gleichen Staat sowie der Gebrauch eines solchen Erzeugnisses wegen fehlender Zustimmung des Patentinhabers rechtswidrig.

a) Wortlaut und Systematik

Der Wortlaut der Ausnahmevorschrift scheint als Rechtsfolge die Erschöpfung vollständig auszuschließen. Die Norm enthält kein *soweit* und lässt damit keinen teilweisen Ausschluss der Erschöpfung zu. Die Erschöpfung würde entweder ganz ausgeschlossen oder gar nicht. Davon wäre jede weitere Nutzung, also auch der bloße Gebrauch erfasst. Für einen nur auf den Weitervertrieb begrenzten Ausschluss der Erschöpfung[735] spricht aber, dass nur solche Gründe für eine Ausnahme in Betracht kommen, die auch eine Ausnahme vom freien Warenverkehr im EWR rechtfertigen können. Wenn indes allein ein berechtigter Grund gegen den Weitervertrieb im EWR besteht, dann wäre es wertungswidersprüchlich, auch den weiteren Gebrauch untersagen zu können.[736]

Konsequenterweise verhindert eine Ausnahme von der Erschöpfung auch nicht den Weitervertrieb in dem EWR-Staat, in dem das patentgeschützte Erzeugnis in Verkehr gebracht wurde, sondern nur den Weitervertrieb in einen anderen EWR-Staat. Anderenfalls ergäbe sich ein Unterschied zwischen nationalen und europäischen Patenten. Für ein nationales Patent können Ausnahmen vom freien Warenverkehr nur zu einem Verbot des Weitervertriebs in andere Staaten führen. Eine bereits eingetretene nationale

---

735 In diese Richtung auch *Gollrad*, GRUR Patent 2023, 242, Rn. 5, der bereits aus dem Wortlaut ableiten will, dass der Patentinhaber nur den Weitervertrieb verhindern kann.

736 Vgl. *Sack*, GRUR 1999, 193, 209 f., wonach bei berechtigten Gründen gegen eine bestimmte Art der Werbung nur diese Werbung markenrechtlich untersagt werden könne, ansonsten aber die Wirkung der Erschöpfung bestehen bleiben müsse.

Erschöpfungswirkung wird davon nicht berührt. Wenn z.B. ein patentgeschütztes Produkt in einem Staat vertrieben wird, in dem der besondere Mechanismus es erlaubt, den freien Weitervertrieb im EWR vorübergehend zu verhindern, dann ist dies ein berechtigter Grund im Sinne der Erschöpfungsvorschrift. Es kann aber kaum gewollt sein, dass deswegen auch der freie Gebrauch und Weitervertrieb im Staat des Inverkehrbringens ausgeschlossen werden können. Ausnahmen von der Erschöpfung betreffen daher nur die Erstreckungsfunktion der Erschöpfung, nicht aber die eigentliche Erschöpfungsfunktion.

b) Unterschiede zwischen Einheitspatent und Bündelpatent

Beim *Einheitspatent* ist zu berücksichtigen, dass auch der freie Weitervertrieb innerhalb der teilnehmenden Staaten zum patentrechtlichen Teil der Erschöpfung zählt. Denn der Eintritt der Erschöpfung wird für alle teilnehmenden Staaten einheitlich festgelegt. Nur im Verhältnis zu den übrigen EWR-Staaten findet eine Erstreckung der Erschöpfung statt. Ein berechtigter Grund kann sich daher nur auf das Verhältnis zwischen dem einheitlichen Patentterritorium und den übrigen EWR-Staaten auswirken. Selbst dann, wenn für einen der Teilnehmerstaaten am einheitlichen Patentterritorium der „Besondere Mechanismus" anwendbar sein sollte, darf dies nicht zu einem Ausschluss des freien Weitervertriebs innerhalb des einheitlichen Patentterritoriums führen. Denn ansonsten müsste man zulassen, dass Erschöpfung nur teilweise, nämlich im Staat des Inverkehrbringens, eintritt. Denn jedenfalls dort sind bei einem berechtigten Inverkehrbringen der freie Weitervertrieb und Gebrauch erlaubt.

Beim *Bündelpatent* bezieht sich der patentrechtliche Teil der Erschöpfung hingegen nur auf das jeweilige Staatsgebiet, und die Erstreckungsfunktion bezieht sich auf jeden Warenverkehr ins EWR-Ausland. Wenn eine Ausnahme vorliegt, die die Erstreckungsfunktion der Erschöpfung ausschließt, dann bleiben der freie Gebrauch und Weitervertrieb im Inland zulässig. Jeder Weitervertrieb in ein anderes EWR-Land ist dann unzulässig. Die Problematik einer teilweisen Erschöpfung stellt sich nicht.

c) Nachträgliche Gründe

Ein besonderes Problem ergibt sich bei *nachträglich eintretenden berechtigten Gründen*. Die Ausnahmevorschrift lässt es zu, dass berechtigte Gründe berücksichtigt werden, die erst nach dem ersten Inverkehrbringen entstehen. Hier kommen vor allem lauterkeitsrechtliche Gründe wie die Entfernung von Identifikationsnummern in Betracht. Wenn dies dazu führen würde, dass ab diesem Zeitpunkt die ursprünglich erloschenen Patentrechte vollständig wieder aufleben, dann dürfte man diese Produkte weder weitervertreiben noch gebrauchen. Patentrechtlich wäre das schwer erklärbar. Denn das würde bedeuten, dass nachträglich durch Vorgänge außerhalb des

Patentrechts patentrechtliche Ausschließlichkeitsrechte an einem eigentlich patentfrei gewordenen Gegenstand entstehen. Patentrechtlich handelt es sich nämlich nach wie vor um denselben Gegenstand.[737]

Auch der Zweck der Vorschrift rechtfertigt es nicht, dass der Patentinhaber den Gebrauch eines Gegenstands verbieten kann, wenn lediglich ein berechtigter Grund gegen den Weitervertrieb vorliegt. Daher spricht in solchen Situationen viel dafür, dass eine Ausnahme von der Erschöpfung nur zur Folge hat, dass der unlautere Weitervertrieb patentrechtlich sanktioniert werden kann. Die Erschöpfung selbst darf aber nicht entfallen. Nur der unlautere Weitervertrieb muss von der Erschöpfungswirkung ausgenommen werden.[738] Der unlautere Weitervertrieb stellt dann eine sachliche Schranke der Erschöpfung dar. Unlautere Vertriebshandlungen werden von vornherein nicht von der Erschöpfungswirkung umfasst.

4. Ergebnis

Als berechtigte Gründe für eine Ausnahme von der Erschöpfung kommen nur solche vertriebsbezogenen Gründe in Betracht, die eine Ausnahme vom freien Warenverkehr im Sinne von Art. 34 und 36 AEUV rechtfertigen können. Als Rechtsfolge wird die Erschöpfung nicht vollständig ausgeschlossen. Es hängt von der Art des jeweiligen Grundes ab, wie weit die Ausschlusswirkung reicht. Es lässt sich zwischen anfänglichen und nachträglichen Gründen unterscheiden.

Anfängliche berechtigte Gründe führen dazu, dass die Erstreckungsfunktion der Erschöpfung entfällt. Der Patentinhaber kann daher den freien Warenverkehr im EWR unterbinden. Der Gebrauch und die Weiterverbreitung patentgeschützter Erzeugnisse im Patentterritorium sind aber aufgrund der originären Erschöpfungsfunktion weiterhin erlaubt. Anfängliche berechtigte Gründe führen also lediglich zu einer territorialen Beschränkung der Erschöpfung.

Nachträgliche berechtigte Gründe können vorliegen, wenn nach dem Inverkehrbringen Handlungen vorgenommen werden, die gegen die Interessen des Patentinhabers verstoßen. In diesen Fällen entfällt Erschöpfung nur in Bezug auf die konkrete unerwünschte Handlung. Solche Gründe dürften vor allem auf lauterkeitsrechtlichem Gebiet liegen. Dadurch kann ein unlauterer Weitervertrieb mit patentrechtlichen Unterlassungs- und Schadensersatzansprüchen verfolgt werden. Der weitere (nicht unlautere) Gebrauch bleibt aber weiterhin zulässig. Die sachliche Reichweite der Erschöpfung

737 Wenn eine Maßnahme zu einer Identitätsveränderung geführt hat, dann handelt es sich nicht mehr um *den* Gegenstand, den der Patentinhaber in Verkehr gebracht hat, sondern um einen anderen. Es liegt daher bereits kein Inverkehrbringen mit Zustimmung vor.

738 Ähnl. bereits *Windisch*, S. 195, wonach Handlungen, die Interessen des Schutzrechtsinhabers beeinträchtigen, die über das einzelne Erzeugnis hinausgehen, da sie z.B. zu einer Rufschädigung führen, nicht von der Erschöpfungswirkung erfasst werden.

wird also insoweit beschränkt, dass bestimmte Handlungen, die gegen legitime Interessen des Patentinhabers verstoßen, von der Erschöpfungswirkung nicht erfasst sind.

F. Reichweite der Erschöpfungswirkung

I. Territoriale Reichweite

Aus den Erschöpfungsvorschriften des Einheitspatentsystems ergibt sich zunächst, dass ein Inverkehrbringen in der EU zur Erschöpfung des Einheitspatents sowie zur Erschöpfung der nationalen Teile eines Bündelpatents[739] in allen Teilnehmerstaaten des Einheitspatentsystems führt. Da aber das EWR-Abkommen die Erschöpfung im gesamten EWR nach Maßgabe des Gemeinschaftsrechts vorsieht,[740] führt ein Inverkehrbringen im EWR grundsätzlich ebenfalls zur Erschöpfung. Für die Erschöpfung nationaler Patente ergeben sich durch das Einheitspatentsystem keine Änderungen. Hier bleibt es bei der EWR-weiten Erschöpfung auf Basis der EuGH-Rechtsprechung zum freien Warenverkehr.

Gebietsbeschränkungen durch den Patentinhaber innerhalb des Patentterritoriums sind für die territoriale Reichweite der Erschöpfung unbeachtlich. Beim Erwerb eines patentgemäßen Erzeugnisses von einem Lizenznehmer, der lizenzvertraglich auf ein bestimmtes Gebiet beschränkt ist (Gebietslizenz), darf der Erwerber den Gegenstand auch außerhalb des Lizenzgebietes weiterveräußern.[741] Die Befugnisse des Erwerbers sind nicht abhängig von den Befugnissen des Lizenznehmers.

Ein Inverkehrbringen durch den Patentinhaber oder mit seiner Zustimmung außerhalb des EWR führt dagegen nicht zur Erschöpfung im EWR. Eine einzelstaatliche Regelung, die eine solche internationale Erschöpfung zuließe, würde gegen das Unionsrecht verstoßen.[742] Da der EuGH eine staatliche Regelung der internationalen Erschöpfung sowohl für das Urheberrecht[743] als auch für das Markenrecht[744] als unvereinbar mit dem Unionsrecht ansieht, gilt dies erst recht für das Patentrecht.[745] Auch nationale Regelungen wie die englische implizite Lizenz, die zu einem vergleichbaren Effekt wie eine internationale Erschöpfung führen, sind nicht mit Gemeinschaftsrecht vereinbar.[746] Wenn ein Staat die internationale Erschöpfung zuließe, fehlte bei aus dem EWR-Ausland eingeführten Waren die Zustimmung des

739 Das Bündelpatent zerfällt nach Erteilung in eigenständige nationale Patentteile, S. 40. Erschöpfung tritt also jeweils in Bezug auf einzelne nationale Patentteile ein.

740 Art. 2 I Protokoll 28 zum EWR-Abkommen.

741 *Schatz*, GRUR Int 1970, 207, 212; *Schatz*, IIC 1971, 1, 13.

742 *Benyamini*, S. 354 f.; Haedicke/Timmann/*Haedicke*, § 1, Rn. 270; *Straus/Katzenberger*, Rn. 31; nach *von Kraack*, S. 76, verstieße eine internationale Erschöpfung auch gegen das TRIPS-Abkommen, welches eine national-regionale Erschöpfung vorschreibe.

743 EuGH, Urt. v. 12.9.2006 – C-479/04 – Laserdisken, ECLI:EU:C:2006:549, Rn. 24 u. 27.

744 EuGH, Urt. v. 16.7.1998 – C-355/96 – Silhouette, ECLI:EU:C:1998:374, Rn. 26 u. 31.

745 So auch *Reisner*, S. 345 f.; zweifelnd *Christ*, S. 54 ff.

746 *Benyamini*, S. 355; *Straus/Katzenberger*, Rn. 31.

Patentinhabers zum Inverkehrbringen im EWR. Der Patentinhaber könnte daher den Weitervertrieb in andere EWR-Staaten mit seinen Schutzrechten verhindern und es entstünde eine Handelsbarriere innerhalb des EWR.[747]

II. Sachliche Reichweite

Bei der sachlichen Reichweite der Erschöpfung geht es um die Frage, welche Handlungen an einem erschöpften Gegenstand noch erlaubt sind, ohne dass dies zu einer Patentverletzung führt. Zur sachlichen Reichweite der Erschöpfung lässt sich z.B. das Verbot bestimmter unlauterer Vertriebshandlungen zählen.[748] Im Folgenden soll untersucht werden, inwieweit Reparaturen oder Umbauten eines patentgeschützten Gegenstands noch von der Erschöpfungswirkung erfasst sind. In der Rechtsprechung wird teilweise von einem Erneuerungsrecht des Erwerbers patentgeschützter Vorrichtungen gesprochen.[749] Umgekehrt kann man auch von der Reichweite des Ausschließungsrechts des Patentinhabers sprechen.[750]

Fraglich ist zunächst, ob die Zulässigkeit von Reparaturen und Umbauten überhaupt eine Erschöpfungsfrage ist.[751] Man könnte eine rechtmäßige Reparatur nämlich als eine Handlung ansehen, die das Patentrecht überhaupt nicht berührt.[752] Andererseits lässt sich vertreten, dass Reparaturen und Umbauten zwar patentgemäße Nutzungen sind, die aber wegen Erschöpfung erlaubt sind, solange es sich nicht um eine Herstellung handelt.[753]

Jedenfalls stellt sich die Frage, welche Handlungen an und mit patentgeschützten Gegenständen zulässig sind, die sich rechtmäßig im freien Verkehr befinden, und unter welchen Voraussetzungen der Patentinhaber eine Handlung verbieten kann. Dabei sind erneut die verschiedenen Interessen in Blick zu nehmen.[754] Es ist abzuwägen zwischen der wirtschaftlichen Verwertung der Erfindung und deren ungehindertem Gebrauch durch den Erwerber.[755] Der Erwerber eines patentgeschützten Produkts hat ein Interesse daran, dieses ohne Beschränkungen instandhalten zu dürfen. Für den Patentinhaber wäre es dagegen wirtschaftlich interessant, dem Erwerber die Instandhaltung verbieten zu können. Dann könnte er mehr neue Produkte verkaufen

---

747 *Wichard*, ZEuP 2002, 23, 40.

748 S. 111 f.

749 RG, Entsch. v. 16.1.1939 – I 123/38 – Stößel, GRUR 1939, 609, 610.

750 *Ann*, FS König, 17, 17.

751 *Benyamini*, S. 105; Reimer/*Nastelski*, PatG § 6 Anm. 86.

752 *Benyamini*, S. 105.

753 Z.B. *Ann*, VPP-Rundbrief 2004, 117, 121 li. Sp.; Busse/Keukenschrijver/*Keukenschrijver*, PatG § 9, Rn. 121; *Kobler*, S. 177 Rn. 610 u. S. 183 Rn. 634; Reimer/*Nastelski*, PatG § 6 Anm. 86; *Sack*, GRUR Int 2000, 610, 615; *Zuberbühler*, S. 41.

754 S. 5 ff.

755 Vgl. BGH, Urt. v. 4.5.2004 – X ZR 48/03 – Flügelradzähler, GRUR 2004, 758, 762.

oder selbst Instandhaltungsleistungen anbieten, ohne Konkurrenz fürchten zu müssen.

1. Rechtsvergleichender Überblick

a) Deutschland: Identitätswahrung

Die deutsche Rechtsprechung geht davon aus, dass grundsätzlich alle Handlungen an einem erschöpften Gegenstand zulässig sind, solange die Identität des Gegenstands gewahrt bleibt.[756] Sie unterscheidet dabei zwischen bestimmungsgemäßem Gebrauch (zulässig) und Neuherstellung (unzulässig).[757]

aa) Ältere Rechtsprechung

In der älteren Rechtsprechung finden sich vor allem die Kriterien des Erfindungsgedankens und der normalen Lebensdauer, um zulässige von unzulässigen Handlungen an bereits erschöpften Gegenständen abzugrenzen.

Der Austausch von Teilen, die nichts zum Erfindungsgedanken beitragen, wurde von der Rechtsprechung stets als zulässig angesehen, da der Schutzbereich des Patents nicht auf außerhalb des Erfindungsgedankens stehende Teile erstreckt werden dürfe.[758] Bei Teilen, die zum Erfindungsgedanken beitragen, wurde danach unterschieden, ob die Teile erfindungsfunktionell individualisiert waren.[759]

Weiterhin wurde berücksichtigt, ob ein Austausch von Teilen bereits beim Erwerb einer Vorrichtung absehbar war. Eine ggf. wiederholte Auswechselung verhältnismäßig untergeordneter Einzelteile während der normalen Lebensdauer der Gesamtvorrichtung, die von vornherein als vorgesehen betrachtet werden müsse, sei jedenfalls zulässig.[760] Die Identität des patentgeschützten Erzeugnisses müsse aber durch die Maßnahme gewahrt bleiben.[761]

bb) Die Flügelradzähler-Entscheidung

Spätestens seit der *Flügelradzähler*-Entscheidung[762] des BGH ist die *Identität* der maßgebliche Gesichtspunkt für die Abgrenzung zwischen zulässigen und unzulässigen Handlungen.[763] Zulässig ist danach eine Maßnahme, die die Identität des im Verkehr befindlichen Erzeugnisses wahrt; unzulässig ist

---

756 Vgl. BGH, Urt. v. 4.5.2004 - X ZR 48/03 - Flügelradzähler, GRUR 2004, 758, 762; *Mohri* in *Heath/Kamperman Sanders*, 59, 76; *Reisner*, S. 397; zustimmend *Ann*, VPP-Rundbrief 2004, 117, 121 li. Sp.

757 BGH, Urt. v. 4.5.2004 - X ZR 48/03 - Flügelradzähler, GRUR 2004, 758, 762.

758 RG, Entsch. v. 16.1.1939 - I 123/38 - Stößel, GRUR 1939, 609, 610.

759 BGH, Urt. v. 21.11.1958 - I ZR 129/57 - Förderrinne, GRUR 1959, 232, 234.

760 RG, Entsch. v. 16.1.1939 - I 123/38 - Stößel, GRUR 1939, 609, 611; BGH, Urt. v. 21.11.1958 - I ZR 129/57 - Förderrinne, GRUR 1959, 232, 234.

761 LG Düsseldorf, Urt. v. 7.1.1956 - 4 O 153/55 - Rebuild-Pumpen, GRUR 1957, 599, 600.

762 BGH, Urt. v. 4.5.2004 - X ZR 48/03 - Flügelradzähler, GRUR 2004, 758.

763 Vgl. auch *Reisner*, S. 373, der von einer „Zäsur" spricht.

eine Maßnahme, die einer erneuten Herstellung gleichkommt.[764] Soweit eine Maßnahme zulässig ist, wird sie vom BGH als „bestimmungsgemäßer Gebrauch" bezeichnet.[765]

In *Flügelradzähler* vertrieb die Beklagte Messkapseln als Ersatzteile für eine patentgeschützte Flügelradzähler-Kombination. Die Lizenznehmerin der Patentinhaberin nahm die Beklagte wegen Patentverletzung in Anspruch. Nach Ansicht des BGH waren die Verwender der Flügelradzähler zwar grundsätzlich aufgrund der eingetretenen Erschöpfung zur Benutzung der Erfindung berechtigt; dies umfasse auch die Erhaltung und Wiederherstellung der Gebrauchstauglichkeit. Mit dem Austausch der Messkapseln überschritten die Verwender jedoch die Grenzen des bestimmungsgemäßen Gebrauchs. Sie seien diesbezüglich Nichtberechtigte im Sinne von § 10 PatG; die Belieferung mit Messkapseln durch die Beklagte sei daher eine mittelbare Patentverletzung.[766]

Die eigentliche Ausgestaltung des Erfindungsgedankens fand sich zwar nicht in den Messkapseln, sondern in dem zugehörigen – nicht getauschten – Gehäuse. Da sich in der ausgetauschten Messkapsel aber die Vorteile der erfindungsgemäßen Lösung verwirklichten, nämlich die Verringerung der Gefahr eines Aneinanderfestbackens von Messkapsel und Gehäuse sowie die Vermeidung einer erhöhten Lagerbelastung für das Flügelrad, lag für den BGH eine Neuherstellung vor.[767]

Der BGH entwickelte in *Flügelradzähler* eine Identitätsprüfung in zwei Schritten: Danach wird im ersten Schritt geprüft, ob mit dem Austausch während der Lebensdauer nach der Verkehrsanschauung üblicherweise zu rechnen ist.[768] Im zweiten Schritt wird geprüft, ob sich im ausgetauschten Teil die technischen Wirkungen der Erfindung widerspiegeln. Wenn gerade durch den Austausch des Teils der technische oder wirtschaftliche Vorteil der Erfindung erneut verwirklicht werde, dann liege eine Neuherstellung vor.[769] In der späteren Rechtsprechung wurde die Flügelradzähler-Entscheidung im Wesentlichen bestätigt und das zweistufige Prüfungsschema beibehalten.[770] Als erstes wird grundsätzlich die Verkehrsanschauung geprüft,[771] als zweites

---

764 BGH, Urt. v. 4.5.2004 – X ZR 48/03 – Flügelradzähler, GRUR 2004, 758, 762.

765 Vgl. BGH, Urt. v. 4.5.2004 – X ZR 48/03 – Flügelradzähler, GRUR 2004, 758, 762.

766 BGH, Urt. v. 4.5.2004 – X ZR 48/03 – Flügelradzähler, GRUR 2004, 758, 762.

767 BGH, Urt. v. 4.5.2004 – X ZR 48/03 – Flügelradzähler, GRUR 2004, 758, 763.

768 Vgl. BGH, Urt. v. 4.5.2004 – X ZR 48/03 – Flügelradzähler, GRUR 2004, 758, 762.

769 Vgl. BGH, Urt. v. 4.5.2004 – X ZR 48/03 – Flügelradzähler, GRUR 2004, 758, 762.

770 Vgl. zuletzt BGH, Urt. v. 8.11.2022 – X ZR 10/20 – Scheibenbremse II, GRUR 2023, 47, Rn. 44 ff., wobei der BGH im Rahmen der zweiten Stufe stärker auf die technischen Wirkungen abstellt und einen strengen Maßstab anwendet. Keine Neuherstellung soll z.B. vorliegen, wenn die Wirkung alleine darin besteht, dass ein Bauteil gezielt schneller verschleißt, um den Verschleiß anderer Bauteile zu verzögern.

771 Wobei die Verkehrsanschauung eher eine Metapher für eine objektive Interessenabwägung ist, vgl. *Kowal-Wolk/Schuster*, FS Beier, 87, 105.

das Ergebnis abhängig vom technischen oder wirtschaftlichen Vorteil ggf. korrigiert.[772]

Ob dies wirklich eine Identitätsprüfung ist, lässt sich anzweifeln. Jedenfalls wird die Identität eher wertend unter Berücksichtigung der verschiedenen Interessen bestimmt.[773] Der BGH spricht selbst von „einer die Eigenart des patentgeschützten Erzeugnisses berücksichtigenden Abwägung der schutzwürdigen Interessen des Patentinhabers an der wirtschaftlichen Verwertung der Erfindung einerseits und des Abnehmers am ungehinderten Gebrauch des in den Verkehr gebrachten konkreten erfindungsgemäßen Erzeugnisses andererseits".[774]

cc) Ein-, zwei- oder dreistufiges Prüfungsschema?

In der Literatur wird teilweise gefordert, dass allein die Verwirklichung des technischen Vorteils für die Abgrenzungsfrage maßgeblich sein solle; denn nur die erfinderische Leistung dürfe entscheiden, wie weit der Schutz des Erfinders reicht.[775] Daraus ergäbe sich ein lediglich einstufiges Prüfungsschema der Zulässigkeit einer Handlung an einem patentgeschützten Gegenstand. Sobald der technische Vorteil der Erfindung berührt würde, wäre die Handlung unzulässig. Dieser Ansatz erscheint auf den ersten Blick nachvollziehbar, denn das Patentrecht ist ein technisches Schutzrecht. Geschützt werden sollte nur der technische Vorteil, um den der Erfinder die Technik bereichert hat.[776] Auf der ersten Prüfungsstufe eine Interessenabwägung durchzuführen, passt dazu nicht. Überdies droht die Gefahr der Rechtsunsicherheit, wenn erst eine Interessenabwägung im Einzelfall entscheidet, ob eine Maßnahme zulässig ist oder nicht.[777]

Dieser Ansatz berücksichtigt aber nicht, dass dem zweistufigen Prüfungsschema der *Flügelradzähler*-Entscheidung ein wesentlicher Prüfungsschritt vorgelagert ist, der von der Rechtsprechung nicht explizit erwähnt wird. Eigentlich handelt es sich um ein dreistufiges Prüfungsschema. Bevor die Interessenabwägung durchgeführt wird, muss nämlich zunächst festgestellt werden, dass überhaupt ein Eingriff in den Schutzbereich des Patents vorliegt.[778]

Die Frage nach dem Eingriff in den Schutzbereich verbirgt sich in *Flügelradzähler* in der Figur der mittelbaren Patentverletzung. Voraussetzung für

---

772 Vgl. zu dieser zweistufigen Prüfung auch *Schön*, GRUR 2021, 353, 355 f.

773 Ähnl. *Reisner*, S. 405 („wertende Betrachtung").

774 BGH, Urt. v. 4.5.2004 – X ZR 48/03 – Flügelradzähler, GRUR 2004, 758, 762.

775 *Reisner*, S. 466 f.; *Schmid-Dreyer/Waitzhofer*, Mitt. 2015, 101, 108 re. Sp. u. 109 re. Sp.; ähnl. *Kobler*, S. 196 Rn. 675; ablehnend dagegen *Herr/Engert*, GRUR 2019, 468, 475.

776 *Lindenmaier*, GRUR 1952, 294, 298.

777 So auch *Reisner*, S. 434.

778 Vgl. *Ann*, FS König, 17, 25; ebenso bereits RG, Entsch. v. 16.1.1939 – I 123/38 – Stößel, GRUR 1939, 609, 610.

die mittelbare Patentverletzung ist, dass ein Mittel mit Bezug zu einem wesentlichen Element der Erfindung vorliegt.[779]

Im Rahmen dieser Voraussetzung wird bereits geprüft, ob der Austausch dieses Mittels (Ersatzteils) eine Herstellungshandlung ist. Ein Mittel hat nämlich nur dann einen Bezug zu einem wesentlichen Element der Erfindung, wenn sein Einsatz dazu dient, den Erfindungsgedanken zu verwirklichen und wie ein Rädchen im Getriebe die Erfindung vollständig ins Werk zu setzen.[780] Dadurch werden Mittel, die lediglich bei der Verwendung der Erfindung mitverwendet werden, aus dem Tatbestand ausgeschlossen.[781] Der Gebrauch einer Erfindung mit dem Mittel genügt also nicht. Erforderlich ist die Verwirklichung des Erfindungsgedankens.[782] Genau das kennzeichnet eine Herstellungshandlung.[783] Die eigentliche technische Prüfung, die von manchen Stimmen in der Literatur vermisst wird,[784] erfolgt also bereits auf dieser vorgelagerten Stufe.

Die *Flügelradzähler*-Entscheidung beginnt die Prüfung, ob der Austausch der Messkapsel zulässig ist, erst nach der Feststellung, dass es sich um ein Mittel mit Bezug zu einem wesentlichen Element der Erfindung handelt. Es steht also bereits fest, dass es sich bei dem Austausch nicht mehr um eine normale Gebrauchshandlung, sondern eigentlich um einen Akt der Herstellung handelt. Der Austausch kann dann nur ausnahmsweise zulässig sein. Das ist nur der Fall, wenn die Interessen des rechtmäßigen Verwenders dies erfordern. Dann kann eine solche Handlung noch als bestimmungsgemäßer Gebrauch angesehen werden. Die Bezeichnung als bestimmungsgemäßer Gebrauch ist aber ungenau, denn ein Gebrauch im Sinne der Nutzung des Erfindungsgedankens liegt eigentlich nicht vor. Der Austausch eines Bauteiles nutzt den Erfindungsgedanken nicht.[785] Er kann höchstens den Erfindungsgedanken im Sinne einer Herstellung verwirklichen. Der Austausch eines Bauteils ist lediglich eine Handlung *an* einem geschützten Gegenstand, aber kein Gebrauchen.

Es muss also zunächst feststehen, dass eine Herstellungshandlung vorliegt bzw. dass sich das Mittel auf ein wesentliches Element der Erfindung bezieht. Dann kann der rechtmäßige Verwender aber immer noch zu einer solchen

779 § 10 I PatG.

780 BGH, Urt. v. 21.8.2012 – X ZR 33/10 – MPEG-2-Videosignalcodierung, GRUR 2012, 1230, Rn. 34; die Entscheidung bezieht sich zwar auf ein Verfahrenspatent, aber die Wertung ist auf Erzeugnispatente übertragbar, da § 10 PatG nicht zwischen Verfahrens- und Erzeugnispatenten unterscheidet, *Schmid-Dreyer/Waitzhofer*, Mitt. 2015, 101, 105 li. Sp.

781 *Hahn*, GRUR-Prax 2013, 261, 263; *König*, Mitt. 2000, 10, 12 li. Sp.

782 *König*, Mitt. 2000, 10, 12 li. Sp.

783 So auch *Kobler*, S. 206 Rn. 717; vgl. auch *Keil*, Mitt. 1983, 136, 140 f. wonach der Austausch eines Verschleißteils den Erfindungsgedanken neu verwirklicht und daher eine Herstellung vorliegt.

784 So z.B. *Reisner*, S. 446.

785 S. 58.

Handlung berechtigt sein, wenn die Maßnahme die Identität des Gegenstandes wahrt. Erst an diesem Punkt kommen die zwei Prüfungsschritte aus *Flügelradzähler* ins Spiel. Der aufgrund von Erschöpfung berechtigte Verwender wird ausnahmsweise dazu berechtigt, eine Herstellungshandlung vorzunehmen, solange – bei wertender Betrachtung – kein neuer Gegenstand hergestellt wird.

Es handelt sich also eigentlich um ein dreistufiges Prüfungsschema. Als erstes wird geprüft, ob die Maßnahme eine Herstellungshandlung ist oder ob es sich um ein Mittel mit Bezug zu einem wesentlichen Element der Erfindung handelt. Danach wird geprüft, ob die Handlung aufgrund der Verkehrsanschauung ausnahmsweise rechtmäßig ist. Als drittes wird geprüft, ob dies ausnahmsweise doch nicht gerechtfertigt ist, weil der technische oder wirtschaftliche Vorteil erneut verwirklicht wird.[786] Der letzte Prüfungspunkt kann die Verkehrsanschauung noch einmal korrigieren. Es handelt sich um eine Rückausnahme,[787] die vom Anspruchsteller zu beweisen ist.[788]

Dass es sich um ein dreistufiges Prüfungsschema handelt, ergibt sich auch aus folgender Überlegung: Wenn die Frage, ob eine patentverletzende Neuherstellung vorliegt, auf der ersten Stufe primär nach der Verkehrsanschauung bestimmt würde, bestünde die Gefahr, dass eine Neuherstellung bejaht wird, obwohl die patentierte Lehre technisch gesehen nicht erneut verwirklicht wird. Das könnte dazu führen, dass eine Maßnahme an einem rechtmäßig erworbenen Gegenstand eine verbotene Neuherstellung wäre, während dieselbe Maßnahme an einem nicht rechtmäßig im Verkehr befindlichen Gegenstand keine Patentverletzung wäre.

Bei solchen nicht rechtmäßig im Verkehr befindlichen Gegenständen würde man nämlich nur danach fragen, ob eine patentverletzende Handlung im Sinne eines Gebrauchens (Nutzung des Erfindungsgedankens) oder eines Herstellens (Verwirklichung des Erfindungsgedankens) vorliegt. Die Frage nach der Neuherstellung und die Identitätsprüfung aufgrund der Verkehrsanschauung sind für patentverletzende Gegenstände unerheblich, da Herstellung und Gebrauch solcher Gegenstände in jedem Fall unzulässig sind. Die Identitätsprüfung kann daher nicht die Frage beinhalten, ob eine Patentverletzung dem Grunde nach vorliegt. Sie kann nur eine patentverletzende Handlung ausnahmsweise zulässig machen.

---

786 BGH, Urt. v. 4.5.2004 – X ZR 48/03 – Flügelradzähler, GRUR 2004, 758, 762.

787 In BGH, Urt. v. 8.11.2022 – X ZR 10/20 – Scheibenbremse II, GRUR 2023, 47, Rn. 57 wird das Regel-/Ausnahmeverhältnis besonders betont; vgl. auch *Jänich*, LMK 2006, 191705; *Scharen*, GRUR 2008, 944, 946.

788 Vgl. BGH, Urt. v. 3.5.2006 – X ZR 45/05 – Laufkranz, GRUR 2006, 837, Rn. 21. Darin hatte die Patentinhaberin mit ihrem Unterlassungsanspruch keinen Erfolg, weil sie nicht nachweisen konnte, dass durch den Austausch die technischen Wirkungen der Erfindung in Erscheinung treten. A.A. LG Düsseldorf, Urt. v. 3.6.2014 – 4c O 98/13, BeckRS 2014, 20339, welches dem vermeintlichen Verletzer die Beweislast dafür auferlegt, dass die erfindungsgemäßen Wirkungen *nicht* am ausgetauschten Teil eintreten.

Die Identitätsprüfung führt also zu einer Privilegierung des rechtmäßigen Verwenders. Die Erschöpfung führt über die Zulässigkeit von Reparaturen und Umbauten zu einer Erweiterung der Nutzungsbefugnisse. Würde der Einbau des letzten Elements einer Kombinationserfindung an einem Gegenstand vorgenommen, der erst dadurch zu einem patentgemäßen Gegenstand wird, dann wäre dies eine verbotene Herstellung.[789] Würde dieselbe Handlung an einem patentverletzenden Gegenstand vorgenommen, dann wäre auch dies eine verbotene Herstellung. Nur an einem rechtmäßig im Verkehr befindlichen patentgemäßen Gegenstand kann eine solche Handlung ausnahmsweise zulässig sein.[790]

Man kann sich allerdings die Frage stellen, ob der dritte Prüfungsschritt neben den anderen beiden Prüfungsschritten überhaupt erforderlich ist. Ob die technischen Vorteile der Erfindung durch den Einsatz des Teiles erneut verwirklicht werden, ist eigentlich eine Frage, die bereits auf erster Stufe gestellt werden sollte. Wenn die technischen Vorteile einer Erfindung nicht erneut verwirklicht werden, dann kann bereits kein Eingriff in den Schutzbereich des Patents vorliegen. Der dritte Prüfungspunkt verleitet daher dazu, den ersten Prüfungspunkt zu übersehen und eine (mittelbare) Patentverletzung auch anzunehmen, wenn eigentlich kein Eingriff in den Schutzbereich vorliegt. Diese Gefahr ist besonders groß, wenn nicht nur auf die technischen, sondern – wie in früheren Entscheidungen – auch auf die wirtschaftlichen Vorteile der Erfindung abgestellt wird.[791] Ein lediglich zweistufiges Prüfungsschema, welches auf erster Stufe einen Eingriff in das Patent im Sinne einer Verwirklichung des Erfindungsgedankens und auf zweiter Stufe eine Ausnahme zugunsten rechtmäßiger Erwerber aufgrund der Verkehrsanschauung vornimmt, wäre daher vorzuziehen.

dd) Ergebnis

In der deutschen Rechtsprechung wird die sachliche Reichweite der Nutzungsbefugnisse eines rechtmäßigen Erwerbers patentgeschützter Erzeugnisse maßgeblich auf den Identitätsgedanken gestützt. Zulässig sind Handlungen, die noch die Identität des rechtmäßig in Verkehr befindlichen Erzeugnisses wahren.

Das sollen solche Handlungen sein, die sich im Rahmen des bestimmungsgemäßen Gebrauchs bewegen und einen Gegenstand nicht neu herstellen. Diese Begriffe sind allerdings problematisch; denn sie können nicht mit den Begriffen des Gebrauchs oder der Herstellung aus § 9 PatG gleichgesetzt werden. Beim Begriff des bestimmungsgemäßen Gebrauchs wird vielmehr

789 Ähnl. bereits *Kohler*, S. 545.
790 Ähnl. bereits *Kohler*, S. 545.
791 So z.B. OLG Düsseldorf, Urt. v. 17.11.2005, 2 U 35/04 – Kaffee-Fiterpads, GRUR-RR 2006, 39, 41, das in der Deckung des Ersatzbedarfs den wirtschaftliche Kern der Erfindung sieht und daher eine mittelbare Patentverletzung bejaht.

bewertet, ob nach einer Interessenabwägung noch von einer rechtmäßigen Nutzung auszugehen ist. Dadurch können auch Handlungen, die eigentlich als Herstellungshandlungen bezeichnet werden müssten, noch zum bestimmungsgemäßen Gebrauch gehören. Ebenso ist der Begriff der Neuherstellung ein rein wertender Begriff, der auf der gleichen Interessenabwägung beruht.

Erst wenn man sich von diesen Begrifflichkeiten löst, ergibt sich ein klares Bild. Zu prüfen ist zunächst, ob eine Handlung vorliegt, die die patentgemäße Lehre verwirklicht, die also eine unmittelbare Patentverletzung im Sinne einer Herstellungshandlung darstellt. Im Rahmen der mittelbaren Patentverletzung wird die gleiche Prüfung vorgenommen, nämlich bei der Frage des Mittels mit Bezug zu einem wesentlichen Element der Erfindung.

Als zweites wird geprüft, ob die Handlung ausnahmsweise zulässig ist, weil es sich um einen „erschöpften" Gegenstand handelt und die Identität des Gegenstands nach der Verkehrsanschauung gewahrt bleibt. Schließlich wird geprüft, ob die Handlung ausnahmsweise dennoch unzulässig ist, weil sich die technischen Vorteile gerade in dem ausgetauschten Teil verwirklichen.

Daraus ergibt sich, dass der zweite Prüfungspunkt eine Privilegierung des rechtmäßigen Verwenders bezweckt. Eine Herstellungshandlung an einem rechtmäßig im Verkehr befindlichen Gegenstand kann aufgrund der Wahrung der Identität zulässig sein, selbst wenn eine solche Handlung zur Herstellung eines fertigen aus einem unfertigen Erzeugnis eine Patentverletzung wäre.[792] Die Handlungen werden also erst aufgrund der Erschöpfung rechtmäßig.

Wenn man sich darüber hinaus verdeutlicht, dass die Verkehrsanschauung erst auf zweiter Stufe eingreift, dann geht die vielfach in der Literatur geäußerte Kritik, dass die Rechtsprechung statt der Verkehrsanschauung mehr Rücksicht auf technische Kriterien nehmen solle, ins Leere. Denn dies wird bereits auf Stufe eins berücksichtigt. Ob und wie weit eine Reparaturausnahme zugunsten des rechtmäßigen Verwenders eingreifen sollte, ist dagegen eine Wertungs- und Abwägungsfrage, die sehr gut mit wertenden Kriterien wie z.B. der Verkehrsanschauung erfasst werden kann.

Die Aussage, dass die Erschöpfung keine Herstellungshandlungen umfasse,[793] kann daher nicht aufrechterhalten werden. Die Reichweite der Erschöpfung ist nicht allein auf Gebrauchs- und Weiterverbreitungshandlungen beschränkt. Es kommt nur darauf an, dass die Identität des Gegenstands gewahrt bleibt. Daher kann auch eine Herstellungshandlung zulässig sein,

---

792 So schon *Kohler*, S. 545.

793 So z.B. *Ann*, VPP-Rundbrief 2004, 117, 121 li. Sp.; *Kobler*, S. 177 Rn. 610 u. S. 183 Rn. 634; Reimer/*Nastelski*, PatG § 6 Anm. 86; *Sack*, GRUR Int 2000, 610, 615; Schulte/*Rinken*, § 9 PatG, Rn. 57.

wenn die Identität des Gegenstands gewahrt bleibt. Nur die *Neu*herstellung, also die Herstellung einer neuen Identität, ist unzulässig.[794]

Im Übrigen wird auch in anderen Schutzrechten die Erschöpfungswirkung nicht streng auf ein bloßes Gebrauchen und Weiterverbreiten beschränkt. Je nach Fallgestaltung werden auch weitere Handlungen erlaubt, um die Erschöpfungswirkung faktisch zu sichern. So werden z.B. im Marken- und Urheberrecht Vervielfältigungshandlungen erlaubt, wenn sie dazu dienen, den Weitervertrieb geschützter Ware anzukündigen.[795]

b) England: Kein „Making"

aa) Ausgangspunkt

Auch in der englischen Rechtsprechung sind es Reparaturfälle, in denen die Reichweite der Nutzungsbefugnisse eines rechtmäßigen Erwerbers diskutiert wird. Grundsätzlich geht das englische Recht davon aus, dass eine übliche Reparatur (*fair repair*) keine Patentverletzung ist.[796] Maßgebliche Gerichtsentscheidungen sind *United Wire v. Screen Repair*[797] und *Schütz v. Werit*[798], ein Parallelverfahren zur BGH-Entscheidung *Palettenbehälter II*[799].

Die Abgrenzung zwischen zulässigen und unzulässigen Handlungen wird am Begriff des *making* (Herstellung) festgemacht. Für die Frage, ob eine durchgeführte Maßnahme des Erwerbers noch zulässig ist, kommt es nur darauf an, ob die Maßnahme einem *making* gleichkommt.[800] Eine Reparatur, die einem *making* nicht gleichkommt, ist keine patentverletzende Handlung.[801] Dagegen erlaubt auch eine implizite Lizenz kein *re-making*.[802] Das englische Recht prüft also grundsätzlich einstufig und erlaubt alle Handlungen, die keine Herstellung sind. Konsequenterweise kann demnach auch die Reparatur eines patentverletzenden Gegenstands keine Patentverletzung sein, solange die Schwelle der Herstellung nicht überschritten wird.

Die Theorie der impliziten Lizenz scheint bei dieser Abgrenzung nicht maßgeblich zu sein. In der neueren Rechtsprechung wird sogar in Frage gestellt, ob man für die Frage der Reichweite der Nutzungsbefugnisse überhaupt die Theorie der impliziten Lizenz benötigt. In *United Wire v. Screen*

---

794 In diesem Sinne bereits *Kohler*, S. 545 f.; Zum Beispiel handelt es sich beim Austausch der Verschleißbleche in *Scheibenbremse II* um eine (Wieder-)Herstellung einer defekten Bremse. Dies ist aber bei wertender Betrachtung keine *Neu*herstellung und daher zulässig, BGH, Urt. v. 8.11.2022 – X ZR 10/20 – Scheibenbremse II, GRUR 2023, 47, Rn. 59.

795 BGH, Urt. v. 4.5.2000 – I ZR 256/97 – Parfumflakon, GRUR 2001, 51, 53 f.

796 "*a fair repair does not constitute infringement*", British Leyland v. Armstrong [1986] R.P.C. 279, 329.

797 United Wire v. Screen Repair [2001] R.P.C. 24.

798 Schütz v. Werit, GRUR Int 2013, 432.

799 BGH, Urt. v. 17.7. 2012 – X ZR 97/11 – Palettenbehälter II, GRUR 2012, 1118.

800 United Wire v. Screen Repair [2001] R.P.C. 24 Rn. 71 (*Lord Hoffmann*).

801 AIPPI Q205 UK, S. 4.

802 Parainen v. KGJS [2018] EWHC 2628 (Pat), Rn. 203 (*Justice Arnold*).

Repair wird die Idee einer impliziten Lizenz zur Reparatur als überflüssig und potentiell verwirrend abgelehnt, da das Reparaturrecht kein unabhängiges Recht, sondern Teil des allgemeinen Nutzungsrechts sei.[803]

Allerdings würde die Theorie der impliziten Lizenz auch Beschränkungen der Nutzungsbefugnisse eines Erwerbers erlauben. Die sachliche Reichweite der Nutzungsbefugnisse würde sich dann auch nach etwaigen Beschränkungen richten.[804] Ob eine solche Beschränkung auch die Reparaturbefugnis umfassen kann, dazu finden sich in der Rechtsprechung verschiedene Aussagen. Die Möglichkeit eines Ausschlusses der Reparaturbefugnisse wird in *Parainen v. KGJS* erwogen.[805] Gegen eine solche Möglichkeit sprechen die Erwägungen in *British Leyland v. Armstrong*, wonach sich das Reparaturrecht aus dem Eigentumsrecht ableite.[806] Auch in der Literatur wird die Zulässigkeit einer Reparaturbeschränkung kritisch gesehen.[807] Aber selbst wenn eine patentrechtlich wirksame Nutzungsbeschränkung bestünde, könnte diese in der Vertriebskette gutgläubig wegerworben werden.[808]

Voraussetzung für eine sachliche Beschränkung der Nutzungsbefugnisse wäre weiterhin, dass die Theorie der *implied licence* nicht durch die gemeinschaftsrechtliche Erschöpfung verdrängt wird. Davon ging nämlich die englische Rechtsprechung bislang aus.[809] In der Konsequenz wären auch Reparaturbeschränkungen unzulässig. Nachdem das Vereinigte Königreich aber aus der EU ausgetreten ist, kann eine solche Verdrängung der impliziten Lizenz durch (angeblich) vorrangiges EU-Recht nicht mehr stattfinden. Somit ist jedenfalls dieses Hindernis gegen Reparaturbeschränkungen entfallen.

bb) Kriterien

Unabhängig von der Frage, ob Reparaturbeschränkungen im Rahmen der impliziten Lizenz zulässig sind, erfolgt die Abgrenzung zwischen zulässiger Maßnahme und unzulässigem *making* grundsätzlich anhand einer Einzelfallentscheidung. Mit den Kriterien für diese Abgrenzungsfrage hat sich die englische Rechtsprechung vor allem im Fall *Schütz v. Werit* beschäftigt. Danach soll kein *making* vorliegen, wenn das ausgetauschte Teil im Verhältnis zum Gesamtgegenstand relativ untergeordnet ist (*relatively subsidiary part*).[810] Dies hänge von den jeweiligen Umständen und dem Umfang der Maßnahme ab (*matter of fact and degree*).[811]

---

803 United Wire v. Screen Repair [2001] R.P.C. 24 Rn. 71 (*Lord Hoffmann*).

804 Vgl. Roussel Uclaf v. Hockley [1996] R.P.C. 441, 443 (*Jacob J.*); allerdings nur, soweit die Beschränkungen kartellrechtlich zulässig sind, *Stothers*, Patent Exhaustion, S. 8.

805 Parainen v. KGJS [2018] EWHC 2628 (Pat), Rn. 204 (*Justice Arnold*).

806 British Leyland v. Armstrong [1986] R.P.C. 279, 376 (*Lord Templeman*).

807 AIPPI Q205 UK, S. 6.

808 S. 21.

809 Parainen v. KGJS [2018] EWHC 2628 (Pat), Rn. 202 (*Justice Arnold*).

810 Schütz v. Werit, GRUR Int 2013, 432, Rn. 61 ff. (*Lord Neuberger*).

811 Schütz v. Werit, GRUR Int 2013, 432, Rn. 57 (*Lord Neuberger*).

Dabei wird zum einen berücksichtigt, ob die typische Lebensdauer des ausgetauschten Teils im Verhältnis zu den restlichen Teilen geringer ist, ob also das ausgetauschte Teil üblicherweise schneller verschleißt und regelmäßig ausgetauscht werden muss, weil es z.B. aus einem schwächeren Material ist als der Rest.[812] In einem solchen Fall erwarte der Erwerber, solche Teile auch tauschen zu dürfen; das sei ein gewichtiger Grund für die Zulässigkeit der Maßnahme.[813] Zum anderen wird berücksichtigt, ob das ausgetauschte Teil zum Erfindungsgedanken beiträgt.[814] Weitere Faktoren für die Abgrenzung können sein, ob es sich bei dem ausgetauschten Teil um einen eigenständigen Gegenstand mit eigener Identität handelt, und wie komplex die durchgeführte Maßnahme ist.[815] Eine etwaige Wertlosigkeit des gebrauchten Gegenstandes ist dagegen – anders als in der deutschen Rechtsprechung – für die Frage der Abgrenzung nur von untergeordneter Bedeutung.[816]

Im Fall *Parainen v. KGJS* sprachen für die Zulässigkeit einer Reparaturmaßnahme folgende Umstände: Es wurden Teile aus eher schwachen Materialen (Kunststoff, Gewebe) getauscht und keine Teile, mit deren Austausch während der normalen Lebensdauer des Gesamtsystems nicht zu rechnen war; die Teile waren für das erfinderische Konzept nicht wesentlich; eine große Anzahl vorhandener Teile wurde lediglich gereinigt und weiterverwendet.[817] Als nicht relevant wurde der Grund der Reparatur angesehen. Für das Gericht war es unerheblich, ob es sich um eine Reparatur aufgrund eines Unfalls oder aufgrund von normalem Verschleiß handelte.[818]

cc) Ergebnis

Auf den ersten Blick ähnelt die englische Rechtsprechung der deutschen Rechtsprechung. Es wird maßgeblich auf den Begriff der Herstellung abgestellt, und als Kriterien werden vor allem die natürliche Lebensdauer der einzelnen Komponenten und die Wesentlichkeit der ausgetauschten Teile in Bezug auf das erfinderische Konzept berücksichtigt. Im Unterschied zur deutschen Rechtsprechung findet jedoch nur eine einstufige Prüfung statt, d.h. alle Faktoren werden in einer einzigen Gesamtbetrachtung gegeneinander abgewogen. Überdies orientiert sich die englische Rechtsprechung stärker an technischen Faktoren als die deutsche Rechtsprechung, die eher auf einen Interessenausgleich zwischen Verwendern und Patentinhabern abzielt.

---

812 Schütz v. Werit, GRUR Int 2013, 432, Rn. 65 (*Lord Neuberger*).
813 Schütz v. Werit, GRUR Int 2013, 432, Rn. 66 (*Lord Neuberger*).
814 Schütz v. Werit, GRUR Int 2013, 432, Rn. 67 (*Lord Neuberger*).
815 Schütz v. Werit, GRUR Int 2013, 432, Rn. 70 f. (*Lord Neuberger*).
816 Schütz v. Werit, GRUR Int 2013, 432, Rn. 74 (*Lord Neuberger*).
817 Parainen v. KGJS [2018] EWHC 2628 (Pat), Rn. 167 ff. (*Justice Arnold*).
818 Parainen v. KGJS [2018] EWHC 2628 (Pat), Rn. 167 ff. (*Justice Arnold*).

Im englischen Recht ist eine Maßnahme unzulässig, wenn es sich um eine umfangreiche technische Maßnahme handelt,[819] die aus diesem Grund nicht mehr als *fair repair* bezeichnet werden kann. Der Identitätsgedanke klingt ebenfalls an. Es darf sich nicht darum handeln, ein neues Produkt herzustellen.[820] Der Identitätsgedanke ist aber nicht so sehr von Wertungen geprägt wie im deutschen Recht. Die Identität eines Gegenstands ist bereits dann gewahrt, wenn nicht lediglich untergeordnete Teile weiterverwendet werden.[821] Das englische Recht geht somit eher von einer zulässigen Reparatur aus und scheint damit etwas reparaturfreundlicher zu sein als das deutsche Recht.

c) Frankreich: Nur punktuelle Maßnahmen

In der französischen Rechtsprechung finden sich nur wenige Entscheidungen, in denen die Reichweite der Nutzungsbefugnisse von Erwerbern patentgeschützter Gegenstände thematisiert wird.[822] Dies dürfte vor allem daran liegen, dass die Rechtsprechung viele Fälle einer eigentlich mittelbaren Patentverletzung, bei denen es auf die Frage der Reparaturbefugnis des Erwerbers ankommen könnte, bereits als *contrefaçon partielle*, also als unmittelbare Patentverletzung ansieht.[823] Darüber hinaus wird dann, wenn die Voraussetzungen einer mittelbaren Patentverletzung doch einmal vorliegen, nicht mehr geprüft, ob der Erwerber zum Austausch berechtigt ist.[824]

In der älteren französischen Rechtsprechung war anerkannt, dass der Erwerber einer patentgeschützten Sache alle Verbesserungen, Veränderungen und Reparaturen durchführen könne, die ihm nützlich erschienen.[825] Die Rechte des Erwerbers und etwaiger Ersatzteillieferanten wurden jedoch beschränkt, wenn Interessen des Patentinhabers entgegenstanden. Wenn es sich bei den erneuerten Bauteilen um erfindungswesentliche Teile handelte und der Vertrieb dieser Ersatzteile für den Patentinhaber wirtschaftlich bedeutsam war, dann sollte es sich nicht mehr um eine zulässige Reparatur handeln.[826] Es sollte zwar für den Erwerber und jeden Dritten erlaubt sein, verkehrsübliche, nicht patentgeschützte Ersatzteile herzustellen und

---

819 Z.B. *Justice Kekewich* in Dunlop v. Holborn (1901) 18 RPC 222, 227: *"repairs of an extensive nature"*; vgl. auch *Llewelyn/Barresi* in *Heath/Kamperman Sanders*, 3, 19.

820 Vgl. *Lord Halsbury* in Sirdar Rubber v. Wallington, Weston & Co. (1907) 24 RPC 539, 453: *"you may prolong the life of a licensed article but you must not make a new one under the cover of repair"*; vgl. auch *Justice Kekewich* in Dunlop v. Holborn (1901) 18 RPC 222, 227: *"converted the old tyres ... into new merchantable tyres"*.

821 Vgl. *Justice Swinfen-Eady* in Sirdar Rubber v. Wallington, Weston & Co. (1905) 22 RPC 257, 266: *"retaining only some subordinate part ... would be colourable only"*.

822 Vgl. AIPPI Q205 FR, S. 4.

823 S. 84 f.

824 S. 135 f.

825 CA Lyon, 26.8.1845, Sirey 1845, 662, 663.

826 Cour de cassation, 10.8.1855, Ann. propr. ind. 1855, 69, 72.

entsprechende Reparaturen durchführen.[827] Für Dritte sollte dies aber nur eingeschränkt gelten. Es sei einem Dritten nicht erlaubt, Verschleißteile gewerblich in großen Stückzahlen vertreiben, wenn dadurch das wirtschaftliche Interesse des Patentinhabers beeinträchtigt wird.[828]

Die neuere französische Rechtsprechung scheint noch etwas restriktiver zu sein und nur noch kleine Eingriffe als zulässige Reparaturen anzusehen.[829] Dabei kommt es offenbar vor allem auf den Umfang einer Maßnahme an. In einer Entscheidung des TGI Paris aus dem Jahr 1990 berief sich das beklagte Unternehmen darauf, dass es lediglich Reparaturen durchführe. Das Gericht sah die Maßnahmen jedoch nicht als lediglich punktuell, sondern als Generalüberholung an,[830] ohne dies im Detail näher zu erläutern.

Gegen die Zulässigkeit der Reparatur sprach nach Ansicht des Gerichts auch, dass die reparierten Teile für den gleichen industriellen Sektor bestimmt waren wie die Originalteile.[831] Anders als im deutschen und englischen Recht scheint es für die Zulässigkeit einer Maßnahme in Frankreich also darauf anzukommen, ob die Maßnahme zu einer Konkurrenz für den Originalprodukthersteller führt.[832] Dieser Konkurrenzschutzgedanke, den es bereits in der älteren Rechtsprechung gab,[833] scheint sich somit fortzusetzen.

Selbst der Austausch von üblichem Verbrauchsmaterial scheint nur in engen Grenzen erlaubt zu sein. In einer Entscheidung des *TGI Lyon* klingt zwar an, dass jedenfalls der Austausch von Verschleißteilen und Verbrauchsmaterialen, der vom Hersteller vorgesehen sei, erlaubt sein müsse.[834] Dagegen lehnte die *Cour de cassation* in einem anderen Fall eine Verbrauchsmaterialausnahme ab.[835]

d) Zwischenergebnis

Die Reichweite der Nutzungsbefugnis eines patentgeschützten Gegenstands wird im deutschen Recht durch die Erschöpfung auch auf Handlungen erweitert, die eigentlich Herstellungshandlungen sind. Dadurch können Handlungen zulässig werden, die den Erfindungsgedanken (erneut) verwirklichen. Zulässig sind grundsätzlich solche Handlungen, die die Identität des geschützten Gegenstandes wahren, wobei diese Identität wertend anhand einer Interessenabwägung zwischen Patentinhaber und Verwendern bestimmt

827 Cour impériale de Rennes, 4.12.1861, zitiert in: Cour de cassation, 5.7.1862, Ann. propr. ind. 1862, 241, 242.

828 Trib. civil de la Seine, 20.5.1908, Ann. propr. ind. 1908.2.85, 86.

829 Vgl. AIPPI Q205 FR, S. 4 ("*interventions mineures*").

830 TGI Paris, 9.5.1990, PIBD 1990, III-538, III-540.

831 TGI Paris, 9.5.1990, PIBD 1990, III-538, III-540.

832 Vgl. AIPPI Q205 FR, S. 5, wonach eine dauerhafte Tätigkeit (*activité permanente*) des Dritten dazu führen soll, dass die Handlung unrechtmäßig wird.

833 Vgl. Trib. civil de la Seine, 20.5.1908, Ann. propr. ind. 1908.2.85, 86.

834 TGI Lyon, 28.2.2000, Propr. Ind. Juin 2003, 18, 18.

835 Cour de cassation, 8.6.2017, PIBD 2017, III-561, III-562.

wird. Die englische Rechtsprechung untersucht die Reichweite der Nutzungsbefugnis dagegen allein anhand der Frage, ob eine Herstellung vorliegt. Dabei wird der Begriff der Herstellung verstanden als eine sehr umfangreiche Maßnahme am patentgeschützten Gegenstand. Die Nutzungsbefugnisse eines rechtmäßigen Erwerbers werden von der englischen Rechtsprechung eher weit ausgelegt. In Frankreich tendiert die Rechtsprechung dazu, lediglich punktuelle Reparaturen zu erlauben. Die Nutzungsbefugnisse rechtmäßiger Erwerber werden enger als in der englischen und deutschen Rechtsprechung ausgelegt. Auch die wirtschaftlichen Interessen des Patentinhabers werden im französischen Recht stärker gewichtet.

2. Sachliche Reichweite im Einheitspatentsystem

a) Erforderlichkeit einer Harmonisierung

Im nationalen Recht wird die Reichweite der Nutzungsbefugnisse rechtmäßiger Erwerber von patentgeschützten Gegenständen unterschiedlich bestimmt. Im Einheitspatentsystem ist also eine Harmonisierung erforderlich. Fraglich ist, ob es sich dabei um ein rein patentrechtliches Problem handelt, das ausschließlich vom Einheitlichen Patentgericht zu lösen ist, oder ob auch der EuGH zuständig ist. Der EuGH wäre zuständig, wenn die Reichweite der Nutzungsbefugnisse rechtmäßiger Erwerber patentgeschützter Gegenstände eine Erschöpfungsfrage ist, die von Art. 6 EPatVO erfasst wird. Weiterhin stellt sich die Frage, inwieweit die Rechtsprechung des EuGH zur Reichweite der Nutzungsbefugnisse im Urheberrecht und Markenrecht auf das Patentrecht übertragen werden kann.

b) Reichweite der Nutzungsbefugnisse als Erschöpfungsfrage

Zunächst ist zu untersuchen, ob die Reichweite der Nutzungsbefugnisse rechtmäßiger Erwerber patentgeschützter Gegenstände eine Frage der Erschöpfung ist.

Man könnte die Auffassung vertreten, dass rechtmäßige Reparaturen und Umbauten bereits kein Eingriff in das Patentrecht sind. Dann würde man erst gar nicht zur Frage der Erschöpfung kommen.[836] So scheint es z.B. im englischen Recht zu sein, welches nur darauf abstellt, ob die durchgeführte Maßnahme ein *making* ist. Die Prüfung scheint ausschließlich auf der Ebene des Eingriffs ins Patentrecht stattzufinden.

Für eine Prüfung der Reichweite der Nutzungsbefugnis nur auf der Ebene des Eingriffs spricht zunächst, dass Reparaturen und Umbauten patentgeschützter Erzeugnisse nicht die erfindungsgemäße Idee im Sinne eines Gebrauchens nutzen. Ähnlich zum Transport patentgeschützter Gegenstände handelt es sich nur um eine Tätigkeit *an* einem patentgeschützten

836 Vgl. *Benyamini*, S. 105.

Gegenstand und nicht *mit* einem patentgeschützten Gegenstand. Ein Gebrauchen liegt daher grundsätzlich nicht vor.[837] Man kann dies mit dem Markenrecht vergleichen. Eine Markenrechtsverletzung liegt nicht bereits vor, wenn ein mit einer Marke versehener Gegenstand genutzt wird, sondern nur, wenn die Marke in einer Form genutzt wird, die geeignet ist, eine Markenfunktion zu beeinträchtigen.[838] Für die Verletzung eines Immaterialguts kann es nicht genügen, dass eine Handlung an einem Gegenstand durchgeführt wird, in dem ein immaterielles Gut verkörpert ist. Für eine Verletzungshandlung muss das immaterielle Gut von der Handlung direkt betroffen sein.

Allerdings findet die Abgrenzung zwischen zulässiger und unzulässiger Maßnahme nur scheinbar auf Eingriffsebene statt. Die Rechtsprechung spricht zwar von einer Abgrenzung zwischen zulässigem Gebrauch und unzulässiger Herstellung. Im Kern geht es aber um eine wertende Abgrenzung zwischen noch zulässiger und nicht mehr zulässiger Herstellungshandlung.

Da Reparaturen und Umbauten an patentgeschützten Gegenständen keine Gebrauchshandlungen sind, können sie nur eine Patentverletzung sein, wenn sie die erfindungsgemäße Idee erneut verwirklichen und damit eine Herstellungshandlung sind.[839] Als Herstellungshandlung muss man aber grundsätzlich jeden Austausch eines Ersatzteils ansehen, wenn dieses Teil des Patentanspruchs ist. Denn durch den erneuten Zusammenbau zum vollständigen patentgemäßen Erzeugnis wird auch der Erfindungsgedanke erneuert.[840]

Eine solche Herstellungshandlung kann ausnahmsweise zulässig sein. Die Rechtsprechung in Deutschland und England vermeidet es zwar, erlaubte Reparaturen und Umbauten als Herstellung zu bezeichnen und zählt solche Handlungen zum bestimmungsgemäßen Gebrauch oder sieht sie nicht als *making* an.[841] Letztlich ist es aber erst der Gedanke der Erschöpfung, der diese Herstellungshandlungen rechtmäßig macht. Erst bei Vorliegen von Erschöpfung werden sie nicht mehr als Herstellungshandlungen bezeichnet.

Die englische Rechtsprechung stützt sich bei ihrer Prüfung zwar nur auf den Begriff des *making*, verwendet aber einen eigenen Maßstab für solche Produkte, die sich rechtmäßig im Verkehr befinden. Sie fragt dabei vor allem nach dem Umfang der durchgeführten Tätigkeiten. Diese Frage kann sich nur auf rechtmäßig im Verkehr befindliche Gegenstände beziehen. Denn bei der Herstellung patentverletzender Produkte aus beliebigen Ausgangsprodukten kann der Umfang der durchgeführten Tätigkeiten keine Rolle spielen. Solche Tätigkeiten sind unabhängig vom Arbeitsaufwand patentverletzend. Implizit wirkt sich in der Prüfung des *making* also eine Erschöpfung oder

837 S. 58.
838 Erbs/Kohlhaas/*Kaiser*, MarkenG § 14, Rn. 19a.
839 Vgl. *Benyamini*, S. 105.
840 Vgl. S. 120.
841 Vgl. Nestec v. Dualit [2013] R.P.C. 32, Rn. 204 f. (*Arnold J.*).

implizite Lizenz auf den Prüfungsmaßstab aus. Auch im deutschen Recht verändert die Erschöpfung die Verletzungsprüfung. Erschöpfung kann zu einer Ausnahme von der eigentlichen Patentrechtswidrigkeit einer Reparatur- oder Umbaumaßnahme führen.[842] Bei der Frage, ob eine Reparatur oder ein Umbau zulässig sind, muss daher immer auch geklärt werden, ob Erschöpfung eingetreten ist, denn dies ändert den Prüfungsmaßstab für eine Patentverletzung.[843]

Die Reichweite der Nutzungsbefugnisse eines Erwerbers patentgeschützter Produkte ist daher abhängig von der Frage der Erschöpfung und damit durchaus auch eine Frage, die sich im Rahmen der Auslegung von Art. 6 EPatVO stellt. Zwar betrifft die Erschöpfung nur das *ob* einer Nutzungsbefugnis. Die Frage, *wie weit* diese Befugnisse reichen, könnte man als patentrechtsimmanent betrachten, wenn man die Frage der Erschöpfung lediglich als selbständige Vorfrage betrachtet. Es ist aber davon auszugehen, dass sich der EuGH im Rahmen von Art. 6 EPatVO auch mit der Frage nach der Reichweite der Nutzungsbefugnisse beschäftigen wird. Denn spätestens, wenn veränderte Produkte im EWR vertrieben werden sollen, fragt sich, ob der Patentinhaber den Vertrieb solcher Produkte verhindern können soll, oder ob der freie Warenverkehr Vorrang hat. Über Art. 6 EPatVO wird dem EuGH somit die Möglichkeit zur Prüfung von spezifisch patentrechtlichen Fragen eröffnet.

c) Übertragung der Wertungen von Urheberrecht und Markenrecht

Es ist davon auszugehen, dass sich der EuGH bei der Bestimmung der Reichweite der Nutzungsbefugnisse an erschöpften Gegenständen an seiner bisherigen Rechtsprechung zu anderen Schutzrechten orientieren wird. Für die sachliche Reichweite der Erschöpfung dürfte daher vor allem der Identitätsgedanke im Vordergrund stehen. So hatte der EuGH in *Allposters v. Pictoright* einen Fall im Urheberrecht zu beurteilen, in dem ein Poster auf eine Leinwand übertragen wurde und in Frage stand, ob die Erschöpfung mit der Übertragung auf die Leinwand fortwirkte.

In diesem Fall fragte der EuGH danach, „ob der geänderte Gegenstand als solcher insgesamt gesehen materiell der Gegenstand ist, der mit Zustimmung des Rechtsinhabers in Verkehr gebracht wurde".[844] Da bei der Übertragung auf Leinwand zwar die Tinte erhalten blieb, aber die Übertragung zu einer langlebigeren Reproduktion, einer Verbesserung der Qualität und einer

842 S. 121.

843 Es ist nicht klar ersichtlich, ob Erschöpfung im französischen Recht ebenfalls zu einer gewissen Privilegierung des rechtmäßigen Erwerbers führt, wenn ohnehin nur punktuelle Maßnahmen zugelassen werden. Aber auch hier scheint eine Bevorzugung des rechtmäßigen Erwerbers jedenfalls plausibel zu sein.

844 EuGH, Urt. v. 22.1.2015 – C-419/13 – Allposters/Pictoright, GRUR 2015, 256, Rn. 45.

stärkeren Annäherung an das Original führte,[845] sah der EuGH darin eine Reproduktion des Werkes und lehnte die Erschöpfung ab.[846]

Ob der EuGH im Rahmen der Identitätsprüfung – ebenso wie die deutsche Rechtsprechung – eine Interessenabwägung zwischen den Interessen des Patentinhabers und denen der Erwerber vornehmen wird, ist offen. In *Allposters v. Pictoright* spielte unter anderem auch die Frage der angemessenen Vergütung des Schutzrechtsinhabers eine Rolle.[847] Dies könnte aber auch auf den Besonderheiten des Urheberrechts beruhen.[848]

Auch Wertungen aus dem Markenrecht können auf das Patentrecht übertragen werden. So ist im Markenrecht eine Veränderung von Produkten zulässig, soweit dies aufgrund nationaler Unterschiede erforderlich ist, um Produkte in einem anderen Staat vertreiben zu können.[849] Wenn also patentrechtlich geschützte Erzeugnisse gerade deshalb verändert werden, um in einem anderen EWR-Staat weitervertrieben werden zu können, dann ist davon auszugehen, dass auch dies zulässig ist.

d) Reichweite der Nutzungsbefugnisse bei Zwangslizenz und Vorbenutzungsrecht

Vergleichbare Grundsätze der sachlichen Reichweite der Nutzungsbefugnis gelten für solche Produkte, die aufgrund einer Zwangslizenz oder eines Vorbenutzungsrechts hergestellt wurden. Auch hier ist der Gedanke der Identität maßgeblich. Zu berücksichtigen ist aber, dass die Nutzungsbefugnisse nicht auf der normierten Erschöpfung beruhen, sondern auf einer eigenständigen patentrechtsimmanenten Schranke. Wenn solche Produkte verändert werden, können die Wertungen der Erschöpfung nur entsprechend herangezogen werden.

Im Einheitspatentsystem beruht die Anerkennung eines Vorbenutzungsrechts auf nationalem Recht.[850] Zwangslizenzen sind im Einheitspatentsystem ebenfalls nicht geregelt, und auch ihre Erteilung soll sich nach nationalem Recht richten.[851] Es gibt allerdings – anders als beim Vorbenutzungsrecht – im Einheitspatentsystem keinen ausdrücklichen Verweis auf die Zulässigkeit nationaler Zwangslizenzen. Daher wird teilweise angezweifelt, ob überhaupt eine staatliche Kompetenz zur Erteilung von Zwangslizenzen am Einheitspatent besteht.[852] Man kann sich zwar noch vorstellen, dass die

---

845 EuGH, Urt. v. 22.1.2015 – C-419/13 – Allposters/Pictoright, GRUR 2015, 256, Rn. 42.
846 EuGH, Urt. v. 22.1.2015 – C-419/13 – Allposters/Pictoright, GRUR 2015, 256, Rn. 46.
847 EuGH, Urt. v. 22.1.2015 – C-419/13 – Allposters/Pictoright, GRUR 2015, 256, Rn. 48.
848 Vgl. Erwägungsgründe 9 und 10 der RL 2001/29/EG.
849 EuGH, Urt. v. 11.7.1996 – C-427/93, C-429/93 und C-436/93 – Bristol-Myers Squibb/Paranova u.a., ECLI:EU:C:1996:282, Rn. 53 u. 56.
850 Art. 28 EPGÜ.
851 Erwägungsgrund Nr. 10 der EPatVO; *Götting*, ZEuP 2014, 349, 367; *Ohly*, ZGE 2012, 419, 435.
852 *Hilty/Jaeger/Lamping/Ullrich*, MPI 12-12, Nr. 11.

Regelungen einer deutschen patentrechtlichen Zwangslizenz auf Einheitspatente angewendet werden können, die nach Art. 5 III iVm. 7 EPatVO dem deutschen Recht unterfallen.[853] Fraglich ist aber, worauf eine Kompetenz deutscher Behörden gestützt werden könnte, eine Zwangslizenz an einem Patent zu erteilen, welches z.B. dem französischen Recht unterliegt.

Die Rechtswirkungen hinsichtlich solcher Erzeugnisse, die sich aufgrund eines Vorbenutzungsrechts oder einer Zwangslizenz rechtmäßig im Verkehr befinden, entsprechen denen der Erschöpfung. Für die praktische Wirksamkeit von Vorbenutzungsrecht und Zwangslizenz müssen diese Erzeugnisse frei im jeweiligen Staat zirkulieren und genutzt werden dürfen, so wie es im nationalen Patentrecht der Fall ist.[854]

Da es sich bei Zwangslizenz und Vorbenutzungsrecht um Ausnahmen vom Patentrecht und damit um vermögensrechtliche Fragen im Sinne von Art. 7 I EPatVO handelt, müsste sich die Reichweite der Nutzungsbefugnisse hinsichtlich solcher Erzeugnisse eigentlich nach dem Schutzlandstatut richten.[855] Je nach Hauptsitz des Patentanmelders[856] ergäbe sich dann ein anderes anwendbares materielles Recht. Wenn der Patentanmelder seinen Hauptsitz in Frankreich hätte, müsste der Verwender eines Erzeugnisses, welches aufgrund eines deutschen Vorbenutzungsrechts in Deutschland im Verkehr ist, französisches Recht beachten.

Allerdings garantiert Art. 28 EPGÜ dem Vorbenutzungsrechtsinhaber die gleichen Rechte, wie er sie gegenüber einem nationalen Patent hätte. Für den Vorbenutzungsrechtsinhaber richtet sich die Reichweite des Vorbenutzungsrechts daher nach dem Recht des Vorbenutzungsstaates. Der Wortlaut von Art. 28 EPGÜ erfasst aber nicht die Verwender, die Erzeugnisse vom Vorbenutzungsrechtsinhaber erworben haben. Für diese müsste – da es sich um eine vermögensrechtliche Frage handelt – in Bezug auf die Reichweite ihrer Nutzungsbefugnisse das jeweilige Recht des Schutzlandes gelten.

Daraus ergäbe sich Folgendes: Hätte der Patentanmelder seinen Hauptsitz in Frankreich, müsste der Inhaber eines deutschen Vorbenutzungsrechts hinsichtlich der Reichweite der Nutzungsbefugnisse das deutsche Recht beachten, wogegen derjenige, der Erzeugnisse vom Vorbenutzungsrechtsinhaber erworben hat, französisches Recht beachten müsste. Das wäre unlogisch, denn die Rechte des Erwerbers leiten sich vom Vorbenutzungsrechtsinhaber ab. Dann sollte nicht ein anderes Recht anwendbar sein.

Es ist daher davon auszugehen, dass sich nicht nur die Rechte des Vorbenutzungsrechtsinhabers nach dem Recht des Vorbenutzungsstaates richten, sondern auch – in erweiternder Auslegung von Art. 28 EPGÜ – die Rechte

853 Vgl. *McGuire*, Mitt. 2015, 537, 541 re. Sp.
854 S. 60 ff. und S. 63.
855 S. 50.
856 Vgl. Art. 7 I lit. a) EPatVO.

der rechtmäßigen Erwerber solcher Erzeugnisse. Analog dazu sollte auch bei Zwangslizenznehmern und deren Abnehmern das jeweilige nationale Recht des Zwangslizenzstaates gelten.

Unabhängig davon, ob ein solches Produkt verändert wird oder nicht, kann der Vertrieb in einen anderen EWR-Staat vom Patentinhaber aber untersagt werden. Da das Produkt bei einem Vorbenutzungsrecht oder einer patentrechtlichen Zwangslizenz nicht vom Patentinhaber oder mit seiner Zustimmung im EWR in Verkehr gebracht wurde, liegen weder die Voraussetzungen von Art. 6 EPatVO bzw. Art. 29 EPGÜ noch die Voraussetzungen der gemeinschaftsrechtlichen Erschöpfung aus Art. 34 und 36 AEUV vor.

Da sich die Wirkungen von Vorbenutzungsrecht und patentrechtlicher Zwangslizenz nur auf den jeweiligen Staat erstrecken, ist die Reichweite der Nutzungsbefugnisse solcher Erzeugnisse für den innergemeinschaftlichen Handel unerheblich. Etwaige aus Art. 34 und 36 AEUV abgeleitete Wertungen sind für diese Erzeugnisse nicht relevant, so dass die Reichweite der Nutzungsbefugnisse allein nach dem nationalen Recht zu beurteilen ist, auf dem das Vorbenutzungsrecht bzw. die Zwangslizenz basiert.

Dabei können allerdings ein Belohnungsgedanke und die Interessen des Patentinhabers nicht ausschlaggebend sein, weil es sich nicht um Erzeugnisse handelt, die vom Patentinhaber stammen. Die von der deutschen Rechtsprechung vorgenommene wertende Identitätsprüfung kann daher nicht ohne weiteres übertragen werden. Man könnte die Interessenabwägung zwischen Erwerber und Patentinhaber durch eine Interessenabwägung zwischen Erwerber und Vorbenutzungsrechtsinhaber (bzw. Zwangslizenznehmer) ersetzen. Es ist aber fraglich, ob dieser genauso schutzbedürftig ist wie der Patentinhaber. Sachnäher wäre es, die Identität nach dem Umfang der Maßnahme zu beurteilen, so wie es im englischen Recht geschieht.

Eine kartellrechtliche Zwangslizenz, die gerichtlich die Zustimmung des Patentinhabers zum Lizenzvertragsschluss ersetzt, führt dagegen zur EWR-weiten Erschöpfung.[857] Diese Art von Zwangslizenz ist zu behandeln wie eine normale Lizenz. Bei solchen Erzeugnissen richtet sich die Reichweite der Nutzungsbefugnisse daher ebenfalls nach den Regeln der Erschöpfung.

3. Ergebnis

In den nationalen Rechtsordnungen gibt es verschiedene Ansichten, welche Handlungen an patentgemäßen Erzeugnissen von der Erschöpfungswirkung umfasst werden. Während der einfache Gebrauch stets zulässig ist, gibt es unterschiedliche Ansätze bei der Frage, in welchem Umfang Reparaturen und Änderungen solcher Erzeugnisse zulässig sind. So erlaubt das französische Recht nur punktuelle Reparaturen und Änderungen. Darüber

---

857 S. 64.

hinausgehende Maßnahmen verletzen das Patent. Das englische Recht ist deutlich großzügiger. Reparaturen und Änderungen werden erst dann unzulässig, wenn die Maßnahmen einen solchen (technischen) Umfang erreichen, dass dies bei wertender Betrachtung einer Neuherstellung gleichkommt.

Das deutsche Recht sieht ebenfalls erst eine Neuherstellung als unzulässig an. Ob eine verbotene Neuherstellung vorliegt, wird aber nicht am Umfang der Maßnahme festgemacht, sondern anhand einer normativen Identitätsprüfung ermittelt. Solange ein Gegenstand unter wertenden Gesichtspunkten vor und nach einer Maßnahme der gleiche ist, ist eine Maßnahme zulässig. Diese „Identitätsprüfung" wägt dabei letztlich die Interessen von Patentinhaber und Verwender gegeneinander ab.

Im Einheitspatentsystem besteht daher Harmonisierungsbedarf. Bei der Harmonisierung dürfte der EuGH eine maßgebliche Rolle spielen, weil die Reichweite der Nutzungsbefugnisse zugleich eine Frage der Reichweite der Erschöpfungswirkung ist. Da die Erschöpfung in Art. 6 EPatVO unmittelbar im Unionsrecht geregelt wurde, ist der EuGH zur Auslegung berufen.

Es ist davon auszugehen, dass bei der Abgrenzung zwischen zulässigen Nutzungshandlungen und solchen Handlungen, die das Patent verletzen, auch im Einheitspatentsystem der Identitätsgedanke im Vordergrund stehen wird. Nach welchen Kriterien diese Identität bestimmt werden wird, ist noch nicht absehbar. Anhand der Rechtsprechung zum Urheberrecht lässt sich vermuten, dass die Identitätsbestimmung anhand normativer Kriterien erfolgen wird, wobei unter anderem die wirtschaftlichen Interessen des Schutzrechtsinhabers eine Rolle spielen. Sachnäher wäre es allerdings, allein nach technischen Kriterien abzugrenzen.

III. Persönliche Reichweite

1. Grundsatz

Auf die Erschöpfung kann sich nicht nur der Ersterwerber berufen, sondern auch jeder späterer Erwerber.[858] Denn die Nutzungsbefugnisse des Ersterwerbers beruhen nicht auf einem Vertrag mit dem Patentinhaber.[859] Sie beruhen vielmehr darauf, dass sich die Rechte des Patentinhabers nicht auf Handlungen nach dem ersten Inverkehrbringen erstrecken.[860]

858 BGH, Urt. v. 17.7. 2012 - X ZR 97/11 - Palettenbehälter II, GRUR 2012, 1118, Rn. 19.
859 BGH, Urt. v. 17.7. 2012 - X ZR 97/11 - Palettenbehälter II, GRUR 2012, 1118, Rn. 20.
860 S. 68.

2. Persönliche Reichweite bei mittelbarer Patentverletzung

Während der Gebrauch und der Weitervertrieb patentgemäßer Produkte aufgrund von Erschöpfung für jeden späteren Erwerber zulässig ist, stellt sich die Frage, ob sich diese Nutzungsbefugnis auch auf Dritte auswirkt, die Ersatzteile und Verbrauchsmaterial für diese Produkte vertreiben. Die Lieferung von Mitteln für patentgemäße Produkte kann eine mittelbare Patentverletzung sein. Ob die Lieferung von Ersatzteilen und Verbrauchsmaterialien an rechtmäßige Erwerber patentgeschützter Erzeugnisse zulässig ist, wird in Deutschland, England und Frankreich unterschiedlich beurteilt.

a) Mittelbare Patentverletzung und Erschöpfung

Das Einheitspatentsystem regelt die mittelbare Patentverletzung in Art. 26 EPGÜ. Art. 26 I EPGÜ lautet:

> *Ein Patent gewährt seinem Inhaber das Recht, Dritten zu verbieten, ohne seine Zustimmung im Hoheitsgebiet der Vertragsmitgliedstaaten, in denen dieses Patent Wirkung hat, anderen als zur Benutzung der patentierten Erfindung berechtigten Personen Mittel, die sich auf ein wesentliches Element der Erfindung beziehen, zur Benutzung der Erfindung in diesem Gebiet anzubieten oder zu liefern, wenn der Dritte weiß oder hätte wissen müssen, dass diese Mittel dazu geeignet und bestimmt sind, für die Benutzung der Erfindung verwendet zu werden.*

Dies entspricht im Wesentlichen § 10 I PatG. Nach deutscher Rechtsprechung soll die mittelbare Patentverletzung den Patentinhaber im Vorfeld einer Patentverletzung schützen und daher solche Handlungen erfassen, die zu einer unmittelbaren Patentverletzung führen können.[861] Indem der Patentinhaber gegen den Lieferanten vorgehen kann, kann er Patentverletzungen frühzeitig verhindern. Bei einer Vielzahl von Verletzern kann er mit einem Vorgehen gegen den Lieferanten das Übel an der Wurzel packen und muss nicht gegen jeden Verletzer einzeln vorgehen.[862]

Eine mittelbare Patentverletzung setzt zwar keine unmittelbare Patentverletzung voraus.[863] Es muss aber durch die Lieferung von Mitteln eine unmittelbare Patentverletzung drohen.[864] Das ist nicht der Fall, wenn die Verwender zum Einsatz dieser Mittel berechtigt sind.[865] Eine solche Berechtigung

---

861 BGH, Urt. v. 24.9.1991 – X ZR 37/90 – Beheizbarer Atemluftschlauch, NJW 1992, 1895, 1896; BGH, Urt. v. 4.5.2004 – X ZR 48/03 – Flügelradzähler, GRUR 2004, 758, 760.

862 BGH, Urt. v. 8.11.1960 – I ZR 67/59 – Metallspritzverfahren, GRUR 1961, 627, 627; Benkard/*Scharen*, PatG § 10, Rn. 2; *Mes*, GRUR 1998, 281, 281; ähnl. *Meier-Beck*, GRUR 1993, 1, 1; *Scharen*, GRUR 2001, 995, 997.

863 BGH, Urt. v. 13.6.2006 – X ZR 153/03 – Deckenheizung, GRUR 2006, 839, Rn. 23.

864 BGH, Urt. v. 13.6.2006 – X ZR 153/03 – Deckenheizung, GRUR 2006, 839, Rn. 23; Schulte/*Rinken*, § 10 PatG, Rn. 8.

865 Vgl. BGH, Urt. v. 27.2.2007 – X ZR 113/04 – Rohrschweißverfahren, GRUR 2007, 773, Rn. 24.

kann sich auch aus der Erschöpfung ergeben.[866] Wenn der Verwender ein patentgemäßes Erzeugnis gebrauchen darf, wozu auch das Austauschen von Verbrauchsmaterial und das Durchführen von Reparaturen gehört,[867] dann birgt die Belieferung mit Ersatzteilen und Verbrauchsmaterial auch nicht die Gefahr, dass eine unmittelbare Patentverletzung stattfindet.

Die Erschöpfung hat somit eine „Berechtigungsfunktion", die sich im Rahmen der mittelbaren Patentverletzung auch zugunsten eines Lieferanten auswirkt. Dritte dürfen den rechtmäßigen Besitzer patentierter Gegenstände mit Verbrauchsmaterial und Ersatzteilen beliefern, solange der Austausch dieser Teile keine Neuherstellung ist.[868] Im deutschen Recht sind Besitzer von „erschöpften" patentgemäßen Erzeugnissen daher „zur Benutzung der patentierten Erfindung berechtigte Personen".[869] Ebenso ist es im englischen Recht.[870]

b) Die französische Sichtweise

Auch in der französischen Literatur wird vertreten, dass der rechtmäßige Erwerber patentgemäßer Gegenstände aufgrund des Erschöpfungsgedankens eine berechtigte Person (*personne habilitée à exploiter l'invention*) sei, so dass eine Belieferung mit Verbrauchsmaterial und Ersatzteilen grundsätzlich keine mittelbare Patentverletzung sei.[871] Die französische Rechtsprechung behandelt rechtmäßige Erwerber patentgeschützter Gegenstände dagegen grundsätzlich als Nichtberechtigte.

Dies zeigt sich zum Beispiel in der Entscheidung *Tissue France SCA c. Sipinco SAS et Global Hygiene SAS*[872]. Im zugrundeliegenden Fall wurden Papierhandtücher vertrieben, welche sich zum Auffüllen eines patentierten Papierhandtuchspenders eigneten. Die *Cour de cassation* prüfte, ob es sich bei dem Papier um ein Mittel mit Bezug zu einem wesentlichen Element der Erfindung handelte, und bejahte dies. Nachdem dies festgestellt war, wurden die Verwender ohne jede weitere Begründung als Nichtberechtigte bezeichnet. Auch die Vorinstanz untersuchte eine Berechtigung der Verwender nicht, obwohl sogar die Verteidigung vorbrachte, dass die Verwender berechtigt seien, die Handtuchspender mit Papier beliebiger Herkunft zu verwenden.[873]

Dagegen hätte die Frage nach der Berechtigung in der deutschen Rechtsprechung wohl den Schwerpunkt der Entscheidung dargestellt. Es wäre

---

866 Benkard/*Scharen*, PatG § 10 Rn. 16; *Mes*, GRUR 1998, 281, 282; *Nieder*, GRUR 2006, 977, 979; Schulte/*Rinken*, § 10 PatG, Rn. 12.

867 S. 120 ff.

868 Benkard/*Scharen*, PatG § 10 Rn. 16; vgl. auch S. 120 ff.

869 Ähnl. Haedicke/Timmann/*Bukow*, § 13, Rn. 71.

870 Nestec v. Dualit [2013] R.P.C. 32, Rn. 164 (*Arnold J.*); so auch *Benyamini*, S. 212.

871 *Le Stanc*, Propr.Ind. Mai 2004, 3; *Passa*, Rn. 494.

872 Cass. Com., 8.6.2017, PIBD 2017, III-561.

873 CA Paris, 25.11.2014, PIBD 2015, III-101, III-107.

untersucht worden, ob die Verwender aufgrund von Erschöpfung zum Austausch des Papiers berechtigt waren. Dann wäre – wie in *Flügelradzähler* – eine Abgrenzung zwischen bestimmungsgemäßem Gebrauch und Neuherstellung vorgenommen worden. Da ein regelmäßiges Nachfüllen im Interesse der Verwender liegt und es sich beim Nachfüllpapier nur um ein bloßes Objekt ohne eigenständigen erfinderischen Gehalt handelt, wäre die deutsche Rechtsprechung wohl zu einer Berechtigung gelangt.[874] Eine mittelbare Patentverletzung hätte dann abgelehnt werden müssen.

Die französische Rechtsprechung nimmt diese Art der Prüfung nicht vor. Es wird nicht einmal erwogen, dass ein Erwerber eines patentgeschützten Gegenstands ein Berechtigter im Rahmen der mittelbaren Patentverletzung sein könnte. Dies zeigt sich auch in einer Entscheidung der *Cour d'appel* vom 14.4.2015. Gestritten wurde um Austausch-Wischerblätter für ein Scheibenwischersystem. Die *Cour d'appel* begründete die Feststellung, dass eine Lieferung von patentverletzenden Teilen an nichtberechtigte Personen vorlag, allein mit dem Protokoll der *saisie-contrefaçon*[875] und den Katalogen der Beklagten.[876] Es ist nicht ersichtlich, wie sich aus Protokollen und Katalogen die fehlende Berechtigung der Verwender rechtmäßig erworbener Scheibenwischersysteme ergeben soll. Daher kann die Rechtsprechung nur so interpretiert werden, dass Käufer eines patentgeschützten Gegenstands grundsätzlich nicht als Berechtigte im Rahmen der mittelbaren Verletzung anerkannt werden. Die Erschöpfung hat daher im französischen Recht – anders als im deutschen und englischen Recht – keine Berechtigungsfunktion im Rahmen der mittelbaren Patentverletzung.

c) Konsequenzen für das Einheitspatentsystem

Es gibt unterschiedliche Ansichten dazu, ob Erwerber patentgeschützter Gegenstände als „berechtigte Personen" anzusehen sind, wenn sie von Dritten mit Ersatzteilen und Verbrauchsmaterial beliefert werden.

Im deutschen und englischen Recht führt die Erschöpfung (bzw. implizite Lizenz) dazu, dass die Erwerber patentgeschützter Gegenstände Berechtigte sind und daher grundsätzlich auch von Dritten mit Ersatzteilen und Verbrauchsmaterial beliefert werden dürfen. Solange der Austausch dieser Teile keine Neuherstellung ist, liegt keine mittelbare Patentverletzung vor.[877] Die französischen Rechtsprechung behandelt Erwerber patentgeschützter Gegenstände dagegen als Nichtberechtigte.

Ein Patentinhaber kann sich somit im französischen Recht über die Figur der mittelbaren Patentverletzung einfacher als im deutschen und englischen

---

874 Vgl. BGH, Urt. v. 24.10.2017 – X ZR 55/16 – Trommeleinheit, GRUR 2018, 170, Rn. 70.
875 Durchsuchung und Beschlagnahme. Grundlage dafür ist Art. L615-5 CPI.
876 CA Paris, 14.4.2015, PIBD 2015, III-405, III-407.
877 S. 135.

Recht die Kontrolle über Zubehör und Verbrauchsmaterial sichern. Dies deutet auch auf ein anderes Verständnis der mittelbaren Patentverletzung hin. Während die mittelbare Patentverletzung im deutschen Recht eher als Vorfeldschutz angesehen wird,[878] scheint das französische Recht die mittelbare Patentverletzung eher als Erweiterung des patentrechtlichen Schutzbereichs anzusehen.[879] Im Einheitspatentsystem besteht daher bei der mittelbaren Patentverletzung ein Harmonisierungsbedarf. Dabei sprechen die besseren Argumente für eine Berechtigungsfunktion der Erschöpfung auch im Rahmen der mittelbaren Patentverletzung.

Dafür spricht zunächst, dass der rechtmäßige Erwerber patentgemäßer Gegenstände nicht gegen das Patentrecht verstößt, wenn er selbst Ersatzteile und Verbrauchsmaterial herstellt und diese quasi an sich selbst liefert. Die Herstellung der Teile ist keine unmittelbare Patentverletzung, solange die Teile nicht selbst patentgeschützt sind. Der Austausch der Teile ist keine unmittelbare Patentverletzung, solange die Maßnahme nicht die Identität des Gegenstands verändert, also keine Neuherstellung vorliegt.[880] Die Lieferung an sich selbst ist keine mittelbare Patentverletzung, da keine Belieferung durch einen Dritten erfolgt. Die Handlung ist also von der Erschöpfungswirkung erfasst.

Es erschließt sich nicht, warum dies anders sein sollte, wenn ein Dritter solche Teile herstellt und an Erwerber patentgemäßer Gegenstände liefert. Eine solche Einschränkung würde dazu führen, dass der Erwerber gezwungen wäre, Ersatzteile und Verbrauchsmaterial entweder selbst herzustellen oder vom Patentinhaber zu beziehen. Dann könnte der Erwerber ein patentgemäßes Erzeugnis nicht mehr beliebig verwenden, sondern wäre Einschränkungen unterworfen, was aber durch die Erschöpfung gerade vermieden werden soll.[881]

Auch ein systematisches Argument spricht für eine vollumfängliche Berechtigung durch Erschöpfung. Nach Art. 26 III EPGÜ gelten Personen, die die in Art. 27 lit. a) bis e) EPGÜ genannten Handlungen vornehmen, nicht als zur Benutzung der Erfindung berechtigt. Art. 27 EPGÜ definiert bestimmte Handlungen, auf die sich die Rechte aus einem Patent nicht erstrecken, z.B. Handlungen im privaten Bereich zu nichtgewerblichen Zwecken, Art. 27 lit. a) EPGÜ. Für bestimmte Handlungen wird also über Art. 26 III EPGÜ fingiert, dass die Personen im Rahmen der mittelbaren Patentverletzung nicht als berechtigt gelten sollen. Im Umkehrschluss müssen Personen bei allen

---

878 Vgl. BGH, Urt. v. 24.9.1991 – X ZR 37/90 – Beheizbarer Atemluftschlauch, NJW 1992, 1895, 1896; BGH, Urt. v. 4.5.2004 – X ZR 48/03 – Flügelradzähler, GRUR 2004, 758, 760.

879 Vgl. z.B. *Raynard*, Propr. Ind. Juillet-Août 2022, 29, 30 re. Sp., wonach die Figur der mittelbaren Patentverletzung auch dazu dienen soll, dem Patentinhaber die ökonomische Ausnutzung der Erfindung zu sichern.

880 S. 132 f.

881 Ähnl. *Benyamini*, S. 209, mit weiteren Argumenten auf S. 209 ff.

sonstigen Handlungen, auf die sich das Patent nicht erstreckt, und die nicht nach Art. 26 III EPGÜ ausgenommen wurden, als berechtigt im Rahmen der mittelbaren Patentverletzung nach Art. 26 I EPGÜ angesehen werden. Dann müssen aber auch Handlungen an erschöpften Gegenständen als berechtigt angesehen werden. Denn Art. 26 III EPGÜ verweist nicht auf Art. 29 EPGÜ.

d) Weitere Ausnahmen von der Berechtigung

Nach Art. 26 III EPGÜ gelten Personen, die die in Art. 27 lit. a) bis e) EPGÜ genannten Handlungen vornehmen, im Rahmen von Art. 26 I EPGÜ nicht als zur Benutzung der Erfindung berechtigte Personen. Vom Wortlaut her könnte dies bedeuten, dass selbst bei eigentlich erschöpften Produkten keine Berechtigung zur Belieferung durch Dritte vorliegt, wenn jemand das Produkt z.B. privat verwendet. Der Wortlaut dürfte aber etwas zu weit geraten sein. Der Zweck von Art. 26 III EPGÜ liegt nicht darin, jegliche Belieferung von Mitteln an bevorzugte Personenkreise zu verbieten. Nur wenn nicht bereits eine Berechtigung aus anderen Gründen vorliegt, dann soll verhindert werden, dass Mittel zur Patentbenutzung an bevorzugte Personenkreise vertrieben werden.[882]

Art. 26 III EPGÜ ist eher als Schranke von Art. 27 EPGÜ und weniger als Schranke von Art. 26 I EPGÜ anzusehen.[883] Art. 26 III EPGÜ verhindert, dass berechtigte Personen im Sinne von Art. 27 EPGÜ gewerbsmäßig von Dritten mit Mitteln zur Erfindungsbenutzung beliefert werden dürfen, was zu einer Aushöhlung des Patentschutzes führen könnte.[884] Wenn aber die Nutzung eines Produkts aufgrund von Erschöpfung zulässig ist, dann sind nicht nur gewerbliche Nutzer, sondern auch die bevorzugten Personenkreise in Art. 27 lit. a) bis e) EPGÜ Berechtigte im Sinne von Art. 26 I EPGÜ.

3. Ergebnis

Auf die Erschöpfung kann sich nicht nur der Ersterwerber berufen, sondern auch jeder späterer Erwerber. Es gibt jedoch keine übereinstimmende Rechtsprechung dazu, ob sich auch der Lieferant von Ersatzteilen und Verbrauchsmaterial auf die Erschöpfung berufen kann, die bei den zu beliefernden Personen eingetreten ist.

Im deutschen und englischen Recht werden die Erwerber patentgeschützter Gegenstände als Berechtigte angesehen, die auch von Dritten mit Ersatzteilen und Verbrauchsmaterial beliefert werden dürfen. Solange der Austausch dieser Teile keine Neuherstellung ist, ist die Belieferung keine mittelbare Patentverletzung. Die französischen Rechtsprechung behandelt Erwerber patentgeschützter Gegenstände dagegen als Nichtberechtigte.

---

882 Ähnl. *Passa*, Rn. 494.

883 So auch *Benyamini*, S. 185 zu den entsprechenden Vorschriften im GPÜ.

884 Vgl. *Benyamini*, S. 185.

Eine Auslegung der Vorschriften des Einheitspatentsystems spricht dafür, die Erwerber patentgeschützter Gegenstände als Berechtigte anzusehen. Eine Belieferung dieser Personen mit Ersatzteilen und Verbrauchsmaterial ist daher grundsätzlich zulässig. Eine mittelbare Patentverletzung liegt nur vor, wenn der Austausch der Teile eine Neuherstellung des patentgeschützten Gegenstands ist.

Zu den berechtigten Personen zählen dabei nicht nur gewerbliche Nutzer, sondern auch die bevorzugten Personenkreise in Art. 27 lit. a) bis e) EPGÜ hinsichtlich solcher Gegenstände, bei denen Erschöpfung eingetreten ist.

IV. Zeitliche Reichweite

1. Grundsatz

Die Erschöpfungswirkung beginnt mit dem Inverkehrbringen eines patentgeschützten Gegenstands durch den Patentinhaber oder mit seiner Zustimmung. Sie endet mit dem zeitlichen Ablauf des Patentschutzes oder mit der vollständigen Zerstörung des patentgeschützten Gegenstands.[885] Bei einer vollständigen Zerstörung entfällt der konkrete Gegenstand, auf den sich die Erschöpfung bezieht. Nach Ablauf des Patentschutzes muss auch die Erschöpfung enden, da ohne Verbietungsrechte auch keine Ausnahmen von den Verbietungsrechten mehr existieren können. Der Ablauf des Patentschutzes in einem Mitgliedsstaat führt aber nicht zur Erschöpfung in allen anderen Mitgliedsstaaten, solange dort noch Patentschutz besteht.[886] Sollte also in einem EWR-Staat der Patentschutz auslaufen während die Schutzfrist des Einheitspatents noch nicht abgelaufen ist, dürfen Erzeugnisse, die im EWR-Staat von Dritten rechtmäßig in Verkehr gebracht wurden, nicht ins Gebiet des Einheitspatents importiert werden.

2. Erschöpfung beim Anbieten patentgeschützter Erzeugnisse

Problematisch ist das Anbieten patentgeschützter Erzeugnisse. Händler, die patentgemäße Erzeugnisse in Katalogen anbieten oder anderweitig bewerben, werden vom Verbot des Anbietens aus Art. 25 lit. a) EPGÜ erfasst. Denn die Handlung des Anbietens wird schon durch Werbeankündigungen aller Art erfüllt.[887] Dabei unterscheidet das Gesetz nicht zwischen rechtmäßigen oder rechtswidrigen Erzeugnissen.

Die Erschöpfung tritt aber nach dem Wortlaut von Art. 29 EPGÜ nur ein, *nachdem* das Erzeugnis in Verkehr gebracht worden ist. Ein Händler, der

885 *Schramm*, S. 381 f.

886 Busse/Keukenschrijver/*Keukenschrijver*, PatG § 9, Rn. 139.

887 *Ann*, PatR, § 33, Rn. 116.

ankündigt, patentgemäße Erzeugnisse vertreiben zu wollen, die noch nicht hergestellt sind, verstößt daher gegen das Patentrecht, da die Erzeugnisse noch nicht im Verkehr sind.[888] Das gleiche gilt, wenn der Patentinhaber die Erzeugnisse schon hergestellt, aber noch nicht in Verkehr gebracht hat. Selbst wenn die Erzeugnisse schon im freien Handel sind, würde ein Händler das Patent verletzen, wenn er die Erzeugnisse nicht vorrätig hat, da sich seine Ankündigung nicht auf bereits konkretisierte Erzeugnisse bezieht, denn Erschöpfung betrifft immer nur ein konkretes Erzeugnis.

Es ist zweifelhaft, ob dieses Ergebnis gewollt ist. Die Interessenlage zwischen Patentinhaber und Weiterverkäufer spricht eher dafür, dass nur das Angebot von patentrechtswidrig hergestellten oder in Verkehr gebrachten Erzeugnissen vom Verbot erfasst sein soll.[889] Daher könnte man zunächst daran denken, die Erschöpfungsregelung teleologisch zu erweitern und das Anbieten als Ankündigungsrecht auch im Vorfeld zu erlauben und die zeitliche Grenze der Erschöpfung vorzuziehen.[890] Das verstößt allerdings gleich zweifach gegen den Wortlaut (*nachdem* und *das Erzeugnis*). Zudem widerspricht es der Natur der Erschöpfung, die ja gerade an das Inverkehrbringen anknüpft.

Daher könnte man stattdessen an eine „Heilung" denken und annehmen, dass der spätere Erwerb der Erzeugnisse zur Genehmigung des Anbietens führt.[891] Dann läge beim Anbieten patentgemäßer Erzeugnisse, die noch nicht vorrätig sind, zunächst ein Patentverstoß vor. Mit dem Erwerb der Erzeugnisse vom Patentinhaber würde das Anbieten nachträglich konkludent genehmigt.[892] Die Patentverletzung würde geheilt[893] und es träte Erschöpfung ein. Problematisch ist aber, dass die Genehmigungswirkung auch beim Erwerb von einem sonstigen Berechtigten eintreten müsste. Genehmigen kann aber nur der Patentinhaber. Weiterhin ist problematisch, dass das Anbieten vor der Genehmigung rechtswidrig wäre und daher untersagt werden könnte. Das entspräche nicht der Interessenlage.

Alternativ könnte man auch von einer hypothetischen Zustimmung des Patentinhabers ausgehen. Denn es dürfte nicht dem Willen des

---

888 Ähnl. *Sack*, WRP 1999, 1088, 1094 re. Sp. zum Markenrecht.

889 Auch der BGH scheint das Anbieten eines das Schutzrecht verletzenden Gegenstands vorauszusetzen, so im Fall eines Gebrauchsmusters: BGH, Urt. v. 15.3.2005 - X ZR 80/04 - Radschützer, GRUR 2005, 665, 667; auch Schulte/*Rinken*, § 9 PatG, Rn. 23 und *Zuberbühler*, S. 37, gehen davon aus, dass Werbemaßnahmen im Vorfeld zulässig sein müssen, wenn das beworbene Inverkehrbringen rechtmäßig wäre.

890 So zum Markenrecht z.B. BGH, 17.7.2003 - I ZR 256/00 - Vier Ringe über Audi, GRUR 2003, 878, 879 f.; *Sack*, WRP 1999, 1088, 1094 re. Sp.

891 Analog § 184 I BGB.

892 Vgl. Benkard/*Scharen*, PatG § 9, Rn. 23, wonach eine konkludente Genehmigung des rechtswidrigen Inverkehrbringens möglich ist. Dann muss erst recht eine Genehmigung des rechtswidrigen Anbietens möglich sein.

893 Ex tunc-Wirkung der Genehmigung, analog § 184 I BGB.

Patentinhabers widersprechen, ein rechtmäßiges Erzeugnis anzubieten. Eine hypothetische Zustimmung kann aber eine tatsächliche Zustimmung nicht ersetzen. Wenn man eine hypothetische Zustimmung beim Anbieten erlaubte, müsste dies konsequenterweise auch für andere Handlungen gelten. Dann bräuchte man eigentlich keine Erschöpfungsregelung mehr. Überdies würde die Figur einer hypothetischen Zustimmung zu weiterer Rechtsunsicherheit führen. Denn die Frage, ob eine hypothetische Zustimmung anzunehmen ist, müsste für den jeweiligen Einzelfall entschieden werden. Das Ergebnis wäre kaum voraussehbar.

Wirklich überzeugen kann keiner dieser Ansätze. Wenn man das Verbot, ein Erzeugnis anzubieten, so versteht, dass ein rechtswidriger Vertrieb bereits im Vorfeld verhindert werden soll,[894] dann ist eine enge Auslegung des Begriffs des Anbietens vorzugswürdig. Das Anbieten kann nur rechtswidrig sein, wenn auch das dadurch vorbereitete Inverkehrbringen rechtswidrig wäre.[895] Diese Auslegung lässt sich auch darauf stützen, dass das alleinige Recht zum Inverkehrbringen vor allem die Dispositionsfreiheit des Patentinhabers schützt.[896] Das Anbieten rechtmäßiger Erzeugnisse greift in die Dispositionsfreiheit des Patentinhabers nicht ein. Denn dieser kann immer noch frei entscheiden, ob und unter welchen Bedingungen er seine Erzeugnisse in Verkehr bringt.

Wenn man jedoch diese enge Auslegung vornimmt und den Begriff des Anbietens nur auf solche Erzeugnisse bezieht, die nicht rechtmäßig in Verkehr gebracht wurden, dann fragt sich, wieso man nicht auch die Begriffe des Gebrauchens und des Inverkehrbringens entsprechend auslegt. Diese beiden Begriffe finden sich ebenfalls in Art. 25 EPGÜ. Eine einheitliche Auslegung wäre daher konsequent. Dann ergäbe sich unmittelbar aus Art. 25 EPGÜ, dass nur der Gebrauch und der Vertrieb solcher Erzeugnisse verboten sind, die noch nicht vom Patentinhaber oder mit seiner Zustimmung in Verkehr gebracht wurden. Die Erschöpfungsvorschrift wäre damit obsolet.

Auf der anderen Seite wäre eine Einschränkung nur beim Begriff des Anbietens lediglich ein Ausgleich für die weite Auslegung des Anbietens als Verletzungstatbestand. Wenn das Anbieten schon durch Werbeankündigungen aller Art erfüllt sein soll,[897] sich also nicht auf einen konkreten Gegenstand beziehen muss,[898] benötigt man auch eine Schranke, die unabhängig vom konkreten Gegenstand ist.

---

894 So wohl auch BGH, Urt. v. 16.9.2003 – X ZR 179/02 – Kupplung für optische Geräte, GRUR 2003, 1031, 1033; *Schricker*, GRUR Int 2004, 786, 787 f.

895 Auch der BGH scheint das Anbieten eines das Schutzrecht verletzenden Gegenstands vorauszusetzen, BGH, Urt. v. 15.3.2005 – X ZR 80/04 – Radschützer, GRUR 2005, 665, 667.

896 S. 37.

897 *Ann*, PatR, § 33, Rn. 116.

898 Vgl. BGH, Urt. v. 15.3.2005 – X ZR 80/04 – Radschützer, GRUR 2005, 665, 666, im Fall eines Gebrauchsmusters.

Die Theorie der Erschöpfung ist daher nicht geeignet, die Rechtmäßigkeit des Anbietens zu erklären. Stattdessen sollte der Begriff des Anbietens im Rahmen von Art. 25 EPGÜ eng ausgelegt werden. Das Anbieten ist nur rechtswidrig, wenn das dadurch vorbereitete Inverkehrbringen rechtswidrig wäre. Ein Anbieten, das sich auf rechtmäßig im Verkehr befindliche Produkte bezieht, ist rechtmäßig, ohne dass es der Erschöpfungsregelung bedarf.

3. Erschöpfung bei Inverkehrbringen vor Patentschutz

Ein weiteres Problem ergibt sich, wenn der Pateninhaber bereits vor Beginn des Patentschutzes patentgemäße Erzeugnisse verkauft hat. Im Zeitpunkt des Inverkehrbringens kann – mangels Patent – keine Erschöpfung eintreten.[899] Erschöpfung kann vielmehr erst eintreten, nachdem das Patent erteilt worden ist. Vom Wortlaut von Art. 29 EPGÜ ist dies umfasst. Denn danach erstrecken sich die Patentrechte nicht auf spätere Nutzungshandlungen patentgeschützter Erzeugnisse, nachdem das Erzeugnis vom Patentinhaber oder mit seiner Zustimmung in Verkehr gebracht worden ist. Die Vorschrift besagt nicht, dass das Erzeugnis bereits im Zeitpunkt des Inverkehrbringens unter den Patentschutz fallen muss.

Allerdings ist auch dieses Ergebnis dogmatisch schwer zu begründen. Denn wenn das Patent erst nachträglich erteilt wird, dann hat der Patentinhaber im Zeitpunkt des Inverkehrbringens noch keine Ausschließlichkeitsrechte gehabt, die er durch freiwilliges Inverkehrbringen hätte verlieren können. Auch bestand keine Möglichkeit, eine Patentbelohnung zu erzielen.[900] Das Ergebnis ist aber interessengerecht. Es wäre widersprüchlich, wenn der Patentinhaber ab dem Zeitpunkt der Patenterteilung den Gebrauch und Weitervertrieb von Erzeugnissen untersagen könnte, die er bereits freiwillig in Verkehr gebracht hat.[901]

Erschöpfung tritt in diesen Fällen daher zeitlich verzögert ein. Das eigentliche Prinzip, dass Erschöpfung im Zeitpunkt des Inverkehrbringens mit Zustimmung des Patentinhabers eintritt, gilt dann also nicht.

---

899 *Reisner*, S. 211; *Tetzner*, NJW 1962, 2033, 2037 Fn. 21.

900 *Reisner*, S. 211.

901 So im Ergebnis auch *Reisner*, S. 216, der die Erschöpfungswirkung in diesen Fällen über eine auf den Zeitpunkt der Patenterteilung gerichtete antizipierte Zustimmung konstruieren will.

G. Besondere Erschöpfungskonstellationen

I. Vorrichtung zur Ausübung eines patentierten Verfahrens

1. Problemstellung

Wenn der Patentinhaber eine Vorrichtung veräußert, die geeignet ist, ein patentgeschütztes Verfahren auszuführen, dann unterfällt dies nicht dem Wortlaut von Art. 29 EPGÜ. Denn diese Vorschrift setzt voraus, dass ein durch das Patent geschütztes Erzeugnis in Verkehr gebracht worden ist. Eine Vorrichtung, mit der ein patentgeschütztes Verfahren ausgeübt werden kann, ist nicht notwendigerweise selbst durch ein Patent geschützt. Fraglich ist aber, ob die Benutzung einer solchen Vorrichtung gleichwohl gemeinfrei wird, wenn sie der Patentinhaber in Verkehr bringt.

Aus Verkehrsschutzgesichtspunkten bedarf es einer freien Verfahrensnutzung nicht, wenn der Patentinhaber und der Erwerber der Vorrichtung in laufenden Geschäftsbeziehungen stehen. Das kann z.B. der Fall sein, wenn industrielle Erzeugnisse nach einem geschützten Verfahren hergestellt werden. Dann genügt es, wenn die Verfahrensnutzung zwischen den Parteien vertraglich geregelt ist.

Anders ist es aber, wenn es sich um ein anonymes Massengeschäft handelt, bei dem es keinen persönlichen Kontakt zwischen Patentinhaber und Erwerber gibt und in dem die Identität des Käufers für den Patentinhaber nicht relevant ist. Zu denken ist etwa an den Verkauf eines Mobiltelefons, das dazu geeignet ist, ein patentgeschütztes Telekommunikationsverfahren auszuführen. In einem solchen Fall findet nur ein einmaliger Leistungsaustausch statt, nämlich die Übergabe und Übereignung der Vorrichtung gegen Geld.

Zwar wird man davon ausgehen müssen, dass der Patentinhaber den Ersterwerber konkludent zur Nutzung des Verfahrens ermächtigt. Es entspricht aber dem Verkehrsinteresse, dass nicht nur der Ersterwerber, sondern auch jeder weitere Erwerber zur Nutzung berechtigt ist. Der Erwerber nimmt an, dass er mit der Zahlung des Kaufpreises die vollen Rechte an der Vorrichtung erwirbt und dass er diese Rechte auch einem Zweiterwerber übertragen kann. Nur so ist die Vorrichtung verkehrsfähig. Anderenfalls könnte der Patentinhaber einem Zweiterwerber die Nutzung untersagen. Eine Weiterveräußerung der Vorrichtung wäre eine mittelbare Patentverletzung nach Art. 26 I EPGÜ, da der Zweiterwerber Nichtberechtigter und die Vorrichtung ein Mittel zur Benutzung der Erfindung ist. Ein Handel mit gebrauchten Mobiltelefonen wäre damit praktisch ausgeschlossen.

Durch den Ersterwerb sollte daher der Effekt eintreten, dass das darin verkörperte Verfahren von jedermann ohne Einschränkungen genutzt werden darf. Würde ein solcher Effekt nicht eintreten, dann könnte ein Erfinder häufig allein durch die Wahl einer anderen Patentkategorie (Verfahrenspatent statt Sachpatent) die Wirkung der Erschöpfung vermeiden und sich weitere Rechte an seinen Erzeugnissen vorbehalten.[902] Fraglich ist aber, auf welche Rechtsfigur man ein solches Nutzungsrecht für jedermann stützen kann.

2. Bisherige Lösungsansätze

Als Grundlage für die Nutzungsbefugnis des Ersterwerbers kommen sowohl eine konkludente Lizenz als auch eine (erweiterte) Erschöpfung hinsichtlich des Verfahrenspatents in Betracht. Während das Reichsgericht das Erschöpfungsprinzip auch bei Verfahrenspatenten anwandte,[903] differenziert der BGH nunmehr danach, ob die Vorrichtung selbständig geschützt ist oder nicht.

Beim Inverkehrbringen einer *selbständig patentgeschützten Vorrichtung* zur Ausübung eines geschützten Verfahrens geht der BGH davon aus, dass mit der Erschöpfung der Patentrechte der Vorrichtung auch die bestimmungsgemäße Verwendung gemeinfrei werde, ohne dass der Erwerber noch eine Erlaubnis des Patentinhabers benötige.[904] Der Geltendmachung eines Verfahrensanspruchs stünde die Zustimmung zur Lieferung der durch Sachpatent geschützten Anlage entgegen.[905] Der Patentinhaber soll sich nicht über einen Verfahrensanspruch die Rechte zur bestimmungsgemäßen Verwendung eines patentgeschützten Gegenstands vorbehalten können.[906] Die Erschöpfung der Rechte aus dem Erzeugnispatent zieht somit die Erschöpfung der Rechte aus dem Verfahrenspatent nach sich. Man könnte dies als *Mitreißtheorie* bezeichnen.

Wenn der Schutzrechtsinhaber dagegen eine Vorrichtung in Verkehr bringt, die *nicht selbständig patentgeschützt* ist, sondern sich nur zur Ausführung eines geschützten Verfahrens eignet, dann lehnt der BGH eine Erschöpfung ab und geht stattdessen von einer konkludenten Lizenz aus.[907] Derjenige, der vom Inhaber eines Verfahrenspatents eine zur Ausübung des Verfahrens erforderliche Vorrichtung erworben habe, dürfe diese bestimmungsgemäß benutzen, wenn ausdrückliche entgegenstehende Abreden fehlen.[908] Dies gelte selbst dann, wenn der Patentinhaber (oder Berechtigte) ein eigenes

902 *Haft/von Samson-Himmelstjerna*, FS Reimann, 175, 179; *von Meibom/Meyer*, FS Mes, 255, 270.
903 RG, Urt. v. 14.10.1931 – I 71/31 – Schlauchstück; RGZ 133, 326; RG, Urt. v. 10.2.1932 – I 223/31 – Bandeisenreifen, RGZ 133, 145.
904 BGH, Urt. v. 16.9.1997 – X ZB 21/94 – Handhabungsgerät, GRUR 1998, 130, 132.
905 BGH, Urt. v. 24.10.2000 – X ZR 15/98 – Bauschuttsortieranlage, GRUR 2001, 407, 409.
906 BGH, Urt. v. 16.9.1997 – X ZB 21/94 – Handhabungsgerät, GRUR 1998, 130, 132.
907 BGH, Urt. v. 24.9.1979 – KZR 14/78 – Fullplastverfahren, GRUR 1980, 38, 39.
908 BGH, Urt. v. 27.2.2007 – X ZR 113/04 – Rohrschweißverfahren, GRUR 2007, 773, 776.

wirtschaftliches Interesse an einer etwaigen weitergehenden Bezugsverpflichtung habe.[909]

In der Literatur werden verschiedene Ansätze vertreten. Zum Teil wird die Erschöpfung von Verfahrenspatenten gänzlich abgelehnt.[910] Zum Teil wird angenommen, dass auch die Rechte bezüglich des Verfahrens erschöpfen können.[911] Zum Teil wird differenziert. Wenn ein Berechtigter eine Anlage in Verkehr bringe, die nur dazu diene, ein patentiertes Verfahren auszuüben, dann verbrauche sich damit auch das Patentrecht bezüglich der Benutzung des Verfahrens.[912] Könne die Anlage aber zu mehreren Zwecken verwendet werden, dann richte sich die Berechtigung zur Nutzung des patentierten Verfahrens danach, ob dem Erwerber eine ausdrückliche oder stillschweigende Lizenz erteilt wurde.[913]

a) Konkludente Lizenz

aa) Lizenz und Lizenzvertrag

Ein Lizenzvertrag ist eine vertragliche Vereinbarung zwischen Lizenznehmer und Patentinhaber,[914] welcher die ganze oder teilweise Nutzung des Patents erlaubt.[915] Typischerweise wird ein Lizenzvertrag als ein der Rechtspacht vergleichbares Dauerschuldverhältnis angesehen.[916] Dabei bestehen gegenseitige Rechte und Pflichten. Der Patentinhaber ist verpflichtet, ein Nutzungsrecht einzuräumen und das Patent aufrechtzuerhalten, der Lizenznehmer ist verpflichtet, Lizenzgebühren zu zahlen.[917] Darüber hinaus wird vertreten, dass ein Lizenzvertrag zu einer (teilweisen) Übertragung der Monopolstellung auf den Lizenznehmer verpflichte,[918] und dass ein

---

909 BGH, Urt. v. 27.2.2007 - X ZR 113/04 - Rohrschweißverfahren, GRUR 2007, 773, 776.

910 Z.B. *Ann*, PatR, § 33, Rn. 322; *Haedicke*, PatR, Rn. 19; Haedicke/Timmann/*Bukow*, § 13, Rn. 100; *Heydt*, MuW 1933, 226, 227 li. Sp.; *Lindenmaier*, GRUR 1952, 294, 295; *Sack*, WRP 1999, 1088, 1109 re.Sp.; *Schricker*, Mitt. 1980, 31, 31 li. Sp.

911 So etwa *von Meibom/Meyer*, FS Mes, 255, 269 ff.

912 Reimer/*Nastelski*, PatG § 6 Anm. 88; vgl. auch *Haft et al.*, GRUR Int 2008, 944, 945, wonach Erschöpfung eintreten soll, wenn das Inverkehrbringen der Vorrichtung eine mittelbare Patentverletzung wäre.

913 Reimer/*Nastelski*, PatG § 6 Anm. 88.

914 Vgl. Osterrieth/*Osterrieth*, Rn. 649.

915 Vgl. *Bartenbach*, S. 258.

916 Vgl. JCl/*Basire*, Fasc. 4740, 6.8.2015, Rn. 28; *Vivant*, JCP G.1984.II.20182 (für das französische Recht); BGH, Urt. v. 17.11.2005 - IX ZR 162/04 - Softwarenutzungsrecht, GRUR 2006, 435, Rn. 21; Benkard/*Rogge/Melullis*, PatG Vor § 16, Rn. 83; Busse/Keukenschrijver/*McGuire*, PatG § 15, Rn. 171; *McGuire*, S. 674; Osterrieth/*Osterrieth*, Rn. 648 (für das deutsche Recht); vgl. auch *Bartenbach/Bartenbach* Rn. 1368 und Osterrieth/*Osterrieth*, Rn. 649, wonach es sich um einen Vertrag sui generis handeln soll.

917 Vgl. *Bartenbach/Bartenbach*, Rn. 1369 u. 1372 ff.; *McGuire*, GRUR 2009, 13, 20; *La Corte*, GRUR 2021, 285, 287.

918 *Bartenbach/Bartenbach*, Rn. 1381.

Lizenzvertrag nur vorliege, wenn der Lizenznehmer ein eigenständiges wirtschaftliches Risiko trage.[919]

Nach hier vertretener Auffassung kann man aber bereits dann von einem Lizenzvertrag sprechen, wenn lediglich Nutzungsbefugnisse eingeräumt werden.[920] Weitere Verpflichtungen mögen typisch sein. Es ist aber kein Grund ersichtlich, warum die Einräumung von Nutzungsbefugnissen stets an weitere Voraussetzungen geknüpft werden müsste. Dies gilt insbesondere für das anonyme Massengeschäft. Dem Erwerber eines Mobiltelefons werden Nutzungsbefugnisse hinsichtlich der darin verkörperten Verfahren eingeräumt. Es sind aber keine laufende Lizenzzahlungen zu leisten, es besteht keine Verpflichtung zur Ausübung des patentierten Verfahrens, und auch der Patentinhaber ist nicht verpflichtet, das Patent aufrechtzuerhalten.

Daher wird im Folgenden jede Einräumung eines Nutzungsrechts als *Lizenzvertrag* bezeichnet, ohne dass mit diesem Vertrag weitere Verpflichtungen verbunden sein müssen. Das durch den Lizenzvertrag eingeräumte Nutzungsrecht wird im Folgenden als *Lizenz* bezeichnet. Es ist umstritten, ob es sich bei der Lizenz um ein dingliches Nutzungsrecht handelt, welches vom Bestand des Lizenzvertrags unabhängig ist.[921] Im deutschen Recht wird jedenfalls die einfache Patentlizenz, zu der auch die hier behandelte konkludente Lizenz zählt, überwiegend als vertragliches Nutzungsrecht angesehen.[922] Ebenso ist es im französischen Recht.[923] Die einfache Patentlizenz existiert somit nicht ohne einen Lizenzvertrag.

Da Lizenzen im Einheitspatentsystem nicht geregelt sind, richtet sich deren rechtliche Behandlung nach nationalem Recht.[924] Beim anwendbaren Recht muss unterschieden werden zwischen dem Lizenzvertrag und der Lizenz. Der Vertragsschluss und das anwendbare Recht des Lizenzvertrages richten sich nach dem Vertragsstatut, die Lizenzierbarkeit des Patents und die Wirkungen der Lizenz richten sich nach dem Schutzlandstatut.[925]

919 Vgl. *Bartenbach/Bartenbach*, Rn. 1315 u. 1322.

920 Im Folgenden wird nicht danach differenziert, ob die Erteilung der Nutzungsbefugnisse als positive Rechtseinräumung anzusehen ist, oder als Verzicht auf das Verbietungsrecht, vgl. dazu *Bartenbach*, S. 259 ff.

921 *McGuire*, S. 732 ff.; *Osterloh*, GRUR 1985, 707, 708 f.; einen solchen vom Lizenzvertrag unabhängigen dinglichen Charakter haben nach Ansicht des BGH Lizenzen im Urheberrecht, BGH, Urt. v. 26. 3. 2009 – I ZR 153/06 – Reifen Progressiv, GRUR 2009, 946, 948.

922 Benkard/*Rogge/Melullis*, PatG Vor § 16, Rn. 54; Busse/Keukenschrijver/*McGuire*, PatG § 15, Rn. 161; *Hauck*, GRUR Patent 2023, 8, Rn. 14; *Hilty*, S. 114; *Kellenter*, FS Tilmann, 807, 901; *McGuire*, S. 735; *Osterloh*, GRUR 1985, 707, 709; Schulte/*Moufang*, § 15 PatG, Rn. 40; das scheint auch der BGH so zu sehen, wenn er davon ausgeht, dass der Lizenzvertrag im Wege eines dreiseitigen Vertrags übernommen werden muss, BGH, Urt. v. 15.5.1990 – X ZR 82/88, NJW-RR 1990, 1251, 1253.

923 *Hilty*, S. 118 ff. mwN.

924 S. 50.

925 S. 50.

bb) *Konkludente Lizenz*

Eine konkludente Lizenz beruht auf einem stillschweigend geschlossenen Lizenzvertrag. Grundsätzlich hat ein Schweigen im Rechtsverkehr zwar keine Bedeutung.[926] Insbesondere kann aus einem Schweigen nicht auf eine Zustimmung geschlossen werden.[927] Ein Lizenzvertrag kann sich aber aus einer ergänzenden Vertragsauslegung ergeben.[928] Eine ergänzende Vertragsauslegung findet dann statt, wenn der geschlossene Vertrag in regelungsbedürftigen Punkten Lücken aufweist, die unter Zugrundelegung der Interessenlage der Parteien geschlossen werden müssen.[929] Ob der Vertrag auch eine Lizenz beinhaltet, muss daher für jeden Einzelfall anhand des Vertrages und der Umstände des Vertragsschlusses geprüft werden. Dabei können sowohl die konkreten Interessen als auch typische Charakteristika des Rechtsgeschäfts zugrunde gelegt werden.[930] Eine konkludente Lizenz basiert also jeweils auf einer Auslegung des Vertrages zwischen Patentinhaber und Erwerber.[931]

Die deutsche Rechtsprechung stützt sich bei dieser Auslegung vor allem auf den Vertragszweck. Wenn der Vertragszweck ohne Nutzungserlaubnis nicht erreicht werden könnte, dann ist anzunehmen, dass der Vertrag auch ohne ausdrückliche Vereinbarung eine Lizenz zur Nutzung beinhaltet.[932] Diese Art der ergänzenden Vertragsauslegung, die am Zweck eines Vertrages orientiert ist, kennt auch das französische Recht.[933] Auch hier kann der Verkauf eines immaterialgüterrechtlich geschützten Gegenstands implizit eine Lizenz zur Nutzung beinhalten.[934] So soll der Verkauf einer Maschine auch zu deren Nutzung berechtigen.[935] Entsprechendes gilt für das englische Recht.[936]

Da die konkludente Lizenz typischerweise auf der Auslegung eines Kaufvertrages beruht, bezieht sich die Lizenz grundsätzlich nur darauf, den konkret erworbenen Gegenstand lizenzgemäß zu nutzen. Insofern ist die

---

926 BeckOK BGB/*H.-W. Eckert*, BGB § 146, Rn. 13; *Ferid/Sonnenberger* Bd. 1/1, Rn. 1 F 99.

927 BGH, Urt. v. 1.6.1994 - XII ZR 227/92, NJW-RR 1994, 1163, 1165; vgl. auch TGI Paris, 9.11.1993, D. Somm. 1996, 19 li.Sp., wonach aus dem Fehlen eines Exportverbotes nicht auf eine Zustimmung zum Export in den EWR geschlossen werden kann.

928 Vgl. Reimer/*Nastelski*, PatG § 6 Anm. 88.

929 BeckOK BGB/*Wendtland*, BGB § 157, Rn 28.

930 BeckOK BGB/*Wendtland*, BGB § 157, Rn 28; vgl. auch *Schricker*, Mitt. 1980, 31, 34 re. Sp., der von einer elastischen Lösung spricht.

931 Vgl. Reimer/*Nastelski*, PatG § 6 Anm. 88; wenn der Vertrag nicht mit dem Patentinhaber, sondern mit einem Lizenznehmer abgeschlossen wird, dann kann die konkludente Lizenz auch auf einer Lizenzweitergabe beruhen, vgl. BGH, Urt. v. 27.2.2007 - X ZR 113/04 - Rohrschweißverfahren, GRUR 2007, 773, Rn. 29.

932 BGH, Urt. v. 24.9.1979 - KZR 14/78 - Fullplastverfahren, GRUR 1980, 38, 39.

933 *Castell*, Rn. 65 mwN.

934 *Castell*, Rn. 65.

935 Vgl. *Passa*, Rn. 494, der dies aber mit dem Eigentumsrecht begründet.

936 Terrell, Rn. 16-81; so z.B. in Blair v. Osborne & Tomkins [1971] 2 Q.B. 78, 85 (*Lord Denning M.R.*).

konkludente Lizenz ebenso objektbezogen wie die Erschöpfung. Die konkludente Lizenz hat aber zwei Bezugspunkte. Sie ist zum einen mit einem bestimmten Gegenstand, zum anderen mit der Person des Erwerbers verbunden. Die konkludente Lizenz ähnelt somit einer persönlichen Dienstbarkeit[937] am erworbenen Gegenstand.

Die konkludente Lizenz beinhaltet, dass die erworbene Vorrichtung unbeschränkt benutzt werden darf.[938] Der BGH geht davon aus, dass ein konkludenter Lizenzvertrag grundsätzlich nur das *ob* eines Nutzungsrechts regelt. Eine konkludente Beschränkung des Nutzungsrechts anhand einer Interessenabwägung im Einzelfall wird nicht vorgenommen.[939]

cc) Formvorschriften

Da die Vereinbarung einer konkludenten Lizenz auf nationalem Recht beruht, können Besonderheiten des nationalen Rechts die Möglichkeit einer konkludenten Lizenz im Einheitspatentsystem einschränken. So könnte z.B. ein Schriftformerfordernis für Patentlizenzen verhindern, dass eine konkludente Lizenz überhaupt entstehen kann. Bei einem strengen Schriftformzwang könnten Lizenzen nur ausdrücklich - nämlich schriftlich - vereinbart werden.

Ein solcher Schriftformzwang zählt zum Vertragsstatut. Nach *McGuire* sollen die Formerfordernisse zwar zum Schutzlandstatut gehören.[940] Das kann aber nur für Formerfordernisse gelten, die das Nutzungsrecht unmittelbar betreffen, wie z.B. eine Registereintragung. Bei einem Schriftformzwang, der nur die Art und Weise der Äußerung einer Willenserklärung regelt, ist dagegen nach Art. 11 Rom I-VO bzw. Art. 11 EGBGB das Vertragsstatut anwendbar.[941]

Das *englische Recht* kennt keine besonderen Formvorschriften für Lizenzverträge, so dass diese auch mündlich geschlossen werden können.[942] Auch im *deutschen Recht* gibt es keinen Formzwang.[943] Nur im früheren Recht setzte der bis zur 6. GWB-Novelle bis zum 31.12.1998 geltende § 34 GWB a.F. die Schriftform für wettbewerbsbeschränkende Verträge voraus,[944] wovon auch Lizenzverträge erfasst werden konnten. Allerdings enthält eine konkludente

---

937 § 1090 BGB.

938 BGH, Urt. v. 27.2.2007 - X ZR 113/04 - Rohrschweißverfahren, GRUR 2007, 773, Rn. 28.

939 BGH, Urt. v. 27.2.2007 - X ZR 113/04 - Rohrschweißverfahren, GRUR 2007, 773, Rn. 28; anders noch RG, Urt. v. 10.2.1932 - I 223/31 - Bandeisenreifen, RGZ 133, 145, 148.

940 *McGuire*, Mitt. 2015, 537, 541 re. Sp.

941 Vgl. BeckOK BGB/*Mäsch*, VO (EG) 593/2008 Art. 11, Rn. 25.

942 Terrell, Rn. 16-39. Vom Schriftformerfordernis in Sec. 30(6) Patents Act 1977 werden nur *„rights in a patent"* erfasst, wie z.B. eine Patentübertragung, Terrell, Rn. 16-32 ff. Eine Lizenz ist dagegen ein *„right under a patent"*, vgl. Sec. 30(4) Patents Act 1977.

943 Busse/Keukenschrijver/*McGuire*, PatG § 15, Rn. 198.

944 Vgl. OLG Frankfurt am Main, Urt. v. 30.8.1979 - 6 U 44/79 - "5 Sterne Programm", GRUR Int 1980, 49, 51; OLG Düsseldorf, Urt. v. 28.9.2011 - VI-U (Kart) 18/11, BeckRS 2011, 24678.

Nutzungslizenz typischerweise keine immanenten Wettbewerbsbeschränkungen, so dass § 34 GWB a.F. auch im alten Recht kein wirkliches Hindernis gegenüber einer konkludenten Nutzungslizenz dargestellt haben dürfte.

Im *französischen Recht* ist dagegen nach Art. L613-8 al. 5 CPI für Verträge über Patentlizenzen die Schriftform zwingend vorgeschrieben.[945] Das schließt die Möglichkeit einer nur konkludent vereinbarten Lizenz eigentlich aus. Dennoch wird sowohl von der französischen Rechtsprechung als auch von der Literatur die Möglichkeit von stillschweigenden Nutzungsrechten anerkannt.[946] So soll ein konkludenter Lizenzvertrag zulässig sein, weil die Rechtsprechung das Schriftformerfordernis eng auslege und die Schriftformnichtigkeit weder von Dritten noch vom Gericht von Amts wegen geltend gemacht werden könne.[947] Nach einer - sehr umstrittenen - Ansicht soll die Nichtigkeit nämlich nicht absolut, sondern lediglich relativ wirken, so dass sich nur die Vertragsparteien auf die Nichtigkeit berufen können.[948] Der Vertrag ist danach lediglich anfechtbar, was mit einer - auch stillschweigenden - Vertragsbestätigung überwunden werden kann.[949] Selbst wenn man die Lizenznichtigkeit auf diese Weise überwindet, so besteht aufgrund der Anfechtbarkeit eine erhebliche Rechtsunsicherheit bei der Anerkennung einer konkludenten Lizenz.

Man könnte aber auch daran denken, die konkludente Lizenz als *convention de non-opposition* zu charakterisieren und diese nicht unter das Schriftformerfordernis fallen lassen. Ein Lizenzvertrag wird im französischen Recht als Mietvertrag mit gegenseitigen persönlichen Pflichten angesehen, wozu eine Lizenzzahlungsverpflichtung und eine Ausnutzungspflicht für den Lizenznehmer, sowie eine Nutzungsgestattungspflicht und eine Patent-Aufrechterhaltungspflicht für den Patentinhaber zählen.[950] Eine bloße Nutzungserlaubnis ohne gegenseitige Pflichten wird dagegen von der Rechtsprechung als eigener Vertragstyp, nämlich als *convention de non-opposition* behandelt.[951] Auf dieser Grundlage könnte man eine konkludente Lizenz, die nur zur Nutzung eines Verfahrens berechtigt, aber nicht verpflichtet, ebenfalls als *convention de non-opposition* ansehen.

Zu einer solchen *convention de non-opposition* passt der vom Gesetzgeber verfolgte Zweck der Schriftform nicht. Dieser Zweck soll darin bestehen, die gegenseitigen Interessen von Patentinhaber und Lizenznehmer zu

945 *„Les actes comportant une transmission ou une licence, visés aux deux premiers alinéas, sont constatés par écrit, à peine de nullité"*. Eine ohne Schriftform vereinbarte Lizenz ist danach nichtig; die Nichtigkeitsfolge tritt aber erst mit gerichtlicher Feststellung ein und führt dann zur Rückabwicklung, *Mathély*, Nouveau Droit, S. 338.

946 *Castell*, Rn. 65.

947 *Mousseron*, L'épuisement, 67, 72.

948 JCl/*Basire*, Fasc. 4740, 6.8.2015, Rn. 35 mwN.

949 JCl/*Basire*, Fasc. 4740, 6.8.2015, Rn. 35.

950 JCl/*Basire*, Fasc. 4740, 6.8.2015, Rn. 28; *Vivant*, JCP G.1984.II.20182.

951 Cass. Com., 5.1.1983, JCP G.1984.II.20182.

schützen.[952] Eines der wesentlichen Interessen des Patentinhabers – und im Gegenzug eine wesentliche Pflicht des Lizenznehmers – besteht beim Lizenzvertrag darin, dass der Lizenznehmer zur Nutzung des Patents verpflichtet ist.[953] Das stützt sich vor allem darauf, dass bei Nicht-Ausübung eine Zwangslizenz droht.[954] Daraus könnte man folgern, dass in Situationen, in denen keine Ausübungspflicht des Lizenznehmers besteht, auch das mit der Schriftform verfolgte besondere Sicherungsbedürfnis nicht besteht. Dann könnte man aber auch daran denken, entweder die *convention de non-opposition* von vornherein nicht unter Art. L613-8 al. 5 CPI fallen zu lassen oder aber im Wege einer teleologischen Reduktion die Schriftform nur in Situationen zu fordern, in denen ein derartiges Sicherungsbedürfnis der Vertragsparteien besteht, was bei der *convention de non-opposition* nicht der Fall wäre.

Allerdings hat es den Anschein, dass Art. L613-8 al. 5 CPI abschließend alle Arten der Rechtseinräumung an Patenten erfasst. Denn systematisch handelt es sich bei Art. L613-8 CPI um die einzige Vorschrift, die sich mit der Zulässigkeit von Rechtseinräumungen und Übertragungen von Patenten befasst, auch wenn nur von Lizenzen und Patentübertragungen gesprochen wird. Grundsätzlich dürfte also auch die *convention de non-opposition* von der Vorschrift erfasst werden. Und die soeben angesprochene Idee einer teleologischen Reduktion des Schriftformzwangs ist – soweit ersichtlich – noch nicht diskutiert worden. Unproblematisch scheint eine konkludente Patentlizenz im französischen Recht daher nur zu sein, wenn der zugrunde liegende Veräußerungsvertrag schriftlich geschlossen wurde und die Vertragsauslegung dieses schriftlichen Vertrages zu einer implizit vereinbarten Nutzungsbefugnis führt.[955]

Im Ergebnis ist die Figur einer konkludenten Patentlizenz nur im deutschen und englischen Recht praktikabel. Das französische Recht kennt zwar ebenfalls eine konkludente Lizenz. Deren Wirksamkeit ist allerdings wegen des Schriftformzwangs mit Unsicherheiten behaftet. Für das Einheitspatent bedeutet dies, dass bei Verträgen, die dem französischen Recht unterfallen, darauf geachtet sollte, dass zugehörige Nutzungsrechte schriftlich vereinbart werden.

dd) Übertragbarkeit einer Lizenz

Ein weiteres Problem bei konkludenten Lizenzen stellt sich, wenn die Lizenz auf einen Dritten übertragen werden soll. Dieses Problem stellt sich zum Beispiel, wenn eine Vorrichtung, die ein patentiertes Verfahren ausüben kann, auf eine dritte Person übertragen wird.

---

952 *Raynard*, Propr. Ind. Mai 2004, 19, 20 re. Sp.

953 JCl/*Burst/Basire*, Fasc. 4741, 2.7.2013, Rn. 70; *Mathély*, Nouveau Droit, S. 332; *Reinhard*, Mélanges, 561, 565 f.

954 L613-11 CPI; vgl. JCl/*Burst/Basire*, Fasc. 4741, 2.7.2013, Rn. 70.

955 So anscheinend auch *Castell*, Rn. 67.

(1) Deutschland: Dreiseitiger Lizenzübernahmevertrag

Im deutschen Recht ist die (Patent-)Lizenz nicht isoliert übertragbar; vielmehr muss der Lizenzvertrag übertragen werden.[956] Dazu ist grundsätzlich ein dreiseitiger Lizenzübernahmevertrag erforderlich.[957] Das lässt sich darauf zurückführen, dass der Lizenzvertrag als ein Dauerschuldverhältnis mit gegenseitigen Leistungspflichten angesehen wird.[958] Die Lizenz hat einen persönlichen Charakter,[959] daher ist ohne Zustimmung des Patentinhabers eine Lizenzübertragung nicht möglich.[960] Aber auch diese Zustimmung soll durch schlüssiges Handeln erfolgen können.[961] Daher kann man – je nach Vertragsauslegung – auch annehmen, dass eine konkludente Lizenz nicht nur den eigentlichen Lizenzvertrag beinhaltet, sondern auch die konkludente Vorab-Zustimmung des Patentinhabers zu einer Übertragung des Lizenzvertrages an beliebige Dritte.[962] Damit ergibt sich nahezu der gleiche Effekt wie bei der Erschöpfung. Die Nutzungsberechtigung wäre jedoch vertragsbasiert und der Patentinhaber hätte die Möglichkeit, die Lizenz vertraglich zu beschränken.

In der Literatur wird die Möglichkeit der Weitergabe einer konkludenten Lizenz vielfach abgelehnt, da eine ausdrückliche Zustimmung des Lizenzgebers erforderlich sei.[963] Im Übrigen müsste man, um die konkludente Weitergabe einer Nutzungsbefugnis zu konstruieren, auf „völlig fiktive Unterstellungen" zurückgreifen.[964]

Schwierigkeiten ergeben sich auch daraus, dass für die Weitergabe der Nutzungsberechtigung ein separater Vertrag erforderlich ist. Wenn der Gegenstand nur verliehen wird, dann müsste auch die Lizenz mitverliehen werden. Wenn der Gegenstand verloren geht, dann dürfte ein Finder, mangels Lizenzübertragung, diesen Gegenstand nicht ohne Zustimmung des Patentinhabers verwenden.[965]

---

956 *McGuire*, S. 735; wohl auch BGH, Urt. v. 15.5.1990 – X ZR 82/88, NJW-RR 1990, 1251, 1253. Es ist umstritten, ob dies auch im Urheberrecht und bei ausschließlichen Lizenzen gilt, vgl. *McGuire*, S. 732 ff.

957 BGH, Urt. v. 15.5.1990 – X ZR 82/88, NJW-RR 1990, 1251, 1253.

958 S. 145.

959 *Schramm*, S. 384.

960 BGH, Urt. v. 15.5.1990 – X ZR 82/88, NJW-RR 1990, 1251, 1253.

961 BGH, Urt. v. 15.5.1990 – X ZR 82/88, NJW-RR 1990, 1251, 1253.

962 Vgl. BGH, Urt. v. 27.2.2007 – X ZR 113/04 – Rohrschweißverfahren, GRUR 2007, 773, Rn. 29, wonach sich aus einer Vertragsauslegung auch die Möglichkeit der Weitergabe einer Verwendungserlaubnis ergeben kann; ähnl. *Heydt*, MuW 1933, 226, 228 li. Sp.

963 *von Meibom/Meyer*, FS Mes, 255, 269 f.; vgl. auch *Ann*, PatR, § 33, Rn. 317, wonach die Weitergabe einer Benutzungserlaubnis grundsätzlich nicht möglich sei; vgl. auch *Hilty*, GRUR 2018, 865, 871, der lediglich von der Möglichkeit einer konstruierten Lizenzkette ausgeht.

964 *Schatz*, GRUR Int 1970, 207, 208; ebenso *Schatz*, IIC 1971, 1, 3.

965 Vgl. *Heydt*, MuW 1933, 226, 228 li. Sp.

Alternativ könnte man zwar auch an die Vergabe einer Unterlizenz denken.[966] Dann würde sich die Lizenz vom jeweiligen Veräußerer ableiten, und es würde sich eine Lizenzkette bilden.[967] Die oben genannten Schwierigkeiten bestehen aber auch bei der Figur einer Lizenzkette. Außerdem entspricht eine Lizenzkette nicht der Interessenlage, denn die Lizenz soll sich ja nur auf den konkreten Gegenstand beziehen und nach der Veräußerung nicht beim Veräußerer verbleiben. Aus den gleichen Gründen entspräche auch eine Lizenz *ad incertas personas* nicht der Interessenlage.[968]

(2) Frankreich: Nur mit Zustimmung des Lizenzgebers

Im französischen Recht ist – ähnlich wie im deutschen Recht – ein Lizenzvertrag nicht ohne Zustimmung des Lizenzgebers übertragbar, da es sich um einen Vertrag *„intuitu personae"* mit persönlichen Pflichten handelt.[969] So führt z.B. der Erwerb einer Maschine, die zur Ausübung eines patentgeschützten Verfahrens dient, nicht dazu, dass das Nutzungsrecht des Verkäufers auf den Erwerber übergeht.[970] Selbst wenn man eine konkludente Weitergabe des Lizenzvertrags erlauben würde, wäre dies wegen der Anfechtbarkeit der fehlenden Schriftform mit einer hohen Rechtsunsicherheit behaftet. Je häufiger eine konkludente Lizenz stillschweigend übertragen wird, desto unsicherer wird die Rechtslage.

(3) England: Freie Übertragbarkeit

Im englischen Recht sind die Rechtsnatur und die Übertragbarkeit von Lizenzen in Sec. 30 Patents Act 1977 geregelt. Nach Sec. 30(4)(b) Patents Act 1977 werden Lizenzen wie persönliches Vermögen behandelt und nach Sec. 30(1) Patents Act 1977 sind sie grundsätzlich übertragbar. Nach Sec. 30(4)(a) Patents Act 1977 können Lizenzen vollständig übertragen (*assignment*) oder belastet werden. Die Lizenz im englischen Recht hat also einen absoluten Rechtscharakter und unterscheidet sich dadurch von einer Lizenz nach deutschem und französischem Rechtsverständnis.[971]

Die implizite Lizenz des englischen Rechts hat darüber hinaus die Eigenschaft, dass die Lizenz mit dem jeweiligen Gegenstand dinglich mitläuft,

---

966 In diese Richtung *Ann*, PatR, § 33, Rn. 317.

967 Vgl. *Hilty*, GRUR 2018, 865, 871.

968 Ebenfalls ablehnend zu dieser Figur *Schönbohm/Ehlgen*, Mitt. 2016, 104, 107 li. Sp.

969 Trib. Seine, 23.6.1933, Ann. propr. ind. 1934, 33, 41; JCl/*Basire*, Fasc. 4740, 6.8.2015, Rn. 19; *Mathély*, Nouveau Droit, S. 335 f.; soweit ersichtlich ist – wie im deutschen Recht – zur Übertragung der Lizenz eine Übertragung des Lizenzvertrags erforderlich.

970 Trib. civil de la Seine, 20.7.1948, Ann. propr. ind. 1949, 66.

971 A.A. *McGuire*, S. 520, wonach es sich nur um ein obligatorisches Nutzungsrecht handele. Nichtsdestrotz besteht hinsichtlich der Übertragung der Lizenz der Unterschied, dass im englischen Recht die Lizenz als solche übertragen wird, wohingegen im deutschen und französichen Recht – jedenfalls bei der einfachen Patentlizenz – der Lizenzvertrag übertragen werden muss.

ohne dass der Patentinhaber in die Übertragung involviert wäre.[972] Die implizite Lizenz ist untrennbar mit dem jeweiligen Gegenstand verbunden und hat eher den Charakter eines abgespaltenen Teil-Patentrechts.[973] Die Übertragbarkeit von Lizenzen bereitet im englischen Recht daher keine Probleme.

ee) Ergebnis

Beim Inverkehrbringen einer Vorrichtung zur Ausübung eines Verfahrens kann man zwar an die Erteilung einer konkludenten Lizenz zur Verfahrensnutzung denken.[974] Diese Konstruktion funktioniert aber nur bedingt und ist abhängig vom jeweils anwendbaren Vertragsstatut. Sie ist als Erklärungsansatz geeignet für auf Dauer angelegte Zweipersonenverhältnisse. Für anonyme Massengeschäfte ist die Figur der konkludenten Lizenz im deutschen und französischen Recht kein tauglicher Erklärungsansatz. Das liegt vor allem daran, dass das Lizenzverhältnis als Dauerschuldverhältnis und persönliche Sonderverbindung angesehen wird. Das erschwert die Weitergabe der zugehörigen Nutzungsrechte. Nur das englische Recht behandelt Nutzungsrechte als eigenständige übertragbare Vermögensposition.

Bei einer Lizenzlösung ergeben sich aber auch beim erstmaligen Erwerb einer Vorrichtung von einem Lizenznehmer Schwierigkeiten. Zwar könnte man annehmen, dass der Lizenzvertrag stillschweigend beinhaltet, dass der Lizenznehmer seinen Abnehmern Nutzungsrechte erteilten darf.[975] Der Patentinhaber könnte aber im Lizenzvertrag regeln, dass der Lizenznehmer einem Erwerber nur beschränkte Nutzungsrechte erteilen darf. Dann könnte ein Erwerber vom Lizenzgeber nur beschränkte Rechte erwerben, ohne dass dies mit dem Erwerber ausdrücklich vereinbart werden müsste. Denn der Erwerber kann vom Lizenzgeber nicht mehr Nutzungsrechte erwerben, als der Lizenznehmer erteilen darf.[976] Ein gutgläubiger Erwerb von Nutzungsrechten ist nicht möglich.[977]

Hinzu kommt, dass im Fall des anonymen Massengeschäfts nicht davon ausgegangen werden kann, dass die Vertragsparteien die Einräumung von Nutzungsrechten als Dauerschuldverhältnis mit regelmäßigem Leistungsaustausch ansehen. Die Interessenlage entspricht nur einem einmaligen Leistungsaustausch. Die Vorrichtung und alle zugehörigen Nutzungsrechte sollen einmalig erworben werden. Das Nutzungsrecht soll nicht auf einer persönlichen Rechtsbeziehung beruhen, sondern unabhängig von der Person

---

972 S. 23.
973 S. 22.
974 So z.B. BGH, Urt. v. 24.9.1979 – KZR 14/78 – Fullplastverfahren, GRUR 1980, 38, 39.
975 Vgl. BGH, Urt. v. 27.2.2007 – X ZR 113/04 – Rohrschweißverfahren, GRUR 2007, 773, Rn. 29.
976 Eine ähnliche Problematik ergibt sich, wenn der Lizenznehmer nur beschränkte Nutzungsrechte hat. Dann gilt im englischen Recht der Grundsatz: „*nemo dat quod non habet*", vgl. *Rothnie*, S. 122.
977 *Reimer*, GRUR Int 1972, 221, 222; *Schramm*, S. 384.

bestehen und auf ein konkretes Objekt bezogen sein. Überdies bestünde bei einer Lizenzlösung in der Insolvenz des Patentinhabers die Gefahr, dass das Nutzungsrecht verloren geht, wenn der Insolvenzverwalter die Fortführung des Lizenzvertrages ablehnt.[978] Auch dies passt nicht zum anonymen Massengeschäft.

b) Erweiterte Erschöpfung

Statt einer Lizenzlösung könnte man daher an eine erweiterte Erschöpfung denken. Das würde bedeuten, dass bei der Veräußerung von Vorrichtungen zur Ausübung eines Verfahrens auch die Rechte bezüglich des Verfahrens erschöpfen.[979] Auch das Reichsgericht hat die Erschöpfung bei Verfahrenspatenten anerkannt. In *Schlauchstück*[980] hatte der Kläger in einem Patent sowohl ein Verfahren zum Abbinden elektrischer Leitungen als auch eine dazu geeignete Zange geschützt. In den Kaufverträgen über die Zangen vereinbarte der Kläger eine Bezugsverpflichtung hinsichtlich der benötigten Schlauchstücke. Die Beklagte vertrieb ebenfalls Schlauchstücke, die zur Verwendung des Verfahrens mit der Zange geeignet waren. Der Kläger sah darin eine mittelbare Patentverletzung. Das Reichsgericht war dagegen der Ansicht, dass mit dem Erwerb der klägerischen Zangen die Patenrechte bezüglich des zugehörigen Verfahrens erschöpft seien. Patenrechtlich seien die Verwender daher zur Nutzung des Verfahrens berechtigt, selbst wenn schuldrechtlich eine Bezugsverpflichtung bestehen sollte. Daher konnte das Reichsgericht auch keine mittelbare Patentverletzung erkennen.[981]

In einer weiteren Entscheidung bestätigte das Reichsgericht diese Sichtweise auch für Fälle, in denen alleine das Verfahren patentgeschützt war. Wenn der Patentberechtigte eine Maschine liefere, die zur Ausführung eines Verfahrens erforderlich sei, dann werde auch das Verfahren gemeinfrei, soweit es mit der Maschine ausgeübt werde. Insofern gelte das gleiche wie bei geschützten Waren.[982]

Der BGH hat diese Rechtsprechung etwas modifiziert. Er differenziert danach, ob die Vorrichtung selbst patentgeschützt ist. Wenn sowohl für die Vorrichtung als auch für das Verfahren Patentschutz bestehen, dann trete in diesen Fällen auch eine Erschöpfung bezüglich des Verfahrens an.[983] Demgegenüber trete keine Erschöpfung ein, wenn nur ein Verfahrenspatent bestehe, aber kein Erzeugnispatent.[984] Allerdings erscheint es widersprüchlich, dass

978 Vgl. Benkard/*Rogge/Melullis*, PatG Vor § 16, Rn. 234 f.; *Ganter*, NZI 2011, 833, 843.
979 So etwa *von Meibom/Meyer*, FS Mes, 255, 269 ff.; ähnl. *Schönbohm/Ehlgen*, Mitt. 2016, 104, 111 re. Sp.
980 RG, Urt. v. 14.10.1931 – I 71/31 – Schlauchstück, RGZ 133, 326.
981 RG, Urt. v. 14.10.1931 – I 71/31 – Schlauchstück, RGZ 133, 326, 330.
982 RG, Urt. v. 10.2.1932 – I 223/31 – Bandeisenreifen, RGZ 133, 145, 148.
983 BGH, Urt. v. 16.9.1997 – X ZB 21/94 – Handhabungsgerät, GRUR 1998, 130, 132.
984 BGH, Urt. v. 24.9.1979 – KZR 14/78 – Fullplastverfahren, GRUR 1980, 38, 39.

ein doppelter Schutz letztlich zu einer Schwächung der Stellung des Patentinhabers führen soll.

Im Einheitspatentsystem dürfte – wie nach deutscher Rechtsprechung – eine Erschöpfung bei Verfahrenspatenten allenfalls dann eintreten können, wenn auch die Vorrichtung selbst patentgeschützt ist. Denn der Wortlaut von Art. 29 EPGÜ setzt das Inverkehrbringen eines durch Patent geschützten Erzeugnisses voraus. Ein Inverkehrbringen eines nicht durch Patent geschützten Erzeugnisses kann daher nicht zur Erschöpfung führen. Nur beim Inverkehrbringen einer patentgeschützten Vorrichtung könnte man die Erschöpfung des inkorporierten Verfahrens an die Erschöpfung der Vorrichtung anknüpfen.[985] Die Erschöpfung des Verfahrens wäre dann ein Annex zur Erschöpfung der Vorrichtung.[986] Ähnliche Erweiterungen der Erschöpfung gibt es auch im Marken- und Urheberrecht. So werden z.B. Vervielfältigungen zur Ankündigung eines Markenprodukts in einem Katalog für zulässig gehalten,[987] obwohl an sich nur der Weitervertrieb von der Erschöpfung erfasst wäre. Auch im Softwarerecht werden bestimmte Vervielfältigungshandlungen, wie z.B. die Herstellung einer Sicherungskopie, von der Erschöpfungswirkung erfasst.[988] In anderen Bereichen gibt es also bereits erweiterte Erschöpfungswirkungen, die an eine bereits erfolgte Erschöpfung anknüpfen.

Allerdings sind diese Situationen nicht unbedingt mit einem Verfahrenspatent vergleichbar. Bei der Verfahrensnutzung handelt es sich typischerweise nicht bloß um einen unwesentlichen Annex zur Weiterveräußerung oder zum Gebrauch eines Gegenstands. Üblicherweise macht das Verfahren gerade den Kern der Erfindung aus. Man kann daher nicht sagen, dass das Recht zur Verfahrensnutzung als lediglich nachrangiges Recht miterschöpfen müsse. Überdies unterscheidet sich die Interessenlage bei selbständig geschützten Vorrichtungen nicht wesentlich von der Interessenlage bei nichtselbständig geschützten Vorrichtungen. Vorzugswürdig wäre aber eine einheitliche Lösung, die nicht davon abhängt, ob die Vorrichtung ebenfalls geschützt ist.

Auch aus dogmatischer Sicht ist die Erschöpfung bei Verfahrenspatenten problematisch. Anders, als teilweise behauptet wird, spricht hiergegen

---

985 So wohl auch BGH, Urt. v. 16.9.1997 – X ZB 21/94 – Handhabungsgerät, GRUR 1998, 130, 132; so auch *Schönbohm/Ehlgen*, Mitt. 2016, 104, 110 f.; vgl. auch *Haft/von Samson-Himmelstjerna*, FS Reimann, 175, 178.

986 Konsequenterweise müssen bei einer Verfahrenserschöpfung etwaige Verfahrenserzeugnisse ebenfalls patentfrei sein (die Erschöpfung muss sich also auch auf den derivativen Patentschutz aus Art. 25 lit. c) EPGÜ erstrecken). Ausführlich zum derivativen Patentschutz: *Cimniak, Thomas*, Der derivative Erzeugnisschutz im deutschen Patentrecht, Münster 2014.

987 EuGH, Urt. v. 4.11.1997 – C-337/95 – Dior/Evora, ECLI:EU:C:1997:517, Rn. 58 f.

988 Art. 5 II RL 91/250/EWG.

freilich nicht, dass dadurch praktisch das gesamte Patent frei würde.[989] Denn die Erschöpfung wäre ja nur beschränkt auf die Durchführung des Verfahrens mit der konkreten Vorrichtung.[990] Wenn man aber davon ausgeht, dass die Erschöpfung darauf beruht, dass der Patentinhaber mit dem Inverkehrbringen freiwillig einen geschützten Gegenstand aus seiner Einflusssphäre entlässt, dann kann man eine Erschöpfung nur annehmen, wenn auch die Vorrichtung selbst patentgeschützt ist. Eine Erschöpfung aller Verfahrenspatente passt nicht zu diesem Erschöpfungsmodell.

Aber auch wenn man den Eintritt der Erschöpfung auf die Belohnung des Patentinhabers durch das Inverkehrbringen stützt, ergeben sich Schwierigkeiten. Zwar hatte der Patentinhaber mit dem Vertrieb der Vorrichtung die Gelegenheit, eine Belohnung zu erzielen. Allerdings hängt es vom Einzelfall ab, ob man die Belohnung als angemessen ansieht. Im anonymen Massengeschäft dürfte die Möglichkeit bestehen, das im Gegenstand inkorporierte Verfahren zu einem angemessenen Aufpreis mitzuverkaufen. Bei Produktionsmaschinen, die nach einem geschützten Verfahren arbeiten, gilt aber möglicherweise etwas anderes. Dann müsste an dieser Stelle erneut eine – aus Verkehrssicherheitsgründen problematische – Einzelfallbetrachtung erfolgen.

Auch der Gedanke einer erweiterten Erschöpfung löst das Ausgangsproblem somit nicht. Gegen die Erschöpfung von Verfahren spricht im Übrigen auch, dass nicht jedes Inverkehrbringen, sondern nur eine Veräußerung zu einer dauerhaft freien Nutzbarkeit des Verfahrens führen sollte. So besteht bei einer Vermietung kein schutzwürdiges Interesse an einer dauerhaften Patentverfahrensfreiheit. Wenn die gleichen Voraussetzungen wie bei der Erschöpfung von Erzeugnissen gelten würden, müsste aber bereits bei der Vermietung zugleich die Erschöpfung bezüglich des Verfahrens eintreten.[991] Die Figur der Erschöpfung passt daher nicht wirklich auf Situationen, in denen eine Vorrichtung zur Verwendung eines Verfahrens in Verkehr gebracht wird.[992]

3. Alternativer Lösungsansatz: Kauf eines Patentrechtssplitters?

Wenn eine Vorrichtung zur Ausübung eines patentgemäßen Verfahrens im anonymen Massengeschäft erworben wird, dann kommen weder die Figur einer erweiterten Erschöpfung noch die Figur einer konkludenten Lizenz zu überzeugenden Lösungen. Man muss sich daher fragen, ob es nicht auf

989 *Lindenmaier*, GRUR 1952, 294, 295.
990 Vgl. *von Meibom/Meyer*, FS Mes, 255, 266; *Kesting*, S. 141.
991 S. 75.
992 A.A. *von Meibom/Meyer*, FS Mes, 255, 271, die sich für eine Erschöpfung nach gleichen Grundsätzen wie bei Vorrichtungspatenten aussprechen.

andere Weise möglich ist, ein mit dem Gegenstand verbundenes Nutzungsrecht entgeltlich zu erwerben, ohne dass ein Dauerschuldverhältnis erforderlich ist.

In Betracht käme der Kauf eines mit dem Gegenstand verbundenen Patentrechtssplitters.[993] Mit dem Gegenstand würde gleichzeitig das Recht erworben, diesen Gegenstand patentgemäß zu nutzen. Das Nutzungsrecht müsste unabhängig vom schuldrechtlichen Vertrag sein und zum anderen untrennbar mit dem jeweiligen Gegenstand verbunden sein. Auch eine isolierte Kondizierung des Nutzungsrechts müsste ausgeschlossen sein. Dieser Effekt entspräche dem einer impliziten Lizenz des englischen Rechts.

Im deutschen Recht mutet eine solche Figur etwas fremd an. So ist bereits umstritten, ob eine einfache Nutzungslizenz überhaupt einen dinglichen Charakter haben kann.[994] Das harmonisierte europäische Recht kennt aber jedenfalls die Figur eines Teil-Rechtskaufs. Im Softwarerecht ist anerkannt, dass Software-Nutzungsrechte, auch ohne dass diese in irgendeiner Weise verkörpert sind, käuflich erworben und auf dritte Personen übertragen werden können.[995] Software-Nutzungsrechte werden dadurch - wie körperliche Gegenstände - zu frei handelbaren Gütern.[996] Der EuGH stützt dies zwar auf den Gedanken der Erschöpfung. Allerdings entspricht dies nicht mehr der typischen Figur der Erschöpfung als Rechtsverbrauch an einem körperlichen Gegenstand.[997]

Spätestens durch diese freie Handelbarkeit hat eine Software-Nutzungslizenz nicht mehr den Charakter einer Lizenz im Sinne eines persönlichen Rechts aufgrund eines Dauerschuldverhältnisses. Sie ähnelt vielmehr dem Kauf eines Nutzungsrechts in Form eines frei handelbaren Rechtssplitters. So geht im Übrigen auch die deutsche Rechtsprechung bei einem Softwarelizenzvertrag über Standardsoftware von einem Kaufvertrag aus.[998]

Der Kauf eines Computerprogramms ähnelt dem Fall einer vom Patentinhaber verkauften Vorrichtung zur Nutzung eines Verfahrens.[999] Beim Kauf einer auf CD verkörperten Software steht nicht der Kauf der CD, sondern der Kauf des Nutzungsrechts im Vordergrund. Ebenso geht es dem Erwerber

---

993 Ähnlich bereits *Kohler*, S. 458, der von einer partiellen Erfindungsübertragung spricht, die sich auf jeden Besitzer der Maschine erstrecke. Kohler scheint dabei zwischen zwei rechtlichen Arten von Lizenzen zu unterscheiden: 1. Erfindungsübertragung bei Nutzung eines Verfahrens, welches keine neuen Produkte schafft. 2. Erfindungsausübung bei der Herstellung von Erfindungssachen.

994 Vgl. *Osterloh*, GRUR 1985, 707, 708. Dafür z.B. *Kellenter*, FS Tilmann, 807, 817; *von Frentz/Masch*, ZIP 2011, 1245, 1250. Dagegen z.B. *McGuire*, S. 478.

995 EuGH, Urt. v. 3.7. 2012 - C-128/11 - UsedSoft/Oracle, GRUR 2012, 904, Rn. 42 ff.

996 Dies gilt allerdings nur für Software und nicht für andere digitale Güter wie z.B. E-Books, vgl. *Kaiser*, GRUR Int. 2020, 489, 494.

997 *Hansen/Wolff-Rojczyk*, GRUR 2012, 908, 909.

998 BGH, Urt. v. 18.10.1989 - VIII ZR 325/88, NJW 1990, 320, 321.

999 So auch *Hilty*, GRUR 2018, 865, 870.

beim Kauf einer Vorrichtung zur Ausübung eines Verfahrens maßgeblich um die Möglichkeit der Verfahrensnutzung. Das Interesse des Erwerbers bezieht sich nicht auf den Gegenstand, sondern auf die damit verbundene Nutzungsbefugnis, also auf die Rechtseinräumung.

Im Folgenden soll daher untersucht werden, inwiefern die Grundsätze des Softwarekaufs auf den Erwerb von Vorrichtungen zur Ausübung eines patentierten Verfahrens übertragen werden können. Dazu wird zunächst die Rechtslage der „Erschöpfung" von Software dargestellt.

a) Rechtslage bei Software

Nach Art. 4 II RL 2009/24/EG erschöpft sich das Recht auf Verbreitung einer Programmkopie mit dem Erstverkauf in der Gemeinschaft durch den Rechtsinhaber oder mit seiner Zustimmung. Unter einem Verkauf versteht der EuGH dabei den Erwerb eines körperlichen oder unkörperlichen Gegenstands gegen Entgelt.[1000] Dazu zähle auch der mit dem Abschluss eines Lizenzvertrags einhergehende Download eines Computerprogramms aus dem Internet.[1001] Dadurch übertrage der Rechtsinhaber dem Erwerber das Eigentum an der Programmkopie.[1002] Voraussetzung für einen solchen Softwarekauf sei, dass der Vertrag auf eine dauerhafte Rechtsübertragung angelegt sei, und dass der Rechtsinhaber mit der Zahlung des Entgelts eine Möglichkeit erhalten habe, eine dem wirtschaftlichen Wert der Kopie entsprechende Vergütung zu erzielen.[1003]

Computerprogramme können dadurch in Form einer ideellen Programmkopie wie körperliches Eigentum erworben werden. Der Erwerb einer solchen Programmkopie berechtigt sowohl zur Nutzung, als auch zu den erforderlichen Vervielfältigungen.[1004] Die ideelle Programmkopie kann mit allen zugehörigen Rechten weiterveräußert werden, und die Erwerber gelten aufgrund des Erschöpfungsprinzips als rechtmäßige Erwerber.[1005] Hat man eine körperliche Programmkopie erworben, dann folgen die ideellen Rechte jeweils der körperlichen Kopie.[1006]

b) Übertragbarkeit auf Patente

Fraglich ist, ob diese Art von Rechtskauf auf das Patentrecht übertragbar ist. Für die Übertragbarkeit eines vollständig von einem körperlichen Gegenstand losgelösten patentrechtlichen Nutzungsrechts dürfte kein Bedarf bestehen. Die Erteilung von isolierten Patentlizenzen hat nicht den

1000 EuGH, Urt. v. 3.7. 2012 – C-128/11 – UsedSoft/Oracle, GRUR 2012, 904, Rn. 42.
1001 EuGH, Urt. v. 3.7. 2012 – C-128/11 – UsedSoft/Oracle, GRUR 2012, 904, Rn. 48.
1002 EuGH, Urt. v. 3.7. 2012 – C-128/11 – UsedSoft/Oracle, GRUR 2012, 904, Rn. 52.
1003 EuGH, Urt. v. 3.7. 2012 – C-128/11 – UsedSoft/Oracle, GRUR 2012, 904, Rn. 88.
1004 EuGH, Urt. v. 3.7. 2012 – C-128/11 – UsedSoft/Oracle, GRUR 2012, 904, Rn. 88.
1005 EuGH, Urt. v. 3.7. 2012 – C-128/11 – UsedSoft/Oracle, GRUR 2012, 904, Rn. 88.
1006 Vgl. *Hoeren*, GRUR 2010, 665, 673.

Massencharakter wie der Vertrieb von Software. Im Übrigen könnte man völlig selbständigen Nutzungsrechten ihren Umfang nicht ansehen, und es wäre nicht erkennbar, wer deren Inhaber ist, woraus sich Probleme für die Rechtssicherheit ergeben.[1007]

Relevanter ist dagegen die Übertragbarkeit von Nutzungsrechten, die an einen körperlichen Gegenstand gebundenen sind. Dies kann man sich ähnlich dem Erwerb eines Datenträgers vorstellen, der zugleich zum Erwerb der ideellen Programmkopie führt. Dadurch werden Probleme mit der Rechtssicherheit vermieden, denn die Rechtszuordnung und der Umfang der Rechte werden über den körperlichen Träger eindeutig bestimmt. Der Eigentümer des körperlichen Trägers ist zugleich Rechtsinhaber. Der Umfang der Nutzungsrechte richtet sich allein nach den Möglichkeiten der Vorrichtung.

Allerdings ist die Einräumung von Rechten an Patenten im Einheitspatentsystem nicht harmonisiert. Es muss daher auf das jeweilige nationale Recht zurückgegriffen werden. Die eigentliche Rechtsübertragung richtet sich nach dem Schutzlandstatut.[1008] Die Verpflichtung, ein solches Recht zu übertragen, richtet sich dagegen nach dem Vertragsstatut.[1009]

Damit ein Rechtskauf möglich ist, muss das Nutzungsrecht also nach dem Recht des Schutzlands wie Eigentum übertragen werden können.[1010] Insbesondere darf das Nutzungsrecht im Bestand nicht von einem Lizenzvertrag abhängig sein.[1011] Im deutschen Recht sieht § 15 I 2 PatG vor, dass das Patentrecht beschränkt übertragen werden kann. Darunter kann man auch die vollständige Nutzungsrechtsübertragung bezogen auf einen verkauften Gegenstand verstehen. Die deutsche Rechtsprechung erlaubt die Aufspaltung des Patentrechts in der Form, dass der Patentinhaber das Patent gemindert um ein insolvenzfestes einfaches Nutzungsrecht an einen Dritten veräußern kann.[1012] Dann muss es im Umkehrschluss auch möglich sein, auf diese Weise ein einfaches Nutzungsrecht von einem Patent abzuspalten und auf einen Dritten zu übertragen.

Ein Problem bleibt aber die Verbindung eines solchen Patentrechtssplitters mit der gekauften Sache. Ein dinglicher Patentrechtssplitter, der als positives Nutzungsrecht mit einem Gegenstand verbunden ist, entspräche der Figur der englischen impliziten Lizenz. Eine solche Rechtsfigur ist dem deutschen Recht nicht bekannt. Sie wäre auch aufgrund des sachenrechtlichen Typenzwangs (*numerus clausus*) problematisch. Dingliche Titel sind aus

---

1007 Ähnl. *Pahlow*, S. 210.

1008 Schutzland ist nach Art. 7 I lit. a) EPatVO der Wohnsitz oder der Sitz der Hauptniederlassung des Patentanmelders im Zeitpunkt der Patentanmeldung, S. 50.

1009 Das anwendbare Recht des Vertrags richtet sich nach Art. 3 ff. Rom I-VO, S. 50.

1010 Im Markenrecht bejaht der BGH die Möglichkeit eines solchen Lizenzkaufs, BGH, Urt. v. 21.10.2015 - I ZR 173/14 - Ecosoil, GRUR 2016, 201, Rn. 45.

1011 Bei der einfachen Patentlizenz wird das Nutzungsrecht überwiegend als schuldrechtliches, also vom Lizenzvertrag abhängiges Recht angesehen, S. 146.

1012 OLG München, Urt. v. 25. 7. 2013 - 6 U 541/12, GRUR 2013, 1125, 1132.

Gründen der Rechtsklarheit und des Verkehrsschutzes typisiert.[1013] Zwar würde es sich nicht um ein Recht *an* einem Gegenstand, sondern um ein Recht *mit* einem Gegenstand handeln. Es bestünde daher nicht die Gefahr, dass ein Gegenstand ohne Publizitätsakt mit einem unsichtbaren Recht belastet ist. Es bestünde aber weiterhin die Gefahr, dass unsicher ist, welche Rechte genau mit dem Gegenstand verbunden sind.[1014]

Die Figur eines dinglichen Patentrechtssplitters ist aber für den Teil-Rechtskauf nicht unbedingt erforderlich. Man kann sich den Rechtserwerb nämlich auch als einen *Freikauf* vom Patentrecht vorstellen. Die Patentrechte, die die Nutzung des Gegenstandes zur Verwendung des patentgeschützten Verfahrens verhindern könnten, kann man sich wie eine dingliche Belastung des Gegenstandes vorstellen.[1015] Das Patentrecht vermindert die eigentlich unbeschränkten Eigentümerbefugnisse am erworbenen Gegenstand. Die Situation ähnelt einem Nießbrauch.[1016] Auch beim Nießbrauch stehen dem Eigentümer die Rechte des Nießbrauchers entgegen.[1017]

Dann muss es auch möglich sein, sich von dieser Belastung freizukaufen, so dass sich das Patentrecht nicht mehr auf die Benutzung dieses Gegenstandes bezieht.[1018] Wenn beim Kauf einer Vorrichtung ein Nutzungsrecht dauerhaft erworben wird, dann kann man dies als vollständige Befreiung eines Gegenstands vom Patentrecht ansehen. Für die Befreiung eines Gegenstands von einer dinglichen Belastung benötigt man keine neue sachenrechtliche Rechtsfigur. Wenn man davon ausgeht, dass das Patentrecht am Gegenstand nießbrauchsähnlich ist, dann könnte es analog § 1064 BGB durch Aufgabeerklärung aufgehoben werden.

Im Ergebnis führt dies zu einer ähnlichen Situation, wie wenn der Gegenstand aufgrund von Erschöpfung nicht mehr dem Patentschutz unterfällt. Nur verbrauchen keine Rechte des Patentinhabers (der Gegenstand selbst ist nicht patentgeschützt), sondern sie werden ihm abgekauft. Mit dem Eigentum am Gegenstand sind dann auch die unbeschränkten Nutzungsbefugnisse verbunden. Dies ähnelt wiederum der impliziten Lizenz des englischen Rechts. Es werden also die Prinzipien der *implied licence* (unbeschränkte

---

1013 *Stürner*, AcP 194, 265, 278.

1014 Allerdings diskutierte bereits *Kohler*, PatR 1878, S. 161 die Möglichkeit einer Lizenzerteilung an eine *incerta persona*, wobei sich die berechtigte Person vom Recht an der Sache ableiteten sollte.

1015 So auch *Schramm*, S. 368.

1016 Teilweise wird die Lizenz als nießbrauchsähnliches Recht am Schutzrecht charakterisiert, vgl. *McGuire*, S. 173. Hier soll dagegen das verbleibende Schutzrecht am in Verkehr gebrachten Gegenstand als nießbrauchsähnlich angesehen werden.

1017 BeckOK BGB/*Reischl*, BGB § 1030, Rn. 1.

1018 Ähnl. *Schramm*, S. 384 f., der von einem Verzicht der Rechtsausübung gegenüber jedermann ausgeht; ähnl. *Geissler*, FS König, 133, 134, der die Einräumung von Nutzungsrechten mit einem Rechtsverzicht des Patentinhabers erklärt.

Nutzungsrechte aus dem Eigentum) und der Erschöpfung (Erlöschen der Rechte nach dem Inverkehrbringen) kombiniert.

Problematisch wäre aber ein Erwerb vom Lizenznehmer. Wenn der Lizenznehmer selbst nur eingeschränkte Rechte besitzt, dann könnte ein Erwerber, wenn man nur eine Ableitung der Rechte vom Recht des Lizenznehmers zulässt, kein unbeschränktes Nutzungsrecht erwerben.[1019] Wenn die Figur des Teil-Rechts-Freikaufs effektiv sein soll, dann wird man daher beim Vertrieb der betreffenden Gegenstände durch einen Lizenznehmer annehmen müssen, dass der Lizenznehmer vom Patentinhaber konkludent zu einer Teil-Abspaltung des Patentrechts ermächtigt wird.

Auch im *französischen Recht* wäre ein Teil-Rechtskauf mit dem Erwerb einer Vorrichtung zur Ausübung eines Verfahrens eine denkbare Figur. Eine Teilrechtsübertragung ist im französischen Recht explizit vorgesehen.[1020] Im *englischen Recht* wäre dagegen ein Teil-Rechtskauf nicht erforderlich. Denn die gleichen Ergebnisse können bereits mit der impliziten Lizenz erzielt werden. Auch die implizite Lizenz ist verknüpft mit einem Kaufvertrag und verschafft eine dauerhafte Nutzungserlaubnis, die untrennbar mit dem jeweiligen Gegenstand verbunden ist. Zwar wurde in der bisherigen englischen Rechtsprechung eine implizite Lizenz - soweit ersichtlich - nur bei Erzeugnispatenten relevant. Es scheint aber nicht ausgeschlossen, die gleiche Figur auch auf die Verwendung patentgeschützter Verfahren anzuwenden.

Der vertragsrechtliche Teil eines solchen Rechtskaufs würde sich nach dem Vertragsstatut richten. Für einen konkludenten Rechtskauf gelten die gleichen Überlegungen wie für die konkludente Lizenz. So wäre im *französischen Recht* auch hier der Schriftformzwang zu beachten, was die Annahme einer konkludenten Vereinbarung erschwert.[1021]

Grundsätzlich beruht die Annahme einer konkludenten Rechtseinräumung auf einer einzelfallbezogenen Vertragsauslegung.[1022] Fraglich ist, ob man dies auf bestimmte typisierte Situationen ausweiten kann, in denen immer von einem Teil-Rechtskauf auszugehen ist. Für einen solchen Automatismus spräche das Verkehrsinteresse. Bei einem anonymen Massengeschäft, in dem ein Standarderzeugnis in größerem Umfang vertrieben wird, und bei der die Person des Vertragspartners für den Vertragsschluss unwesentlich ist, besteht ein erhebliches Verkehrsinteresse an einer Patentverfahrensfreiheit. Zu denken wäre etwa an den Kauf eines Mobiltelefons, welches geeignet ist, ein patentgeschütztes Verfahren zu verwenden, welches Teil eines Mobilfunkstandards (z.B. UMTS) ist. Diese Situation ist vergleichbar zum Kauf von

1019 So geht z.B. der BGH anscheinend nur von der Möglichkeit der Weitergabe eigener Befugnisse aus, BGH, Urt. v. 27.2.2007 - X ZR 113/04 - Rohrschweißverfahren, GRUR 2007, 773, Rn. 29.

1020 L613-8 al. 1 CPI.

1021 S. 149.

1022 S. 147.

Standardsoftware. Daher sollte es auch im Patentrecht möglich sein, automatisch alle benötigten Nutzungsrechte „mitzukaufen" und den Gegenstand von den Patentrechten zu befreien.

Gegen einen solchen Automatismus spricht indes, dass der Patentinhaber grundsätzlich kein Interesse daran haben dürfte, auf seine Verbietungsrechte zu verzichten. Auch der Zweckübertragungsgedanke, wonach ein Schutzrechtsinhaber seine Rechte nur soweit überträgt, wie es zur Erreichung des mit dem Vertrag verfolgten Zwecks erforderlich ist,[1023] spricht gegen eine vollständige Aufgabe der Verbietungsrechte. Allerdings ist fraglich, ob der Zweckübertragungsgedanke hier Anwendung findet. Denn auch im Fall der richterrechtlichen Erschöpfung gibt der Schutzrechtsinhaber seine Rechte vollständig auf, ohne dass dem entgegengehalten wird, dass eine vollständige Rechtsaufgabe möglicherweise über den Vertragszweck hinausgeht und auch eine teilweise Rechtsaufgabe bereits genügt.

Der Teil-Rechts-Freikauf wäre daher zwar grundsätzlich ein geeigneter Lösungsansatz für die Frage, wie beim Kauf einer Vorrichtung zur Ausübung eines patentierten Verfahrens die Nutzungsrechte auf den Erwerber übergehen. Allerdings ist unsicher, ob eine solche Figur von der Rechtsprechung anerkannt würde. Hinzu kommt, dass – mangels Harmonisierung – jedes nationale Recht zu anderen Lösungen gelangen kann. Im Einheitspatentsystem wäre aber eine einheitliche Lösung wünschenswert.

Sinnvoll wäre es daher, *de lege ferenda* die Freiheit von Verfahrenspatenten jedenfalls für solche Situationen vorzusehen, in denen ein Standarderzeugnis in größerem Umfang vertrieben wird und bei der die Person der Vertragspartner für den Vertragsschluss unwesentlich ist. Als Inverkehrbringen sollte dabei nur eine Eigentumsübertragung in Betracht kommen. Denn nur dann kann man davon ausgehen, dass die Nutzungsbefugnis auf Dauer übertragen werden soll. Als Folge sollte der Gegenstand von jedermann (also auch vom Finder oder vom Dieb) ohne Patentverletzung genutzt werden können. Die unbeschränkte Nutzungsbefugnis sollte aber nur so lange gelten, wie die Identität des Gegenstands gewahrt bleibt. Einschränkungen der Berechtigung sollten – ähnlich wie bei § 69 d I UrhG – unzulässig sein. Bei der Vorschrift könnte man sich an Art. 9a II CH-PatG orientieren:

> *„Hat er [der Patentinhaber] eine Vorrichtung, mit der ein patentgeschütztes Verfahren angewendet werden kann, im Inland oder im Europäischen Wirtschaftsraum in Verkehr gebracht oder ihrem Inverkehrbringen im Inland oder im Europäischen Wirtschaftsraum zugestimmt, so*

1023 Benkard/*Rogge/Melullis*, PatG Vor § 16, Rn. 26.

sind der erste und jeder spätere Erwerber der Vorrichtung berechtigt, dieses Verfahren anzuwenden."[1024]

4. Ergebnis

In den Fällen, in denen der Patentinhaber eine Vorrichtung veräußert, mit der ein patentgeschütztes Verfahren angewendet werden kann, erwartet der Erwerber, dass er ein solches Erzeugnis auch seinem Verwendungszweck entsprechend einsetzen darf. Wenn es sich bei der Vorrichtung um einen verkehrsfähigen Gegenstand handelt, besteht darüber hinaus die Erwartung, diesen Gegenstand weitervertreiben zu können, so dass auch Dritterwerber diesen Gegenstand bestimmungsgemäß nutzen dürfen.

Wenn keine ausdrücklichen Absprachen zwischen Patentinhaber und Erwerber getroffen werden, stellt sich die Frage, wie die Nutzungsrechte des Erwerbers begründet werden können. Dazu werden unter anderem die Theorie der Erschöpfung und die Theorie der konkludenten Lizenz vertreten. Während die Theorie der konkludenten Lizenz gut geeignet ist, mietähnliche Lizenzverhältnisse zu erklären, passt sie nicht zu anonymen Massengeschäften, bei denen erwartet wird, dass ein Gegenstand bestimmungsgemäß verwendet und ohne Einschränkungen weitervertrieben werden kann. Eine Erschöpfung von Verfahrenspatenten wird dagegen nicht vom Wortlaut der Erschöpfungsvorschriften erfasst und eine erweiterte Erschöpfung könnte nur an das Inverkehrbringen patentierter Vorrichtungen anknüpfen.

Im englischen Recht wäre die implizite Lizenz aufgrund ihrer dinglichen Verknüpfung mit einem Gegenstand eine geeignete Rechtsfigur. Eine solche Figur ist aber in anderen Rechtssystemen nicht bekannt. Zweckmäßig erscheint es daher, in bestimmten Situationen einen Teil-Rechtskauf eines Patentrechts anzuerkennen, der dazu führt, dass ein Gegenstand, mit dem ein patentgemäßes Verfahren ausgeübt werden kann, von den Verbietungsrechten des Patentinhabers freigekauft wird. Da das Einheitspatentsystem die Rechte an Patenten nicht harmonisiert, hängt die Anerkennung einer solchen Figur vom jeweiligen staatlichen Recht des Schutzlandes ab. Die Vereinbarung eines solchen Rechtskaufs unterliegt dagegen dem Vertragsstatut. Im Einheitspatentsystem können sich daher – abhängig vom anzuwendenden Recht – unterschiedliche Rechtsfolgen ergeben. Eine weitergehende Harmonisierung des Einheitspatentsystems, die auch die Rechtseinräumung an Verfahrenspatenten beinhaltet, ist daher wünschenswert.

1024 Zitiert nach *Hilty*, GRUR 2018, 865, 871 Fn. 79. Die von *Reisner*, S. 162 vertretene Charakterisierung einer solchen Vorschrift als „Erschöpfung der Rechte aus dem Verfahrenspatent", erscheint aber fraglich. Eher wird man allgemein von einer „gesetzlichen Nutzungserlaubnis" sprechen müssen, vgl. *Hilty*, GRUR 2018, 865, 871 f.

II. Erschöpfung bei Systemkomponenten

Eine den Verfahrenspatenten vergleichbare Problematik besteht bei Systempatenten, d.h. bei aus Einzelkomponenten bestehenden patentierten Systemen, die bestimmungsgemäß erst beim Verwender aus den Einzelkomponenten zum fertigen System zusammengesetzt werden sollen. Zu denken ist hier z.B. an Scheibenwischersysteme oder Kaffeebrühsysteme, wobei die austauschbaren Wischerblätter bzw. Filterkapseln jeweils Bestandteile des patentierten Systems sind. Auch in diesen Fällen erwartet ein Erwerber die freie Nutzbarkeit und die Möglichkeit der Verwertung solcher Gegenstände auf einem Gebrauchtmarkt.

Dabei kann man zwei Arten von Systemen unterscheiden. Es gibt zum einen Systeme, in denen ein Teil des Systems regelmäßig verschleißt und erneuert werden muss. Das System ist auf regelmäßige Erneuerung angelegt. Dazu zählen z.B. Kaffeebrühsysteme, bei denen die Kaffeepads regelmäßig ausgetauscht werden müssen. Jeder Wechsel führt zu einer Wiederherstellung des patentgeschützten Systems. Zum anderen gibt es Systeme, bei denen die gleichen Teile immer wieder kombiniert und getrennt werden sollen. Dazu zählen Mehrkomponentensysteme, bei denen die Komponenten untereinander austauschbar sind, wie z.B. Werkzeugwechselsysteme. Auch hier führt jede neue Zusammensetzung der Komponenten zu einer erneuten Herstellung des Gesamtsystems. Alle Arten von Systemen beinhalten ein Element der Wiederholung, nämlich eine häufige Zerlegung und Neuherstellung des Systems.

Bei solchen Systemen träte die Erschöpfung eigentlich nur ein, wenn das vollständige System in Verkehr gebracht wird. Typischerweise werden die Einzelteile aber separat vertrieben und erst beim Verwender zusammengesetzt. Es liegt daher kein Inverkehrbringen des Systems vor. Nur wenn eine Hauptkomponente in Verkehr gebracht wird, die praktisch das Gesamtsystem verkörpert, kann man dies einem Inverkehrbringen des Gesamtsystems gleichsetzen.[1025] Dann träte beim Inverkehrbringen der Hauptkomponente Erschöpfung ein. In allen anderen Fällen benötigt man eine andere Begründung für die Nutzungsbefugnisse der Erwerber. Dafür kommen eine konkludente Lizenz oder eine teilweise Erschöpfung in Betracht.

1. Konkludente Lizenz

Wenn neben der Hauptkomponente auch die zu tauschenden Teile erfinderisch sind, kann man beim Inverkehrbringen der Hauptkomponente noch nicht von einem Inverkehrbringen der Gesamtkombination ausgehen, denn

---

1025 S. 88.

das patentgemäße System muss erst noch hergestellt werden. In Betracht kommt aber eine konkludente Lizenz zur Systemherstellung.

Wenn das Element allein dazu dienen kann, das patentgeschützte System herzustellen, dann darf der Erwerber beim Kauf eines solchen Elements vom Patentinhaber darauf vertrauen, dass er dieses Element mit beliebigen weiteren Elementen zum geschützten System zusammensetzen darf. Ohne besondere Absprachen ist davon auszugehen, dass der Patentinhaber dem Erwerber bereits beim Erwerb der ersten Komponente eine konkludente Lizenz zur Herstellung des Gesamtsystems erteilt.

Problematisch an der Figur einer konkludenten Lizenz ist indes, dass eine konkludente Lizenz nicht allein auf die Zusammensetzung mit vom Patentinhaber stammenden Teilen beschränkt wäre. Nach deutscher Rechtsprechung gilt eine konkludente Lizenz unbeschränkt, selbst wenn der Patentinhaber ein wirtschaftliches Interesse haben sollte, dass der Erwerber weitere Komponenten ausschließlich von ihm bezieht.[1026] Eine unbeschränkte konkludente Lizenz entspricht in vielen Fällen nicht den Interessen des Patentinhabers; denn dadurch dürfte ein Erwerber eines einzigen Systemteiles dieses auch mit nicht vom Patentinhaber stammenden Teilen kombinieren. Dritte könnten ebenfalls Systemkomponenten herstellen und vertreiben, ohne dass dies eine mittelbare Patentverletzung wäre.

Problematisch ist aber auch die Übertragbarkeit der konkludenten Lizenz. Für die einzelnen Systemkomponenten wird es in der Regel einen Gebrauchtteilemarkt geben. Um die gebraucht erworbenen Systemkomponenten bestimmungsgemäß nutzen zu dürfen, müsste die Lizenz zusammen mit der jeweiligen Systemkomponente auf spätere Erwerber übertragen werden können. Die Lizenz müsste fest mit der Systemkomponente verbunden sein und mit ihr „mitlaufen“. Sie dürfte nicht abgespalten werden können. Wenn z.B. die Systemkomponente zerstört wird, dann dürfte es nicht möglich sein, die Lizenz zu behalten, um das System mit einer von Dritten erworbenen Komponente zu betreiben. Eine solche Figur wäre im deutschen Recht schwer abzubilden. Im französischen Recht würde sie wohl bereits am Schriftformzwang scheitern. Sachgerecht ist die Figur einer konkludenten Lizenz in solchen Situationen daher nicht.

1026 Vgl. BGH, Urt. v. 27.2.2007 – X ZR 113/04 – Rohrschweißverfahren, GRUR 2007, 773, Rn. 28 (zu einer vergleichbaren Situation bei einem Verfahrenspatent); wohl auch OLG Düsseldorf, Urt. v. 27.11.2003 – 2 U 75/02, BeckRS 2008, 5165, Rn. 46; a.A. OLG Karlsruhe, Urt. v. 8.5.2013 – 6 U 34/12 – MP2-Geräte, GRUR 2014, 59, 64.

2. Teil-Erschöpfung?

Interessengerecht wäre es, mit dem Inverkehrbringen einer Systemkomponente von einer Teil-Erschöpfung auszugehen,[1027] die den freien Warenverkehr mit diesem Teil erlaubt und den bestimmungsgemäßen Einsatz als Kombinationselement mit anderen teil-erschöpften Systemteilen umfasst. So könnte man erreichen, dass das Systemteil frei weitervertrieben werden kann und auch von Dritterwerbern bestimmungsgemäß zur Herstellung des Systems verwendet werden kann. Diese Teilerschöpfung müsste auch ein Herstellungselement zulassen, nämlich die Herstellung des patentgemäßen Systems mit anderen teil-erschöpften Systemkomponenten.

Fraglich ist jedoch, ob eine solche Teil-Erschöpfung noch vom Wortlaut der Erschöpfungsvorschriften umfasst wäre. Nach Art. 29 EPGÜ tritt Erschöpfung beim Inverkehrbringen des „durch das Patent geschützte[n] Erzeugnis[ses]" ein. Das spricht zunächst nur für das Inverkehrbringen des vollständigen Erzeugnisses. Zu bedenken ist aber, dass das Inverkehrbringen von Systemkomponenten, die einen wesentlichen Teil der Erfindung verkörpern, vom Patentinhaber unter dem Gesichtspunkt der mittelbaren Patentverletzung untersagt werden könnte. Insofern wären auch Systemkomponenten durch das Patent geschützte Erzeugnisse.

Allerdings sind für das Eingreifen des mittelbaren Patentschutzes auch subjektive Merkmale erforderlich. Der mittelbare Patentschutz greift nach Art. 26 I EPGÜ nur ein, „wenn der Dritte weiß oder hätte wissen müssen, dass diese Mittel dazu geeignet und bestimmt sind, für die Benutzung der Erfindung verwendet zu werden". Wenn man freilich von solchen Systemkomponenten ausgeht, die den einzigen Zweck haben, mit weiteren Systemkomponenten zusammengesetzt zu werden, dann wäre der patentgemäße Einsatz für jedermann offensichtlich. Solche Komponenten wären in jedem Fall vom mittelbaren Patentschutz erfasst. Daher müsste diesbezüglich auch eine Teil-Erschöpfung eintreten können.

Als Rechtsfolge einer Teil-Erschöpfung wären der Weitervertrieb der Komponente und die Herstellung des Gesamtsystems mit anderen vom Patentinhaber stammenden Teilen erlaubt. Die Teil-Erschöpfung beinhaltet aber nicht die Erlaubnis, die Systemkomponente mit von Dritten stammenden Teilen zusammenzusetzen. Eine solche Erlaubnis könnte sich nur aus einer (zusätzlichen) Lizenz ergeben. Ob die Lieferung der Systemkomponente eine solche konkludente Lizenz enthält, muss aufgrund einer Vertragsauslegung im Einzelfall entschieden werden.

1027 So anscheinend BGH, Urt. v. 5.10.1951 – I ZR 74/50 – Tauchpumpe II, GRUR 1952, 141, 145; wohl auch LG Düsseldorf, Urt. v. 3.6.2014 – 4c O 98/13, BeckRS 2014, 20339, wonach sich der Umfang der Erschöpfung nach dem Umfang des Inverkehrbringens richte.

3. Ergebnis

Bei Systempatenten muss differenziert werden. Bei Systemen, die vor allem aus einer Hauptkomponente bestehen, die so wesentlich ist, dass diese bereits das Gesamtsystem verkörpert, entspricht das Inverkehrbringen dieser Hauptkomponente dem Inverkehrbringen der Gesamtkombination. Das Inverkehrbringen der Hauptkomponente führt zur Erschöpfung und zur Zulässigkeit der Herstellung des Gesamtsystems mit beliebigen weiteren Komponenten. Diese Komponenten dürfen daher auch von Dritten geliefert werden.

Bei Systemen, in denen sich auch in den auszutauschenden Komponenten erfinderische Merkmale finden, scheint auf den ersten Blick der Gedanke einer konkludenten Lizenz zur Herstellung des Gesamtsystems zu passen. Dies ist jedoch weder für den Patentinhaber noch für die Erwerber solcher Komponenten interessengerecht. Stattdessen sollte die Figur einer Teil-Erschöpfung erwogen werden, die dazu führt, dass die Verwendung der Systemkomponente nur dahingehend gemeinfrei wird, dass sie frei weitervertrieben werden kann und von jedermann frei mit anderen vom Patentinhaber stammenden Systemkomponenten kombiniert werden darf. Ob die Lieferung solcher Systemkomponenten darüber hinaus auch die Lizenz enthält, diese Komponenten mit nicht vom Patentinhaber stammenden Teilen zu kombinieren, muss aufgrund einer Vertragsauslegung im Einzelfall entschieden werden.

III. Erschöpfung bei Ersatzteilen

Auch bei Ersatzteilen für eine patentgeschützte Erfindung stellt sich die Frage, ob Erschöpfung eintreten kann, wenn sie vom Patentinhaber oder mit seiner Zustimmung in Verkehr gebracht wurden. Im Gegensatz zu Systemkomponenten, die auf wiederholte Zusammensetzung mit anderen Systemkomponenten ausgelegt sind, handelt es sich bei Ersatzteilen um diverse Einzelteile, die zur Reparatur von defekten patentgeschützten Gegenständen eingesetzt werden.

Beim Vertrieb von Ersatzteilen kann eine mittelbare Patentverletzung nach Art. 26 I EPGÜ vorliegen, wenn es sich um Mittel handelt, die sich auf ein wesentliches Element der Erfindung beziehen. Zum anderen kann die bestimmungsgemäße Verwendung eines Ersatzteils zur Reparatur eine unmittelbare Patentverletzung im Sinne einer Herstellung sein. Zu untersuchen ist daher die Zulässigkeit des Weitervertriebs und die Zulässigkeit der bestimmungsgemäßen Verwendung zur Reparatur.

1. Weitervertrieb

Es entspricht dem Verkehrsinteresse, dass Mittel, die patentgemäß eingesetzt werden können, die vom Patentinhaber oder mit seiner Zustimmung in Verkehr gebracht wurden, ohne weitere Einschränkungen im EWR zirkulieren dürfen. Dies entspricht grundsätzlich auch den Interessen des Patentinhabers. Es kann aber sein, dass solche Teile aus der eigentlich vorgesehenen Vertriebskette entweichen und auf den freien Markt gelangen. Das kann etwa geschehen, wenn der Patentinhaber bei einem mehrstufigen Herstellungsprozess patentgemäße Mittel an Subunternehmer liefert. Diese könnten – vom Patentinhaber ungewollt – über den Subunternehmer in den freien Markt gelangen. Dann wird der Patentinhaber ein Interesse daran haben, den weiteren Vertrieb als mittelbare Patentverletzung zu unterbinden.

Möglicherweise muss man aber auch bei Mitteln zur Benutzung der Erfindung von einer Erschöpfung ausgehen, wenn diese vom Patentinhaber oder mit seiner Zustimmung in Verkehr gebracht wurden. Der Wortlaut der Erschöpfungsregelung bezieht sich indes nur auf durch das Patent geschützte Erzeugnisse. Mittel fallen nicht unter diesen Wortlaut. Nur bei solchen Mitteln, die allein den Zweck haben können, patentgemäß eingesetzt zu werden, könnte man in erweiternder Auslegung von Art. 29 EPGÜ noch von geschützten Erzeugnissen sprechen.[1028] Es stellt sich aber die Frage, ob nicht bezüglich aller solcher Mittel, die patentgemäß eingesetzt werden können, Erschöpfung eintritt.[1029] Da indes die Erschöpfungsregeln des Einheitspatentsystems vom Wortlaut her auf diese Situation nicht anwendbar sind, kann sich eine Erschöpfung nur aus Art. 34 und 36 AEUV ergeben.[1030]

Um den Weitervertrieb von Ersatzteilen aufgrund des Patentrechts verhindern zu können, müsste nach der EuGH-Rechtsprechung der spezifische Gegenstand des Patentrechts betroffen sein, also das alleinige Recht zur Herstellung und zum erstmaligen Inverkehrbringen patentgeschützter Erzeugnisse.[1031] Dieses Recht wird durch den freien Warenverkehr von nur potentiell patentverletzend einsetzbaren Mitteln nicht unmittelbar berührt.[1032] Wenn man den spezifischen Gegenstand zugrunde legt, dann muss der freie

---

1028 S. 166.

1029 So z.B. *Passa*, Rn. 526.

1030 S. 64; genau genommen dürfte man nicht von Erschöpfung sprechen, denn es gibt kein Recht, das erschöpfen könnte, vgl. *Azéma/Galloux*, Rn. 559.

1031 EuGH, Urt. v. 31.10.1974 – C-15/74 – Centrafarm/Sterling Drug, ECLI:EU:C:1974:114, Rn. 9.

1032 Wenn man den spezifischen Gegenstand des EuGH zugrunde legt, dann müsste man sogar annehmen, dass der Weitervertrieb von Mitteln, die zur Patentverletzung eingesetzt werden können, im EWR grundsätzlich zulässig sein muss, unabhängig davon, ob sie vom Patentinhaber stammen oder nicht. Die Figur der mittelbaren Patentverletzung ist mit der Lehre vom spezifischen Gegenstand kaum in Einklang zu bringen. Es wäre sinnvoller, allein auf die Dispositionsfreiheit des Schutzrechtsinhabers abzustellen und die Lehre vom spezifischen Gegenstand aufzugeben. A.A. *Azéma/Galloux*, Rn. 559, wonach die mittelbare Patentverletzung nicht unbedingt vom spezifischen Gegenstand ausgeschlossen werde.

Warenverkehr von Ersatzteilen also grundsätzlich zulässig sein. Bei vom Patentinhaber in Verkehr gebrachten Ersatzteilen ist im Übrigen zu berücksichtigen, dass sich die Mittel bereits aufgrund eines freien Willensentschlusses des Patentinhabers im freien Warenverkehr des EWR befinden. Es wäre widersprüchlich, wenn der Patentinhaber in dieser Situation den Weitervertrieb von Ersatzteilen in andere Länder des EWR verhindern könnte, obwohl das bei patentgemäßen Erzeugnissen wegen deren Erschöpfung nicht zulässig wäre.

Der Weitervertrieb von Ersatzteilen im EWR darf daher vom Patentinhaber nicht unterbunden werden, wenn sie einmal von ihm oder mit seiner Zustimmung im EWR in Verkehr gebracht wurden. Dies entspricht dem Effekt der Erschöpfung. Daher kann sich der Patentinhaber gegenüber Dritten, die diese Teile weitervertreiben, nicht auf eine mittelbare Patentverletzung berufen. Das gilt unabhängig davon, ob derjenige, der die Mittel vertreibt, weiß, oder hätte wissen müssen, dass die Mittel dazu geeignet und bestimmt sind, für die Benutzung der Erfindung verwendet zu werden. Eine Zustimmung des Patentinhabers, wie sie Art. 26 I EPGÜ fordert, darf für den zulässigen Weitervertrieb ebenfalls keine Voraussetzung sein.[1033] Die Vorschrift der mittelbaren Patentverletzung ist daher - um mit Art. 34 und 36 AEUV konform zu sein - einschränkend auszulegen.

2. Verwendung

Eine andere Frage ist, wie der Einsatz der Ersatzteile zum vorgesehenen Zweck zu bewerten ist. Problematisch ist dies vor allem dann, wenn ein solcher Einsatz auch durch den aufgrund von Erschöpfung Berechtigten eine Patentverletzung wäre, weil sich die Reparatur nicht mehr im Rahmen des „bestimmungsgemäßen Gebrauchs" bewegt. Die gemeinschaftsrechtliche Erschöpfung aufgrund von Art. 34 und 36 kann nur zur Zulässigkeit des Weitervertriebs führen, sie kann aber keine Gebrauchs- oder Herstellungshandlungen legitimieren.[1034]

In einer älteren Entscheidung begründete der BGH die Zulässigkeit solcher Reparaturhandlungen mit dem Erschöpfungsgedanken. Der Vertrieb von Ersatzteilen sollte zur Erschöpfung führen, wobei dies die Berechtigung zur Verwendung der Ersatzteile beinhalte.[1035] Dem BGH ist zwar darin zuzustimmen, dass die bestimmungsgemäße Verwendung eines Ersatzteils zulässig ist. Fraglich ist aber, ob man dies auf den Erschöpfungsgedanken stützen kann. Denn wenn das Ersatzteil selbst nicht patentgeschützt ist, gibt es

---

1033 Man könnte zwar an eine vermutete Generalzustimmung beim ersten Inverkehrbringen denken. Dann könnte der Patentinhaber die Zustimmung aber auch ausdrücklich ausschließen und dadurch den freien Weitervertrieb verhindern. Dies widerspräche dem Gedanken von Art. 34 und 36 AEUV.

1034 S. 34.

1035 BGH, Urt. v. 5.10.1951 - I ZR 74/50 - Tauchpumpe II, GRUR 1952, 141, 145.

für eine Erschöpfung keinen Anknüpfungspunkt.[1036] Überdies müsste die Erschöpfung des Ersatzteils eine Berechtigung zur Neuherstellung eines defekten Patentgegenstands umfassen. Damit handelt es sich aber nicht mehr allein um einen Rechtsverbrauch, sondern um ein zusätzliches Recht, ein neues patentgemäßes Produkt zu schaffen.

Allenfalls bei spezifischen Systemkomponenten ließe sich von einer Erschöpfungswirkung ausgehen, wenn man die Figur der Teil-Erschöpfung anerkennt.[1037] Im Übrigen kann sich die Zulässigkeit von Herstellungshandlungen nur aus einer konkludenten Lizenz ergeben. Eine solche Lizenz ließe sich aus dem Rechtsgedanken des *venire contra factum proprium* ableiten, wenn der Verwendungszweck offensichtlich in der patentgemäßen Herstellung besteht und eine Verbietung durch den Patentinhaber dem Sinn des Vertrages widerspräche.[1038] Daher geht auch der BGH davon aus, dass das Inverkehrbringen von Ersatzteilen für Reparaturzwecke typischerweise eine stillschweigende Genehmigung zum Einbau beinhalte.[1039]

Statt einem Lizenzvertrag, der in der Vertriebskette durchgereicht wird, dürfte es sich bei dieser „Genehmigung" jedoch nur um ein Lizenzvertragsangebot *ad incertas personas* zur einmaligen bestimmungsgemäßen Verwendung des Mittels handeln. Die konkludente Annahme des Lizenzvertrages erfolgt dann durch die entsprechende Verwendung, wobei von einem Verzicht des Patentinhabers auf den Zugang der Annahmeerklärung auszugehen ist.[1040] Typischerweise soll nämlich ein solches Teil nur einmal verwendet werden, und die Lizenz soll sich genau darin erschöpfen. Der Vertrieb eines Ersatzteils beinhaltet dabei nicht das Lizenzvertragsangebot zur kompletten Neuherstellung aus beliebigen Einzelteilen, sondern nur eine Lizenz zur Reparatur.

Eine Reparaturlizenz setzt indes voraus, dass der Patentinhaber die Teile auch zu diesem Zweck in Verkehr gebracht hat. Wenn Teile – vom Patentinhaber ungewollt – über einen Subunternehmer in den freien Markt gelangen, der vom Patentinhaber mit diesen Teilen beliefert wurde, um daraus patentgemäße Erzeugnisse herzustellen, liegt keine Reparaturlizenz vor. Denn bei der Belieferung des Subunternehmers hat der Patentinhaber kein Lizenzvertragsangebot *ad incertas personas* abgeben. Vielmehr beruht die Berechtigung des Subunternehmers zur Herstellung auf einer individuellen Lizenzabsprache.

1036 Ebenso wie es bei einem Inverkehrbringen einer nicht patentgeschützten Vorrichtung keinen Anknüpfungspunkt für die Erschöpfung eines damit ausführbaren Verfahrens gibt, S. 155.

1037 S. 166.

1038 Vgl. BGH, Urt. v. 24.9.1979 – KZR 14/78 – Fullplastverfahren, GRUR 1980, 38, 39.

1039 BGH, Urt. v. 12.6.1951 – I ZR 75/50 – Tauchpumpensatz, GRUR 1951, 449, 452.

1040 § 151 S. 1 BGB.

Daher ist zwar von einer gemeinschaftsrechtlichen Erschöpfung zum freien Weitervertrieb des Ersatzteils auszugehen, weil bereits ein Inverkehrbringen vorliegt. Der patentgemäße Einsatz wäre aber eine Patentverletzung durch Herstellung, weil eine entsprechende Lizenz fehlt. Bei solchen Teilen ist der Patentinhaber also nicht über die Figur der mittelbaren Patentverletzung geschützt, sondern er kann allein gegen die unmittelbaren Patentverletzer vorgehen.[1041] Unbenommen davon bliebe ihm aber auch ein vertragsrechtliches Vorgehen gegen die „undichte Stelle".

3. Auswirkung auf die Gesamtkombination

Wenn ein Ersatzteil bestimmungsgemäß zum (Wieder-)Herstellen einer patentgeschützten Kombination verwendet wird und dies zu einem neuen Gegenstand führt,[1042] dann muss im Zeitpunkt der Herstellung auch Erschöpfung bezüglich dieses neuen Gegenstands eintreten. Zwar ist dieser Gegenstand nicht wirklich in Verkehr gebracht worden. Würde aber keine Erschöpfung eintreten, dann dürfte man einen patentgemäßen Gegenstand zwar reparieren, aber nach der Reparatur nicht mehr ohne Lizenz nutzen. Aus einer vormals freien Nutzung würde durch eine Reparatur eine lizenzgebundene Nutzung. Das wäre widersinnig.

Die konkludente Lizenz zur Herstellung führt daher auch zu einer freien Nutzungsbefugnis des neu hergestellten Gegenstands. Im Zeitpunkt der Herstellung tritt Erschöpfung ein, da ab diesem Zeitpunkt auch die freie Nutzbarkeit gegeben sein muss. Erschöpfung darf nicht erst eintreten, wenn derjenige, der die Reparatur durchgeführt hat, den Gegenstand seinerseits in Verkehr bringt. Für ein Inverkehrbringen genügt es daher, wenn ein neuer patentgemäßer Gegenstand mit Zustimmung des Patentinhabers außerhalb seiner Sphäre entsteht und dieser Gegenstand nach der Interessenlage dort zum weiteren Gebrauch verbleiben soll. Die Situation ist vergleichbar mit einer kombinierten Herstellungs- und Vertriebslizenz.[1043]

4. Ergebnis

Ersatzteile, die vom Patentinhaber oder mit seiner Zustimmung in Verkehr gebracht wurden, dürfen ohne Einschränkungen im EWR zirkulieren. Dies ergibt sich nicht aus den Erschöpfungsregeln des Einheitspatentsystems

---

1041 Ein Vorgehen gegen denjenigen, der ein solches Ersatzteil patentgemäß verwendet erscheint jedoch ungerechtfertigt, wenn derjenige die Herkunft nicht kennt. Daher könnte man – wie bei Lizenzvertragsverstößen – vertreten, dass der Patentinhaber zunächst gegen seinen vertragsbrüchigen Geschäftspartner vorgehen muss, S. 98.

1042 Damit ist der Fall gemeint, dass die Maßnahme zu einem Identitätswechsel des Gegenstands führt, weil eine „Neuherstellung" und kein „bestimmungsgemäßer Gebrauch" mehr vorliegt, vgl. S. 132 f. Man benötigt also eine Erlaubnis des Patentinhabers, wobei diese Erlaubnis konkludent mit dem Vertrieb des Ersatzteils erteilt wird, vgl. S. 169 f.

1043 S. 78.

sondern aus Art. 34 und 36 AEUV. Der Patentinhaber darf den Weitervertrieb nicht als mittelbare Patentverletzung nach Art. 26 EPGÜ verfolgen.

Die Verwendung solcher Ersatzteile zur Wiederherstellung patentierter Erzeugnisse ist nur zulässig, wenn der Patentinhaber die Ersatzteile zu diesem Zweck in Verkehr gebracht hat. Diese Berechtigung ergibt sich aus einer konkludenten Lizenz.

Wenn beim Austausch eines Ersatzteils bei wertender Betrachtung ein neuer patentgemäßer Gegenstand hergestellt wird, dann führt der berechtigte Austausch auch zur Erschöpfung des neu hergestellten Gegenstands.

H. Alternativmodell zur Erschöpfung

I. Ausgangspunkt

Die Erschöpfung basiert auf den Voraussetzungen „Inverkehrbringen" und „Zustimmung". Diese Kriterien beruhen ursprünglich auf der Rechtsprechung des Reichsgerichts. Sie liegen bis heute als ungeschriebener Grundsatz dem deutschen Patentrecht zugrunde. Die Rechtsprechung des EuGH zur gemeinschaftsrechtlichen Erschöpfung hat diese Kriterien übernommen und zu Regeln des freien Warenverkehrs ausgebaut. Im Einheitspatentsystem wurde der Grundsatz der Erschöpfung mit diesen Kriterien normiert. Inverkehrbringen und Zustimmung sind die gemeinhin anerkannten Kriterien für die Erschöpfung.

Vor dem Hintergrund der bisherigen Untersuchung stellt sich aber die Frage, ob die Theorie der Erschöpfung sachgerecht ist. Zweifelhaft ist etwa, warum das Patentrecht vorsieht, dass der Patentinhaber gegen jeden Nutzer vorgehen kann, der patentgemäße Produkte nutzt, gleichgültig, ob diese rechtmäßig erworben wurden oder nicht. Nur weil diese Verbietungsvorschriften gemeinhin als zu weitgehend angesehen wurden, entwickelte sich die Theorie der Erschöpfung. Diese ursprünglich richterrechtlich entwickelte Theorie mildert die Effekte des zu weit geratenen Wortlauts der patentrechtlichen Schutzvorschriften ab. Mit der Figur der Erschöpfung wird versucht, den Schutzbereich des Patentschutzes auf ein interessengerechtes Maß zu beschränken.

Das ist bei der richterrechtlichen Erschöpfung des deutschen Rechts besonders problematisch, da sie vor allem auf Zweckmäßigkeitserwägungen beruht und es schwierig ist, ihre Voraussetzungen und Wirkungen mit dem Gesetzestext in Einklang zu bringen. Aber auch bei der normierten Erschöpfung des Einheitspatentsystems besteht die Gefahr, die Erschöpfung einzelfallbezogen allein aus dem Gesichtspunkt eines billigen Ausgleichs zwischen den Interessen des Patentinhabers, des Erwerbers und des freien Warenverkehrs zu betrachten. Der Patentschutz muss aber abstrakt betrachtet werden. Aus Gründen der Rechtssicherheit kann es für die Reichweite des Patentschutzes nicht auf die jeweiligen Interessen im Einzelfall ankommen.[1044]

Zweifelhaft ist auch, ob die Theorie der Erschöpfung wirklich zum Patentrecht passt. Die Theorie der Erschöpfung scheint nämlich darauf hinauszulaufen, das Inverkehrbringen patentgemäßer Gegenstände zu schützen. Dabei wird jedoch verkannt, dass das Patentrecht – anders als das Marken- und Urheberrecht – primär auf Eigennutzung angelegt ist.

1044 Vgl. *Beier*, GRUR Int 1989, 603, 612; *Schricker*, Mitt. 1980, 31, 34 re. Sp.; ähnl. *Ann*, VPP-Rundbrief 2004, 117, 123 li. Sp.

Die Ausschließlichkeitsrechte im Urheberrecht dienen weniger der Verhinderung der Nutzung durch Dritte, sondern mehr zur Sicherung der wirtschaftlichen Verwertung.[1045] Das Urheberrecht ist eher auf Veröffentlichung angelegt als auf Eigennutzung.[1046] Neben dem Urheberpersönlichkeitsrecht (§§ 12 ff. UrhG) gehören zum Urheberrecht vor allem Verwertungsrechte (§§ 16 ff. UrhG). Der Gebrauch eines Erzeugnisses wird dagegen nur im Patentrecht gesondert geschützt.[1047] Dieser auf Verwertung angelegte Schutz des Urheberrechts rechtfertigt eine Erschöpfungsregel, die an das Inverkehrbringen anknüpft. Denn durch das Inverkehrbringen wird der Gegenstand verwertet.

Auch das Markenrecht ist nicht auf Eigennutzung angelegt. Der innerbetriebliche Gebrauch eines markengeschützten Erzeugnisses ist markenrechtlich nicht geschützt, da ohne ein Auftreten am Markt keine markenmäßige Benutzung erfolgt.[1048] Der Wert der Marke ist vielmehr marktbezogen.[1049] Dabei hat die Marke primär eine Informationsfunktion.[1050] Um diese Informationsfunktion zu gewährleisten, genügt es, dass das Anbringen der Marke und das Inverkehrbringen rechtmäßig waren.[1051] Daher rechtfertigt auch hier der Schutzzweck ein Anknüpfen der Erschöpfung an das Inverkehrbringen.[1052]

Das Patentrecht zielt dagegen darauf ab, die patentierte Lehre im eigenen Unternehmen unter Ausschluss aller anderen Personen nutzen zu können. Patente haben den Zweck, für einen gewissen Zeitraum die Konkurrenz auszuschalten.[1053] Das Ausschließlichkeitsrecht soll dem Patentinhaber nicht einen bestimmten Gewinn beim Inverkehrbringen seiner Produkte garantieren.[1054] Beim Patentrecht kommt es eher auf technische Kriterien an.[1055] Die Wertungen zur Reichweite des Marken- und Urheberschutzes können daher nicht ohne weiteres auf das Patentrecht übertragen werden.[1056]

1045 *Badura*, FS Maunz, 1, 2; *Kirchhof*, FS Zeidler, 1639, 1654.

1046 *Kirchhof*, FS Zeidler, 1639, 1651; *Troller* Bd. 1, S. 96.

1047 Gäbe es einen urheberrechtlich geschützten Hammer (angewandte Kunst nach § 2 I Nr. 4 UrhG), dann dürfte dieser ohne Verletzung des Urheberrechts zum Einschlagen von Nägeln verwendet werden. Der gleiche Gebrauch eines patentrechtlich geschützten Hammers wäre dagegen ohne Zustimmung des Patentinhabers eine Patentverletzung.

1048 EuGH, Urt. v. 11.3.2003 – C-40/01 – Ansul, ECLI:EU:C:2003:145, Rn. 37. BeckOK Markenrecht/*Fuhrmann*, UMV 2017 Art. 18, Rn. 17.

1049 Vgl. Fezer/*Karl-Heinz Fezer*, MarkenG § 8 Rn. 690; *Wichard*, ZEuP 2002, 23, 25.

1050 In diesem Sinne auch *Windisch*, S. 73.

1051 So bereits RG, Urt. v. 2.5.1902 – IL 45/02 – Mariani, RGZ 51, 263, 365.

1052 Vgl. *Reisner*, S. 36, der aus ähnlichen Gründen die Reichweite der Erschöpfung im Markenrecht von derjenigen im Patentrecht unterscheidet.

1053 Vgl. *Machlup*, S. 12: *„it is the very essence of patents to restrict competition"*.

1054 Vgl. EuGH, Urt. v. 14.7.1981 – C-187/80 – Merck/Stephar, ECLI:EU:C:1981:180, Rn. 10.

1055 So schon RG, Urt. v. 29.11.1933 – I 156/33 – Mülltonne I, RGZ 142, 325, 330.

1056 Etwas anders *Reisner*, S. 35 f., der Urheberrecht und Patentrecht insoweit als vergleichbar ansieht und nur zum Markenrecht differenziert.

An dieser Stelle soll deshalb ein Alternativmodell zur Reichweite des Patentschutzes vorgestellt werden, welches die besondere technische Schutzrichtung des Patentrechts berücksichtigt. Dieses Modell setzt direkt bei den Verbietungsrechten an. Eine Änderung der Verbietungsrechte wäre zwar nur *de lege ferenda* möglich und sähe sich zudem mit den Vorgaben von Art. 28 I lit. a) TRIPS[1057] konfrontiert. Denn diese Vorschrift gibt einen ausdrücklichen Katalog der Verbietungsrechte vor. Ein anderes Verständnis der Verbietungsrechte wäre aber im Rahmen der Auslegung der patentverletzenden Handlungen hilfreich. Auch bei den Rechtsfolgen einer Patentverletzung, wenn es um die Frage des Ermessens geht, könnte darauf zurückgegriffen werden.

II. Primärer Patentschutz

Grundsätzlich schützt das Patent eine erfinderische Idee.[1058] Der Patentanmelder hat eine erfinderische Idee als erster in die Praxis umgesetzt bzw. als erster zum Patent angemeldet.[1059] Indem er der Allgemeinheit eine herstellbare neugestaltete Sache zur Verfügung gestellt hat, hat er die Allgemeinheit bereichert.[1060] Dafür, dass er die Idee offenbart und damit den Stand der Technik bereichert, soll der Patentinhaber auch derjenige sein, der diese erfinderische Idee für einen bestimmten Zeitraum alleine nutzen darf.[1061] Ihm soll es vorbehalten bleiben, die erfinderische Idee, die zunächst einmal eine geistige Leistung und immaterielles Gut ist, in materieller Form zu verwirklichen. Die Basis des Patentschutzes ist die Verwirklichung der Idee.[1062] Das entspricht der Herstellung erfindungsgemäßer Erzeugnisse bzw. der Verwendung eines erfindungsgemäßen Verfahrens.[1063]

Besonders deutlich wird dies beim Schutz unmittelbarer Verfahrenserzeugnisse, Art. 25 lit. c) EPGÜ. Die erfinderische Idee besteht darin, ein bestimmtes Verfahrens anzuwenden, um bestimmte Erzeugnisse herzustellen. Die Idee materialisiert sich in den nach dem Verfahren hergestellten Erzeugnissen. Da die technische Lehre aufgrund ihres geistigen Charakters beliebig wiederholbar ist, wäre es grundsätzlich jedermann möglich, Erzeugnisse in

---

1057 „Ein Patent gewährt seinem Inhaber die folgenden ausschließlichen Rechte: wenn der Gegenstand des Patents ein Erzeugnis ist, es Dritten zu verbieten, ohne die Zustimmung des Inhabers folgende Handlungen vorzunehmen: Herstellung, Gebrauch, Anbieten zum Verkauf, Verkauf oder diesen Zwecken dienende Einfuhr dieses Erzeugnisses".

1058 Zwar werden nur Erfindungen geschützt (Art. 52 I EPÜ). Die Erfindung beruht aber auf einer Idee, wie ein technisches Problem gelöst werden soll.

1059 Vgl. Art. 60 II EPÜ.

1060 BGH, Urt. v. 11.7.1995 – X ZR 99/92 – Klinische Versuche, GRUR 1996, 109, 114.

1061 *Tilmann*, Mitt. 2020, 245, 248 re. Sp.

1062 Ähnl. *Kobler*, S. 182 Rn. 631.

1063 Vgl. *Kobler*, S. 182 Rn. 631 u. S. 203 Rn. 706.

Konkurrenz zum Patentinhaber herzustellen.[1064] Der Patentinhaber muss also genau davor geschützt werden. Geschützt ist daher primär die Materialisierung der erfindungsgemäßen Idee im Patentstaat.[1065] Das beinhaltet auch, dass nur der Patentinhaber solche Erzeugnisse aus dem Ausland einführen darf. Herstellung, Verfahrensverwendung und Import sind daher der Kern des patentrechtlichen Eigentums.[1066]

Dieser patentrechtliche Kern lässt sich auch aus den Patentrechtstheorien ableiten. Nach der Eigentumstheorie gehört die geistige Schöpfung kraft natürlichen Menschenrechts ihrem Erfinder.[1067] Die geistige Schöpfung besteht beim Patentrecht darin, mit dem planmäßigen Einsatz von Naturkräften ein technisches Problem zu lösen.[1068] Das natürliche Eigentum bezieht sich daher auf die Frage, welche Naturkräfte wie eingesetzt werden müssen, um das technische Problem zu lösen. Wenn diese Idee als Eigentum geschützt werden soll, dann darf man allein dem Erfinder erlauben, das technische Problem auf diese Weise zu lösen. Er darf allein die Idee in technischer Form realisieren. Als Eigentum muss daher die Materialisierung der erfinderischen Idee geschützt werden. Damit wird als Eigentum genau das geschützt, was neu ist und die Technik bereichert. Die Verwertung ist dagegen kein Teil der erfinderischen Idee. Sie folgt erst in einem nachgelagerten Schritt.[1069]

Nach der Anspornungstheorie ist die Möglichkeit, ein zeitliches Monopol zu erlangen, ein Ansporn für erfinderische Bemühungen.[1070] Dieses Monopol schützt den Erfinder vor Konkurrenten, die die Erfindung imitieren, ohne selbst erfinderisch tätig sein zu müssen.[1071] Daher wird die Realisierung der erfinderischen Idee für einen gewissen Zeitraum allein dem Erfinder zugewiesen. Ansporn für den Erfinder ist das Herstellungsmonopol. Dieses Herstellungsmonopol – also der Schutz vor Imitationswettbewerb – ist auch die primäre Belohnung bzw. Gegenleistung nach der Belohnungs- bzw. Offenbarungstheorie. Wenn der Erfinder den technischen Fortschritt um die Lösung eines technischen Problems bereichert, stellt spiegelbildlich der Schutz der Realisierung dieser Lösung durch ein Ausschließlichkeitsrecht die primäre Belohnung bzw. Gegenleistung für die Offenbarung der Erfindung dar.

1064 Ähnl. *Troller* Bd. 1, S. 57.

1065 Ähnl. *Windisch,* S. 143 f.

1066 Ähnl. *Bruchhausen,* FS vom Stein, 31, 33, wonach der Schwerpunkt des Ausschließlichkeitsrechts in der Herstellung liegt; vgl. auch *Schramm,* S. 245 ff., der zwischen Nutzungshandlungen unterschiedlicher rechtlicher Stärke unterscheidet.

1067 *Ann,* PatR, § 3, Rn. 8.

1068 Benkard/*Bacher,* PatG § 1, Rn. 54.

1069 Vgl. *Troller* Bd. 1, S. 71, wonach die Erzeugung von Konsumgütern (also die Herstellung) die eigentliche Erfindungsauswertung sei, an die sich die Verwertung anschließe; ähnl. *Troller* Bd. 2, S. 622 f.

1070 *Ann,* PatR, § 3, Rn. 10.

1071 Vgl. *Machlup,* S. 39 f., der der Frage nach dem optimalen Zeitraum des Imitationsschutzes nachgeht.

Der Patentinhaber hat aber nicht nur das alleinige Recht zur Herstellung, sondern er soll sich gegen jeden wehren können, der ihm dieses Recht streitig macht. Er kann daher Dritten die unrechtmäßige Herstellung, Verfahrensnutzung und Import verbieten. Es ist also zwischen Ausschließlichkeitsrechten und Verbietungsrechten zu unterscheiden.[1072] Die originären Ausschließlichkeitsrechte des Patents bestehen aus dem alleinigen Recht zur Herstellung, zur Verfahrensverwendung und zum Import. Verbietungsrechte schützen diese Ausschließlichkeit.[1073] Die Verbietungsrechte werden benötigt, da spätestens ab dem Zeitpunkt der Patentveröffentlichung Nachahmungen durch Dritte drohen.[1074] Diese Verbietungsrechte hinsichtlich Herstellung, Verfahrensverwendung und Import bilden den primären Patentschutz.

III. Sekundärer Patentschutz

Für einen effektiven Schutz soll der Patentinhaber aber nicht nur gegen unrechtmäßige Hersteller vorgehen können, sondern gegen jeden, der unrechtmäßig hergestellte Erzeugnisse verbreitet oder auch nur gebraucht. Dies gewährt dem Patentinhaber einen noch effektiveren Schutz gegen Nachahmer; denn nicht immer ist der erste Verletzer zu ermitteln. Der Vertrieb patentverletzender Produkte verursacht einen großen Schaden und ist leicht nachzuweisen; daher ist es sinnvoll, dem Patentinhaber auch Rechte gegen den Vertrieb patentverletzender Produkte einzuräumen.[1075] Solche Verbietungsrechte, die über die eigentlichen Ausschließlichkeitsrechte hinausgehen, kann man als erweiterten oder sekundären Schutz bezeichnen.[1076] Für einen effektiven Schutz werden dem Patentinhaber Verbietungsrechte über das eigentliche Ausschließlichkeitsrecht hinaus gewährt. Es handelt sich dabei um Rechtsverstärkungen.

Die Verbietungsrechte reichen aber nur so weit, wie es notwendig ist, das Ausschließlichkeitsrecht zu schützen. Sie sind keine völlig unabhängigen Rechte. Wenn das primäre Recht des Patentinhabers nicht gefährdet ist, dann darf es auch kein Verbietungsrecht geben. Anderenfalls würde man den Eigentumsschutz des Patentinhabers zulasten der Allgemeinheit ausdehnen. Der Patentschutz würde dann nicht mehr nur die eigentliche Bereicherung der Technik umfassen. Dies wäre ein Eingriff in die allgemeine Handlungsfreiheit aller Nichtpatentinhaber,[1077] der nicht mehr gerechtfertigt werden kann. Seinem Zweck entsprechend sollte der sekundäre Patentschutz daher

---

1072 Ähnl. *Troller* Bd. 1, S. 112 f.; *Windisch*, S. 14.

1073 Ähnl. *Windisch*, S. 14, der zwischen der eigentlichen immateriellen Rechtsposition und den Mitteln des Schutzes unterscheidet.

1074 Vgl. *Windisch*, S. 7, wonach es zur Verteidigung der Idee staatlicher Unterstützung bedarf.

1075 *Stenger*, S. 43.

1076 Ähnl. *Bruchhausen*, FS vom Stein, 31, 33.

1077 Vgl. S. 7.

nur eingreifen, wenn das primäre Recht des Patentinhabers gefährdet wird. Eine Gefährdung besteht insbesondere nicht, wenn sich Handlungen auf rechtmäßig vom Patentinhaber oder mit seiner Zustimmung hergestellte oder importierte Produkte beziehen.

Eine solche Differenzierung war bereits im französischen Patentgesetz von 1844 angelegt. Nach Art. 40 des Patentgesetzes von 1844 umfasste der eigentliche Patentschutz nur die Herstellung eines patentgeschützten Produktes bzw. die Verwendung eines patentgeschützten Verfahrens. Nachgelagerte Benutzungshandlungen waren nur patentverletzend, wenn sie sich auf rechtswidrige Produkte (*objets contrefaits*) bezogen.[1078]

IV. Rechtliche Einordnung

Das vorgestellte Modell unterscheidet zwischen primärem Patentschutz (Herstellen, Importieren, Verfahrensnutzung) und sekundärem Patentschutz. Der sekundäre Patentschutz ist eine Rechtsverstärkung, um Gefährdungen der primären Patentrechte oder Fortsetzungen einer rechtswidrigen Primärhandlung effektiv unterbinden zu können. Der sekundäre Patentschutz wird nicht benötigt, wenn keine Primärverletzung vorliegt oder droht. Dementsprechend sollte der Patentinhaber in diesen Situationen auch keine Verbietungsrechte geltend machen können. Rechtlich handelte es sich um eine teleologische Reduktion der Verbietungsrechte. Von den Verbietungsrechten des Anbietens, Inverkehrbringens und Gebrauchens ist wegen fehlenden Schutzzwecks immer dann eine Ausnahme zu machen, wenn der primäre Patentschutz eine Verbietungsmöglichkeit nicht erfordert.

Dieses Modell gibt zunächst – ebenso wie die Theorie der Erschöpfung – eine Erklärung dafür, wieso patentgemäße Erzeugnisse, die vom Patentinhaber oder mit seiner Zustimmung in Verkehr gebracht wurden, für jedermann frei nutzbar sind. Indem der Patentinhaber mit allen Verbietungsrechten gegen rechtswidrige Erzeugnisse vorgehen kann, wird sein Interesse am alleinigen Recht zur Herstellung und zum Import patentgemäßer Erzeugnisse geschützt. Die Verkehrsinteressen werden ebenfalls geschützt, weil der Gebrauch und der Vertrieb rechtmäßig hergestellter Erzeugnisse keinen Beschränkungen unterworfen sind.

Darüber hinaus lassen sich mit dem vorgestellten Modell aber auch weitere erschöpfungsähnliche Effekte erklären, die von der Theorie der Erschöpfung nicht erfasst werden. Man hat mit diesem Modell keine Schwierigkeiten, den Effekt eines Vorbenutzungsrechts oder einer Zwangslizenz zu erklären. Alle Gegenstände, die aufgrund eines Vorbenutzungsrechts oder einer Zwangslizenz hergestellt wurden, sind als ebenso rechtmäßig hergestellt anzusehen, wie wenn sie vom Patentinhaber hergestellt worden wären. Sie

---

1078 *Schatz*, IIC 1971, 1, 3.

müssen daher genauso vom Verbietungsrecht des Patentinhabers ausgenommen werden, wie solche Gegenstände, die der Patentinhaber selbst hergestellt hat. Man benötigt keine erschöpfungsähnliche Figur, um zu erklären, warum auch bei Vorbenutzungsrecht und Zwangslizenz die Erzeugnisse von jedermann frei weitervertrieben und gebraucht werden dürfen.

Allerdings wäre beim alternativen Erklärungsansatz die Position des Patentinhabers im Vergleich zur Theorie der Erschöpfung geschwächt. Insbesondere müsste nun der Patentinhaber das Risiko tragen, dass patentgemäße Waren nach der rechtmäßigen Herstellung unfreiwillig in Verkehr gelangen. Dieses zusätzliche Risiko ist aber in Hinsicht auf die Verkehrsinteressen nicht unbillig. Mit der Theorie der Erschöpfung kann der Patentinhaber jedem unbeteiligten Dritten den Gebrauch und Weitervertrieb verbieten, wenn rechtmäßig hergestellte patentgemäße Erzeugnisse ungewollt in den Verkehr gelangt sind. Das Risiko für ein solches unfreiwilliges Inverkehrgelangen liegt jedoch eher in der Sphäre des Patentinhabers. Wenn aber eine Störung in der Risikosphäre des Patentinhabers eintritt, dann ist es interessengerecht, dass das Risiko vom Patentinhaber getragen wird und nicht auf die Allgemeinheit abgewälzt wird. Das gilt auch dann, wenn bei einer Auftragsfertigung patentgemäße Produkte ungewollt in den freien Verkehr gelangen. Wenn der Patentinhaber bewusst eine Auftragsfertigung wählt, um von der Arbeitsteilung zu profitieren, dann sollte er auch das Risiko der Arbeitsteilung tragen müssen. Der Patentinhaber kann allerdings immer noch wegen Vertragsverletzung gegen den Auftragsfertiger vorgehen.

V. Beispiele

Mit der Unterscheidung zwischen primärem und sekundärem Schutz lässt sich die Reichweite des Patentschutzes auf einfache und systematische Weise erklären. Im Folgenden werden die Unterschiede zur Theorie der Erschöpfung an einzelnen Beispielen betrachtet.

1. Zulässigkeit des Anbietens rechtmäßig hergestellter Erzeugnisse

Die Nutzungshandlung des Anbietens lässt sich problemlos als Teil des sekundären Patentschutzes verstehen. Der Wortlaut der Verletzungsvorschriften verbietet das Anbieten patentgemäßer Gegenstände, wobei bereits ein abstraktes Anbieten, z.B. in Form von Werbung, genügen soll.[1079] Der Wortlaut unterscheidet nicht zwischen dem Anbieten rechtswidriger und rechtmäßiger Erzeugnisse. Die Theorie der Erschöpfung kann nicht erklären,

1079 *Schricker*, GRUR Int 2004, 786, 788.

warum ein Anbieten rechtmäßig hergestellter Erzeugnisse rechtmäßig ist.[1080] Die Erschöpfung setzt nämlich konkrete in Verkehr gebrachte Gegenstände voraus, auf die sich das Anbieten beziehen müsste. Werbung, die bereits im Vorfeld des Warenbezugs geschaltet wird, bezieht sich aber nicht auf konkrete Erzeugnisse. Erst wenn man das Verbietungsrecht bezüglich des Anbietens als Patentschutzverstärkung im Sinne eines Vorfeldschutzes begreift,[1081] dann ergibt sich, dass das Anbieten nur rechtswidrig ist, wenn es sich auf eine spätere patentverletzende Handlung bezieht.

2. Zulässigkeit des Gebrauchs rechtmäßig hergestellter Erzeugnisse

Nach dem vorgestellten Modell zählt auch das Verbietungsrecht hinsichtlich des Gebrauchens patentgemäßer Erzeugnisse zum sekundären Patentschutz, also zu einer Rechtsverstärkung des Herstellungsrechts. Daher darf ein Gebrauch nur unzulässig sein, wenn er sich auf rechtswidrig hergestellte patentgemäße Erzeugnisse bezieht.

Die Theorie der Erschöpfung gerät bei Produkten an Grenzen, die vor dem Beginn des Patentschutzes hergestellt wurden. Wenn ein Patentinhaber bereits vor Erteilung des Patents patentgemäße Erzeugnisse verkauft hat, dann kann dies im Zeitpunkt des Inverkehrbringens – mangels Patent – nicht zur Erschöpfung führen. Die Erschöpfung müsste dann nachträglich im Zeitpunkt der Patenterteilung eintreten. Das wäre auch interessengerecht, widerspricht aber dem Grundprinzip, dass Erschöpfung auf dem Inverkehrbringen beruht, und ist daher dogmatisch schwer zu erklären.[1082] Wenn man stattdessen auf die Rechtmäßigkeit der Herstellung abstellt, dann sind spätere Gebrauchshandlungen ohne weiteres zulässig, weil solche Handlungen keine Fortsetzung einer patentrechtswidrigen Handlung sind.

Allerdings sind auch alle von Dritten vor dem Zeitpunkt der Patenterteilung hergestellten Produkte rechtmäßig hergestellt.[1083] Daher könnte nach dem hier vorgestellten Modell ein Patentinhaber auch den Gebrauch solcher Erzeugnisse nicht verbieten. Wenn man dagegen die Erschöpfungsregel anwendet, dann ist der Gebrauch solcher Erzeugnisse nur bis zur Patenterteilung zulässig. Nach der Patenterteilung läge ein Patentverstoß vor, wenn

---

1080 S. 139 ff.

1081 Vgl. BGH, Urt. v. 16.9.2003 – X ZR 179/02 – Kupplung für optische Geräte, GRUR 2003, 1031, 1033; *Schricker*, GRUR Int 2004, 786, 787 f.

1082 S. 142.

1083 BGH, Urt. v. 3.2.1959 – I ZR 170/57 – Autodachzelt, GRUR 1959, 528, 530.

nicht aus anderem Grund eine Berechtigung vorläge.[1084] Auch der Gebrauch von Erzeugnissen, die rechtmäßig aufgrund einer Schranke nach Art. 27 EPGÜ hergestellt wurden, müsste nach dem hier vorgestellten Modell erlaubt sein. Bei Anwendung der Erschöpfungsregel wäre der Gebrauch solcher Erzeugnisse dagegen unzulässig, sobald der Bereich des Art. 27 EPGÜ verlassen wird.[1085]

Nach dem vorgestellten Modell werden also verschiedene Gebrauchshandlungen als zulässig angesehen, die bei bloßer Anwendung der Erschöpfungsregel unzulässig sind. Dadurch würde zwar die Rechtsposition des Patentinhabers geschwächt. Es handelt sich aber im Vergleich zur bisherigen Situation nur um eng begrenzte Ausnahmen, die die Rechte des Patentinhabers nur unwesentlich einschränken, und die gut mit dem Interesse des Verkehrsschutzes begründet werden können.

3. Mittelbare Patentverletzung

Das vorgestellte Modell hat auch Auswirkungen auf die Figur der mittelbaren Patentverletzung. Nach dem Modell ist die mittelbare Patentverletzung eine weitere Rechtsverstärkung des Patentrechts.[1086] Die mittelbare Patentverletzung ist für sich genommen noch kein Eingriff in das Ausschließlichkeitsrecht des Patentinhabers.[1087] Sie ist nur verboten, weil sie einen Eingriff in das Ausschließlichkeitsrecht fördert oder ermöglicht.[1088] Eine mittelbare Patentverletzung kommt daher nur in Betracht, wenn tatsächlich eine Verletzung des Ausschließlichkeitsrechts droht.[1089] Die entgegenstehende Ansicht, dass es sich bei der mittelbaren Patentverletzung um ein selbständiges Ausschließlichkeitsrecht handelt,[1090] ist mit dem alternativen Erklärungsansatz nicht vereinbar.

Wenn man dabei berücksichtigt, dass der primäre Patentschutz nur das Herstellen, das Importieren und die Verfahrensausübung umfasst, dann kann auch nur eine Lieferung von Mitteln zu solchen Zwecken eine mittelbare Patentverletzung sein. Eine Lieferung von Mitteln zu

---

1084 Nach Ansicht des BGH findet der Grundsatz, dass alles patentfrei bleibe, was einmal patentfrei hergestellt sei, im Gesetz keine Stütze, BGH, Urt. v. 17.12.1981 - X ZR 71/80 - Straßendecke II, GRUR 1982, 225, 227; vgl. aber auch *Ann*, PatR, § 33, Rn. 291, wonach ein Patentverstoß z.B. dann nicht vorliegen soll, wenn ein etwaiger Entschädigungsanspruch (§ 33 PatG) geleistet worden sei.

1085 Ähnl. *Ann*, PatR, § 33, Rn. 290.

1086 Vgl. *Benyamini*, S. 184; a.A. *Holzapfel*, GRUR 2002, 193, 195, der in der Figur mittelbaren Patentverletzung ein eigenes Ausschließlichkeitsrecht sieht.

1087 *Meier-Beck*, GRUR 1993, 1, 3.

1088 *Meier-Beck*, GRUR 1993, 1, 3; *Nirk*, LMK 2004, 212, 213.

1089 So auch BGH, Urt. v. 13.6.2006 – X ZR 153/03 – Deckenheizung, GRUR 2006, 839, Rn. 23; Schulte/*Rinken*, § 10 PatG, Rn. 8.

1090 So z.B. *Holzapfel*, GRUR 2002, 193, 195; ebenso anscheinend die französische Rechtsprechung, S. 135 f.

Gebrauchshandlungen bedroht das primäre Patentrecht nicht; sie sollte jedenfalls dann zulässig sein, wenn es sich um einen Gebrauch von rechtmäßig hergestellten Erzeugnissen handelt. Nur die Unterstützung des Gebrauchs rechtswidrig hergestellter Erzeugnisse sowie die Lieferung von Mitteln zur rechtswidrigen Herstellung patentgemäßer Erzeugnisse können daher nach diesem Ansatz als mittelbare Patentverletzung angesehen werden.

4. Reichweite der Nutzungsbefugnisse

Auch beim vorgestellten Modell stellt sich die Frage nach der Reichweite der Nutzungsbefugnisse eines rechtmäßigen Erwerbers (sachliche Reichweite). Hier dürfte weiterhin der Grundsatz gelten, dass der rechtmäßige Erwerber alles mit der Sache tun darf, solange die Identität der Sache gewahrt bleibt. Dies kann auch kleinere Herstellungshandlungen beinhalten. Die Herstellung patentgemäßer Erzeugnisse ist zwar Teil des primären Patentschutzes. Aber richtigerweise darf das primäre Ausschließlichkeitsrecht des Patentinhabers nur die Herstellung neuer Identitäten erfindungsgemäßer Erzeugnisse umfassen und nicht bereits jede Herstellungshandlung. Es ist also zwischen Herstellen (Benutzungshandlung) und Neuherstellen (Herstellen neuer Erzeugnisse) zu unterscheiden. Unzulässig ist nur die Neuherstellung. Damit ergibt sich die gleiche Abgrenzungsproblematik wie bei Anwendung des Erschöpfungsprinzips.

Die territoriale Reichweite des Patentrechts und der Nutzungsbefugnisse bezieht sich beim Alternativmodell allein auf das Territorium des Patentschutzes. Bei bloß nationalem Patentrecht und beim Bündelpatent wäre die Figur der gemeinschaftsrechtlichen Erschöpfung weiterhin eine echte Ausnahme vom Patentrecht; denn sie führt dazu, dass das eigentlich bestehende Patentrecht erlischt, wenn ein patentgeschütztes Erzeugnis vom Patentinhaber oder mit seiner Zustimmung im EWR in Vertrieb gebracht wird. Das Patentrecht wird dann von der Warenverkehrsfreiheit als stärkeres Recht verdrängt. Man könnte bei der gemeinschaftsrechtlichen Erschöpfung aber nicht an eine nationale Erschöpfung anknüpfen, sondern müsste den Rechtsverbrauch unmittelbar mit Art. 34 und 36 AEUV erklären.

Beim Einheitspatent ist das Schutzgebiet von Anfang an größer. Alles, was in diesem Schutzgebiet passiert, hat zwangsläufig Folgen im gesamten Schutzgebiet. Beim alternativen Modell wäre das Patentrecht innerhalb des Schutzgebietes bereits mit der Herstellung verbraucht. Die gemeinschaftsrechtliche Erschöpfung hätte dann nur noch eine Bedeutung für ein Inverkehrbringen in einem EWR-Staat außerhalb des Schutzgebietes.

VI. Ergebnis

Die Unterscheidung zwischen primärem und sekundärem Patentschutz ist im Gesetz nicht angelegt. Nach dem Wortlaut sind alle

Verletzungshandlungen gleichwertig. Eine solche Unterscheidung träfe den Kern des Patentrechts aber besser und würde bereits bei den Tatbestandsvoraussetzungen ansetzen. Die Verwendung eines patentgeschützten Erzeugnisses sollte grundsätzlich rechtmäßig sein. Dazu bedürfte es nicht erst eines Umwegs über eine fiktive Figur der Erschöpfung. Allerdings stellt das Einheitspatentsystem - wie bereits das deutsche Richterrecht - weiterhin auf das Inverkehrbringen und die Zustimmung des Patentinhabers ab.

Zu bedenken ist aber, dass die Verbietungsrechte des Patentinhabers nicht losgelöst bestehen, sondern dass sie nur den Zweck haben, das primäre Ausschließlichkeitsrecht des Patentinhabers zu verstärken. Nur wenn eine Handlung zu einer Gefährdung des primären Ausschließlichkeitsrechts des Patentinhabers führt oder wenn sie die Folgen einer primären Patenverletzung verstärkt, sollte ein Verbietungsrecht bestehen. Bei der Auslegung der patentverletzenden Handlungsmodalitäten ist also ggf. eine teleologische Reduktion vorzunehmen.

Es ist aber auch eine Auswirkung auf der Rechtsfolgenseite der Patentverletzung denkbar. Wenn primär die rechtmäßige Herstellung geschützt werden soll, kann sich daraus im Rahmen des Ermessens ergeben, dass der Patentinhaber zunächst gegen den patentverletzenden Hersteller vorgehen muss, wenn ihm dies möglich und zumutbar ist. Denn der sekundäre Patentschutz ist in erster Linie eine Rechtsverstärkung. Dieser Rechtsverstärkung bedarf es aber nicht, wenn ein Vorgehen gegen den primären Verletzer unproblematisch möglich ist. Dies könnte relevant werden, wenn der Lizenznehmer des Patentinhabers gegen die Lizenzbedingungen verstößt, indem er eine größere Menge herstellt als vereinbart. Darin läge eine primäre Patentverletzung. Es wäre aber nicht gerechtfertigt, wenn der Patentinhaber, anstatt gegen den vertragsbrüchigen Lizenznehmer vorzugehen, unmittelbar gegen den Erwerber dieser Waren vorgehen könnte, der die Beschränkung des Lizenznehmers nicht kennt, und der das Patent lediglich auf sekundärer Ebene verletzt.

I. Ergebnisse / Thesen

1. Die Theorie der Erschöpfung erklärt, warum der Patentinhaber seine Patentrechte nicht mehr hinsichtlich solcher patentgeschützter Produkte geltend machen kann, die von ihm selbst oder mit seiner Zustimmung in Verkehr gebracht worden sind.[1091] Gebrauch und Weitervertrieb dieser Produkte sind daher jedermann erlaubt. Die Theorie der Erschöpfung wurde ursprünglich richterrechtlich entwickelt, um einen Ausgleich zwischen den Interessen des Patentinhabers und dem Verkehrsinteresse zu schaffen.[1092] Dabei wird aus dem freiwilligen Inverkehrbringen auf eine Aufgabe der Rechte am in Verkehr gebrachten Gegenstand geschlossen, so dass die Rechte erlöschen (negative Sicht).[1093]

2. Die im englischen Recht vertretene Theorie der impliziten Lizenz hat den gleichen Zweck wie die Erschöpfung, nur erlischt danach nicht das Patentrecht, sondern der Erwerber erwirbt ein fest mit dem Gegenstand verbundenes Nutzungsrecht (positive Sicht).[1094] Die implizite Lizenz kann beschränkt werden, die Erschöpfung aber nicht.[1095]

3. Die gemeinschaftsrechtliche Erschöpfung auf Basis der EuGH-Rechtsprechung ist keine eigenständige Erschöpfungsregel. Sie bezieht sich zunächst nur auf den freien Warenverkehr und stellt ein Inverkehrbringen im EWR-Ausland einem Inverkehrbringen im Inland gleich. Die EuGH-Rechtsprechung sagt nichts über einen Rechtsverbrauch oder über die Nutzungsrechte des Erwerbers aus. Sie knüpft nur an eine nationale Erschöpfung an und führt dadurch zum freien Warenverkehr im EWR. Maßgeblich für den Eintritt der gemeinschaftsrechtlichen Erschöpfung ist – ebenso wie bei der Erschöpfung im deutschen Recht – die Freiwilligkeit des Inverkehrbringens. Geschützt wird die Dispositionsfreiheit des Patentinhabers. Wirtschaftliche Erwägungen sind für den Eintritt der Erschöpfung ohne Belang.[1096]

4. Die Erschöpfungsvorschriften des Einheitspatentsystems kombinieren die bisherigen nationalen Erschöpfungsregeln und die gemeinschaftsrechtliche Erschöpfung auf Basis der EuGH-Rechtsprechung. Zum einen wird geregelt, dass die Patentrechte nur bis zum Inverkehrbringen bestehen (Erschöpfungsfunktion). Zum anderen wird der Eintritt der Erschöpfung auf ein erstmaliges Inverkehrbringen im EWR außerhalb der teilnehmenden Mitgliedsstaaten erstreckt (Erstreckungsfunktion).[1097]

1091 S. 8.
1092 S. 8.
1093 S. 17.
1094 S. 23.
1095 S. 24.
1096 S. 37.
1097 S. 66 f.

5. Erschöpfung im Einheitspatentsystems bedeutet, dass sich Patentrechte nicht auf Nutzungen solcher Erzeugnisse erstrecken, die vom Patentinhaber oder mit seiner Zustimmung in Verkehr gebracht wurden. Es handelt sich um eine Inhalts- und Schrankenbestimmung des Patentrechts. Anders als in der deutschen Rechtsprechung erlöschen mit dem Inverkehrbringen keine Rechte. Die Erschöpfung verdrängt die Patentrechte auch nicht bloß temporär. Vielmehr bestehen die Patentrechte von Anfang an nur bis zum erstmaligen Inverkehrbringen.[1098]

6. Voraussetzung für den Eintritt der Erschöpfung ist ein Inverkehrbringen patentgemäßer Erzeugnisse durch den Patentinhaber oder mit seiner Zustimmung. Ein Erzeugnis ist in Verkehr gebracht, wenn die tatsächliche Verfügungsgewalt freiwillig aufgegeben wird und eine – zumindest vorübergehende – patentrechtliche Nutzungsbefugnis auf eine andere Person übertragen wird.[1099] Dabei ist es unerheblich, ob zu der anderen Person wirtschaftliche Verbindungen – wie z.B. in einem Konzern – bestehen.[1100]

7. Die Zustimmung ist ein wesentliches Element für den Eintritt der Erschöpfung.[1101] Die Rechtsprechung versteht unter Zustimmung sowohl die Freiwilligkeit des Inverkehrbringens durch den Patentinhaber als auch die Zustimmung zum Inverkehrbringen durch Dritte.[1102] Die Freiwilligkeit des Inverkehrbringens fehlt nur, wenn ein rechtlicher Zwang zum Inverkehrbringen vorliegt, der individuell in die Rechtsposition des Patentinhabers eingreift und sich für diesen als Sonderopfer auswirkt.[1103]

8. Ausnahmen von der Erschöpfung bei berechtigten Gründen sind nur gerechtfertigt, wenn ein solcher Grund auch im Lichte von Art. 34 und 36 AEUV eine Ausnahme vom freien Warenverkehr rechtfertigen würde. Unter diese Ausnahmen fällt vor allem ein unlauterer Weitervertrieb. Dies führt jedoch nicht zu einem vollständigen Ausschluss der Erschöpfung, sondern nur zu einem Verbot des unlauteren Weitervertriebs. Der unlautere Weitervertrieb ist damit von vornherein nicht von der Erschöpfungswirkung erfasst.[1104]

9. Die sachliche Reichweite der auf der Erschöpfung beruhenden Nutzungsbefugnisse richtet sich im Einheitspatentsystem nach dem Identitätsgedanken: Nur Veränderungen eines Gegenstandes, die dazu führen, dass man nach der Maßnahme von einem patentrechtlich anderen Gegenstand sprechen muss, heben die Wirkung der Erschöpfung auf. Es bleibt abzuwarten, wie die Rechtsprechung im Einheitspatentsystem diese Identität bestimmt.

1098 S. 68.
1099 S. 75.
1100 S. 81.
1101 S. 89.
1102 S. 91.
1103 S. 101.
1104 S. 111.

Die nationale Rechtsprechung bestimmt die Reichweite der Nutzungsbefugnisse auf unterschiedliche Weise. Das englische Recht richtet sich nach dem Umfang der Maßnahmen und erlaubt dabei auch größere Änderungen. Das französische Recht erlaubt nur punktuelle Maßnahmen. Das deutsche Recht stützt sich auf eine Abwägung der Interessen von Patentinhaber und Verwendern.[1105]

10. Wenn der Inhaber eines patentgeschützten Gegenstands aufgrund von Erschöpfung zu einer Handlung berechtigt ist, dann sollte im Einheitspatentsystem - wie im deutschen und englischen Recht - auch die Unterstützung bei dieser Handlung weder eine mittelbare noch eine unmittelbare Patentverletzung sein. Weitergehende Rechte des Patentinhabers - wie im französischen Recht - lassen sich aus den Vorschriften des Einheitspatentsystems nicht ableiten.[1106]

11. Die Lizenzierung von Einheitspatenten ist nicht harmonisiert. Für die Voraussetzungen und Wirkungen einer Lizenz gilt das nationale Recht des Schutzlands (Schutzlandstatut). Dieses richtet sich nach Art. 7 I lit. a) EPatVO grundsätzlich nach dem Wohnsitz oder dem Sitz der Hauptniederlassung des Patentanmelders im Zeitpunkt der Patentanmeldung. Das vertragliche Verhältnis zwischen Patentinhaber und Lizenznehmer richtet sich dagegen nach dem Vertragsstatut, Art. 3 ff. Rom I-VO. Dazu zählt auch die Frage, ob eine konkludente Lizenz vereinbart wurde.[1107]

12. Bei vom Patentinhaber vertriebenen Gegenständen, die ein patentgemäßes Verfahren ausüben können, wird eine Erschöpfung des Verfahrens nicht von den Erschöpfungsvorschriften erfasst. Stattdessen ist - je nach Einzelfall - beim Verkauf eines solchen Gegenstands an eine konkludente Lizenz zur Nutzung des Verfahrens oder an einen Rechtskauf zu denken. Der Rechtskauf eines Patentrechtssplitters kommt insbesondere bei Massenprodukten in Betracht. Mit dem Rechtskauf werden dem Patentinhaber alle Nutzungsrechte in Bezug auf das konkrete Erzeugnis abgekauft und das Erzeugnis wird von der „Belastung" der Patentrechte befreit, ähnlich zur Befreiung einer beweglichen Sache von einem Nießbrauch nach § 1064 BGB. Daher dürfen auch Zweit- und Dritterwerber ohne Lizenzweitergabe das geschützte Verfahren mit dem Gegenstand ausüben. Da indes die Anerkennung einer konkludenten Lizenz oder eines Teilrechtskaufs vom jeweiligen nationalen Recht abhängt, wäre es sinnvoll, die Einräumung von Nutzungsrechten an Verfahrenspatenten im Einheitspatentsystem zu harmonisieren.[1108]

13. Bei vom Patentinhaber vertriebenen Bestandteilen eines patentierten Systems führt der Vertrieb des wesentlichen Systembestandteils zur

---

1105 S. 132 f.
1106 S. 136 ff.
1107 S. 49 ff.
1108 S. 163.

Erschöpfung, wenn sich der Erfindungsgedanke überwiegend in diesem Teil widerspiegelt und die weiteren Bestandteile lediglich Objekte ohne selbständigen erfinderischen Gehalt sind. Das ist immer dann der Fall, wenn der Austausch der Teile eine zulässige Reparaturmaßnahme wäre, wenn das System als Ganzes in Verkehr gebracht worden wäre. Die Erschöpfungswirkung beinhaltet in diesen Fällen auch die wiederholte Herstellung des Gesamtsystems mit beliebigen von Dritten bezogenen Objekten.[1109]

14. Bei Systemen, in denen sich der erfinderische Gedanke in allen Bestandteilen findet, kommt eine Teil-Erschöpfung in Betracht. Diese beinhaltet, dass die Bestandteile im EWR frei weitervertrieben werden dürfen und mit beliebigen anderen teil-erschöpften Systemteilen wiederholt zum patentgemäßen System zusammengesetzt werden dürfen.[1110]

15. Patentrechte lassen sich in primäre und sekundäre Rechte einteilen. Primär sind die Herstellung neuer erfindungsgemäßer Identitäten, der Import und die Verfahrensnutzung geschützt. Die weiteren Rechte sind Rechtsverstärkungen. Sie werden relevant, wenn die Verletzung eines primären Rechts droht, oder wenn eine primäre Verletzung verstärkt wird. Auch die mittelbare Patentverletzung ist eine Rechtsverstärkung. Diese Natur der Patentrechte ist sowohl beim Patentverletzungstatbestand als auch bei der Rechtsfolge einer Patentverletzung im Rahmen des richterlichen Ermessens zu berücksichtigen.[1111]

1109 S. 87 f.
1110 S. 166.
1111 S. 182 f.

Zeitfracht Medien GmbH
Ferdinand-Jühlke-Straße 7,
99095 - DE, Erfurt
produktsicherheit@zeitfracht.de

FSC
www.fsc.org
MIX
Papier | Fördert
gute Waldnutzung
FSC® C083411

Druck:
CPI Druckdienstleistungen GmbH
im Auftrag der
Zeitfracht Medien GmbH
Ein Unternehmen der Zeitfracht - Gruppe
Ferdinand-Jühlke-Str. 7
99095 Erfurt